高等教育应用型本科人才培养系列教材

采购项目管理

主　编　成　君　张　丽
副主编　张　蓓

哈尔滨工程大学出版社

Harbin Engineering University Press

内容简介

本书是一部关于采购项目管理的实用教材,涵盖了采购项目计划制订、采购招标与投标、供应商管理、采购合同管理、采购成本控制、采购质量管理、采购风险管理和采购绩效评估与持续改进等多个方面的内容。本书不仅深入浅出地介绍了采购项目管理的定义、重要性和基本流程,还详细阐述了采购项目管理的历史和发展趋势。通过本书,读者可以全面了解采购项目管理的各个环节,掌握采购项目管理的核心知识和实用技能,为在实际工作中有效管理采购活动提供有力的支持和指导。

本书适合作为物流管理、采购项目管理、供应链管理等高校相关专业的教材或参考书,也适合企业中从事采购、物流、供应链管理等工作的管理人员和从业人员阅读。

图书在版编目(CIP)数据

采购项目管理 / 成君,张丽主编. — 哈尔滨 : 哈尔滨工程大学出版社,2022.6
ISBN 978-7-5661-3371-7

Ⅰ. ①采… Ⅱ. ①成… ②张… Ⅲ. ①采购项目管理-项目管理 Ⅳ. ①F253

中国版本图书馆 CIP 数据核字(2022)第 086521 号

采购项目管理
CAIGOU XIANGMU GUANLI

选题策划	夏飞洋
责任编辑	夏飞洋
封面设计	刘长友

出版发行	哈尔滨工程大学出版社
社　　址	哈尔滨市南岗区南通大街 145 号
邮政编码	150001
发行电话	0451-82519328
传　　真	0451-82519699
经　　销	新华书店
印　　刷	哈尔滨午阳印刷有限公司
开　　本	787 mm×1 092 mm　1/16
印　　张	15
字　　数	395 千字
版　　次	2022 年 6 月第 1 版
印　　次	2022 年 6 月第 1 次印刷
书　　号	ISBN 978-7-5661-3371-7
定　　价	52.00 元

http://www.hrbeupress.com
E-mail:heupress@ hrbeu.edu.cn

前　　言

在当今快速变化且竞争激烈的市场环境中,企业的成功往往取决于其内部运作的效率和效果。采购作为企业管理中至关重要的一环,对企业的成本、质量、供应链稳定性以及市场竞争力都有着深远的影响。因此,掌握采购项目管理的核心知识和技能,已成为现代企业中不可或缺的一部分。

我们编写的这本教材,旨在为读者提供一个全面而系统的学习平台,帮助读者了解并掌握采购项目管理的精髓和实践方法。本书从采购项目的基本概念、流程、历史发展讲起,逐步深入采购项目计划制订、采购招标与投标、供应商管理、采购合同管理、采购成本控制、采购质量管理、采购风险管理以及采购绩效评估与持续改进等多个方面,旨在帮助读者建立完整的采购知识体系。

在编写过程中,我们力求内容全面、结构清晰、语言通俗易懂,并融入了大量的实际案例和前沿理论,使本书既具有学术性,又具有实用性。我们希望通过本书,帮助读者更好地理解和应用采购项目管理的原理与方法,提升采购项目管理的专业化水平,为企业创造更大的价值。

本书适合作为物流管理、采购项目管理、供应链管理等相关专业的教学用书,也可作为企业中从事采购、物流、供应链管理等工作的管理人员的参考读物。我们衷心希望,通过对本书的学习,读者能够在采购项目管理的道路上走得更远、更稳。

最后,感谢所有参与本书编写和审阅的专家、学者以及工作人员,他们的辛勤工作使得这本教材得以顺利出版。我们也期待读者的反馈和建议,以便本书在未来的修订中不断完善和提高。

本书由成君和张丽老师担任主编,武汉海之韵商务有限公司张蓓老师捏任副主编,由诸位老师总结成功案例的经验,通过详细查阅教学资料,并请专家进行专业的审读编写而成。成书仓促,水平有限,书中难免有疏漏,诚请读者指正。

编　者

2022 年 3 月

目　　录

第一章 绪 论

采购项目管理是项目管理中的重要环节,它涉及如何有效地选择和管理外部供应商,以获取所需的物资、服务和解决方案。良好的采购项目管理不仅能够帮助企业组织节约成本、优化资源,还能够增强竞争优势,确保项目的顺利实施。随着全球化和市场竞争的加剧,采购项目管理的重要性和挑战性也日益凸显。因此,理解和掌握采购项目管理的原理、方法和实践,对于项目管理从业者和学者来说都具有重要意义。

第一节 采购项目管理的定义和重要性

采购项目管理是项目管理中的关键环节,涉及从外部供应商获取所需物资、服务和解决方案的过程。采购项目管理不仅关乎成本,还涉及项目的质量、进度和成功实施。

采购项目管理的重要性主要体现在以下几个方面:

一、降低成本

降低成本是采购项目管理中的一个核心目标,也是企业组织实现经济效益和竞争力提升的重要手段。有效的采购项目管理不仅关乎企业组织的日常运营,更直接关系到企业的长期发展和市场地位。以下是针对如何通过有效的采购项目管理而降低成本进行的详细讲解:

1. 供应商报价比较

(1)市场调研。采购团队需要对市场进行深入的调研,了解不同供应商的产品质量、价格、交货期等关键信息。

(2)报价邀请。基于市场调研的结果,选择几家合适的供应商,向其发出报价邀请,要求提供详细的产品报价和服务方案。

(3)报价分析。收到供应商的报价后,采购团队需要对其进行分析,比较不同供应商之间的价格差异、产品质量、服务水平等因素。

(4)谈判准备。根据报价分析的结果,采购团队需要准备谈判策略,明确哪些条件是可以协商的,哪些是不可妥协的。

2. 谈判合同条款

(1)合同类型选择:选择合适的合同类型(如固定价格合同、成本加酬金合同等)可以根据组织的实际情况和风险承受能力来平衡风险和成本。

(2)付款条款协商:与供应商协商合理的付款条款,如延期付款、分期付款等,可以减轻组织的现金流压力。

(3)交货期与质量标准:明确交货期和质量标准,确保供应商能够按时交付符合质量要求的产品。

(4)违约责任与纠纷解决:明确违约责任和纠纷解决机制,确保在出现问题时能够迅速解决,避免造成不必要的损失。

3. 成本控制策略

（1）长期合作关系建立：与优质供应商建立长期合作关系，通过稳定的合作关系和规模效应来降低成本。

（2）集中采购：通过集中采购提高采购规模，从而获得更优惠的价格和更好的服务。

（3）库存管理优化：通过合理的库存管理，避免库存积压和浪费，降低库存成本。

（4）采购流程优化：简化采购流程，提高采购效率，减少不必要的时间和人力成本。

综上所述，通过有效的采购项目管理降低成本，需要采购团队具备专业的市场分析能力、谈判技巧以及成本控制策略。同时，组织也需要给予采购团队足够的支持和资源，确保其能够充分发挥作用，为组织的长期发展做出贡献。

二、保证质量

保证质量是采购项目管理的另一个核心目标。采购的物资和服务质量直接关系到项目的整体质量和最终成果。通过合理的采购项目管理，组织可以确保供应商提供的产品和服务符合项目的需求和标准，从而确保项目的顺利进行和高质量完成。以下是对如何通过合理的采购项目管理保证项目的质量进行的详细讲解：

1. 明确项目需求与标准

（1）在开始采购之前，项目团队需要明确项目的具体需求和质量标准，包括所需物资或服务的规格、性能、安全性等方面的要求。

（2）项目的需求和标准应该被详细记录在项目文档中，作为后续采购活动的参考和依据。

2. 供应商评估与选择

（1）采购团队需要对潜在的供应商进行评估，包括其资质、信誉、过往业绩、质量控制能力等方面。

（2）通过评估，筛选出符合项目需求的优质供应商，并与其建立合作关系。

（3）对于关键物资或服务，可以考虑进行实地考察，以更全面地了解供应商的生产能力和质量控制水平。

3. 质量控制条款的制定

（1）在与供应商协商合同条款时，需要明确质量控制的相关条款，包括质量标准、检验方法、不合格品的处理等方面。

（2）确保供应商明确了解并承诺遵守这些条款，以保证所提供的产品和服务符合项目需求和质量标准。

4. 进货检验与验收

（1）货物到达后，采购团队需要组织相关人员进行进货检验和验收，确保所采购的物资或服务符合合同约定的质量标准。

（2）对于不合格的物资或服务，需要及时与供应商沟通并处理，避免对项目造成不良影响。

5. 质量跟踪与反馈

（1）在项目执行过程中，采购团队需要密切关注供应商提供的产品或服务质量情况，及时进行质量跟踪和反馈。

（2）如果发现质量问题或不符合合同约定的情况，需要及时与供应商沟通并寻求解决方案,确保问题得到及时有效的处理。

6.持续改进与优化

(1)采购团队需要根据项目的实际情况和反馈信息,对采购项目管理进行持续改进和优化,提高采购活动的质量和效率。

(2)可以通过定期评估供应商绩效、优化采购流程、引入新的质量管理方法等方式来实现持续改进。

综上所述,通过合理的采购项目管理保证项目质量,需要项目团队和采购团队的共同努力。明确项目需求与标准、评估选择优质供应商、制定质量控制条款、进货检验与验收、质量跟踪与反馈,以及持续改进与优化等都是确保采购物资和服务质量的关键环节。通过这些措施的实施,可以有效保障项目的顺利进行和高质量完成。

三、确保进度

确保项目进度是采购项目管理的核心目标之一。项目的按时完成对于组织来说至关重要,因为它关系到资源的有效利用、成本的控制以及项目的整体效益。通过有效的采购项目管理,组织可以选择可靠的供应商并管理好供应链,从而避免延误和项目中断,确保项目按计划进行。以下是对如何确保项目进度进行详细的讲解:

1.供应商选择与可靠性评估

(1)选择可靠的供应商。在项目开始之前,采购团队需要仔细评估潜在的供应商的能力、可靠性和信誉。这包括考察供应商的历史业绩、交货准时率、质量管理能力、技术实力以及售后服务等。

(2)评估供应链稳定性。除了评估单个供应商,还需要考虑整个供应链的稳定性。这包括供应商的供应链管理能力、对突发事件(如自然灾害、政治动荡等)的应对能力等。

2.合同管理与交货期控制

(1)明确交货期。在与供应商签订合同时,应明确约定交货时间,并确保这些时间符合项目的整体进度计划。

(2)监控交货进度。采购团队需要定期监控供应商的交货进度,确保按时交货。如果出现交货延误的情况,应及时与供应商沟通,了解原因并寻求解决方案。

3.风险管理与应对

(1)识别潜在风险。采购团队需要识别可能影响项目进度的潜在风险,如供应商破产、供应链中断、自然灾害等。

(2)制定风险应对策略。针对这些潜在风险,采购团队需要制定相应的应对策略,如备选供应商的选择、应急库存的建立、保险购买等。

4.沟通协调与信息共享

(1)建立沟通机制。与供应商建立有效的沟通机制,确保双方能够及时交流项目进展、交货情况、质量问题等。

(2)信息共享。通过信息共享平台或定期会议等方式,确保供应链上的各方都能及时获取项目相关信息,从而协同工作,确保项目进度。

5.持续改进与优化

(1)总结经验教训。在项目结束后,采购团队需要总结采购项目管理的经验教训,识别存在的问题和不足,为今后的项目提供参考。

(2)优化采购流程。根据总结的经验教训,对采购流程进行优化和改进,提高采购活动的效率和准确性,从而更好地确保项目进度。

综上所述,确保项目进度需要采购团队在选择供应商、管理供应链、合同管理、风险管理、沟通协调以及持续改进等方面做出努力。通过有效的采购项目管理,可以大大降低项目延误的风险,确保项目按时、高质量地完成。

四、风险管理

采购项目管理与风险管理紧密相连,是确保项目顺利进行的关键环节。采购过程中涉及的风险多种多样,包括供应商风险、价格风险、质量风险、物流风险等。有效地识别、评估和处理这些风险,对于项目的成功至关重要。以下是对采购项目管理中的风险管理进行的详细讲解:

1. 供应商风险

(1)供应商可靠性风险。供应商可能因各种原因(如财务问题、生产能力不足、技术缺陷等)而无法按时或按质提供所需物资或服务。这种风险可能导致项目延误或成本增加。

(2)供应商合作风险。供应商可能不愿意或不能充分合作,导致沟通不畅、交货延迟或出现质量问题。这种风险可能损害项目的顺利进行。

2. 价格风险

(1)市场价格波动风险。原材料、设备或服务的市场价格可能因市场供需变化、政策调整等因素而波动,影响项目预算和成本。

(2)合同价格风险。合同条款不明确或价格定得过高均可能导致成本超出预算,影响项目的经济效益。

3. 质量风险

(1)供应商质量问题。供应商提供的产品或服务可能不符合项目要求,导致质量不达标、退货或重新采购,增加项目成本和时间成本。

(2)质量控制风险。采购过程中可能出现质量检查不严格、样品与实际产品不符等问题,导致项目质量出现风险。

4. 物流风险

(1)运输延误风险。物流过程中的延误可能导致项目进度受阻,增加额外成本。

(2)运输损坏风险。物资在运输过程中可能遭受损坏,导致项目质量受损或需要重新采购。

5. 风险管理措施

(1)风险识别。在采购项目阶段,需要全面识别可能存在的风险,并对风险进行分类和评估。

(2)风险评估。对识别出的风险进行量化评估,确定风险发生的可能性和影响程度,为风险应对提供依据。

(3)风险应对。根据风险评估结果,制定风险应对策略和措施,如选择多个供应商、签订灵活的合同条款、加强质量控制和物流管理等。

(4)风险监控。在项目实施过程中,持续监控风险的变化和应对效果,及时调整风险应对策略,确保项目顺利进行。

总之,采购项目管理是风险管理的重要组成部分。通过有效的风险管理措施,组织可以降低潜在风险对项目的影响,确保项目的顺利进行。这需要采购团队具备风险意识、专业知识和协调能力,以应对各种可能出现的风险挑战。

五、优化资源

采购项目管理在优化资源利用方面发挥着至关重要的作用。通过有效的采购策略和管理措施,组织可以更好地合理分配和利用物资、资金和其他资源,从而提高项目的执行效率和整体效益。以下是对优化资源的详细讲解:

1. 合理分配物资和资源

(1)物资管理。采购团队负责物资的采购、库存和分发,确保项目所需物资及时、准确地供应到位。通过合理的库存管理,可以避免物资过剩或不足,减少浪费和紧急采购的成本。

(2)资金管理。采购活动涉及资金的流动和使用。有效的采购项目管理可以确保资金合理分配和使用,避免资金短缺或浪费。例如,通过集中采购、谈判所取得的合理价格和付款条款,可以降低采购成本,提高资金的使用效率。

2. 提高项目的效率和效益

(1)供应链协同。采购项目管理涉及与供应商的紧密合作和沟通。通过供应链协同,可以优化供应链流程、减少不必要的环节和降低成本。同时,与供应商建立长期的合作关系,可以确保物资的稳定供应和质量的可靠性,提高项目的执行效率。

(2)总成本优化。采购项目管理不仅关注单次采购的成本,还注重整体成本的控制。通过对比分析不同供应商的价格、质量和服务,选择最具性价比的供应商,可以降低整体采购成本。此外,合理的库存管理和减少浪费也可以降低总成本,提高项目的经济效益。

3. 利用采购数据进行决策支持

(1)数据分析。采购过程中产生的大量数据可以用于决策支持。通过对采购数据的分析,可以了解供应商的性能、市场趋势和成本结构等信息,为未来的采购决策提供有力支持。

(2)持续改进。基于采购数据的分析,可以发现采购过程中的问题和瓶颈,并采取相应的改进措施。持续改进采购流程和管理方式,可以提高采购效率和资源利用效率,进一步优化项目资源配置。

4. 促进组织整体发展

(1)战略规划。有效的采购项目管理可以为组织的战略规划提供有力支持。优化资源配置和提高采购效率,可以为组织创造更多的价值,推动组织的长期发展。

(2)组织文化。采购团队在组织中的积极表现可以形成积极的组织文化。通过团队合作、持续改进和创新思维等实践,可以激发员工的积极性和创造力,提高整个组织的执行力和竞争力。

综上所述,优化资源是采购项目管理的重要目标之一。通过合理分配物资和资源、提高项目的效率和效益、利用采购数据进行决策支持以及促进组织整体发展,采购项目管理在优化资源利用方面发挥着关键作用。这需要采购团队具备专业知识、战略眼光和持续改进的精神,以推动组织的持续发展和竞争优势的提升。

总的来说,采购项目管理对于项目的成功实施至关重要。它需要平衡成本、质量、进度和风险管理等多个方面,以确保项目目标的顺利实现。因此,对于项目管理从业者和学者

来说,理解和掌握采购项目管理的原理、方法和实践具有重要意义。

第二节　采购项目的基本流程

采购项目的基本流程包括以下步骤:

一、需求分析

需求分析是采购过程中的第一步,也是至关重要的一步。它涉及对项目的深入理解,以确保采购的物资或服务能够满足项目的具体需求。

1. 明确项目需求

在进行任何采购工作之前,明确项目的具体需求是至关重要的。这不仅有助于确保项目能够按照预期顺利进行,还可以避免资源浪费、时间延误和不必要的麻烦。以下是一个详细的例子来说明如何明确项目需求。

假设我们是一家建筑公司,正在准备进行一项新的商业大楼建设项目。这个项目的目标是在预算范围内按时完成高质量的建筑,满足客户的需求。

(1)了解项目目标

①我们首先需要明确项目的最终目标是什么。在这个例子中,目标是建造一栋符合客户要求的商业大楼。

②我们需要了解客户的具体需求,比如大楼的整体设计、功能、结构等。

(2)确定项目范围

①接下来,我们需要确定项目的具体范围,包括建筑的大小、楼层数、使用的材料等。

②还需要考虑是否包括其他相关服务,如室内设计、景观设计等。

(3)制定时间表

①我们需要为项目制定一个合理的时间表,包括开工日期、竣工日期和各个关键阶段的截止日期。

②这有助于我们更好地管理项目进度,确保按时完成。

(4)评估预算

①在明确项目需求的过程中,我们还需要评估项目的预算。这包括建筑成本、人工成本、材料成本等。

②我们需要确保项目在预算范围内进行,避免超出预算导致项目失败。

(5)收集物资和服务信息

①一旦我们明确了项目的目标、范围、时间表和预算,接下来就需要收集关于所需物资和服务的详细信息。

②这包括建筑所需的各种材料(如钢筋、水泥、砖块等)、设备(如电梯、空调等)和服务(如设计服务、施工服务等)。

③我们需要了解这些物资和服务的类型、数量、规格、质量要求和交付时间等。

(6)与项目团队沟通

①在明确项目需求的过程中,与项目团队的沟通至关重要。

②我们需要与设计师、工程师、施工队等成员进行充分的沟通,确保他们对项目的需求有清晰的认识。

③通过沟通,我们还可以及时发现并解决潜在的问题,确保项目的顺利进行。

通过以上步骤,我们可以确保对项目的需求有清晰、准确的认识,从而为后续的采购工作奠定坚实的基础。这有助于确保项目的顺利进行,实现项目的目标。

2. 分析需求细节

在明确项目需求之后,下一步就是对这些需求进行详细的分析。这个过程涉及评估需求的合理性、可行性和成本效益,确保采购方案既满足项目要求,又能在预算和时间限制内实现。下面,我们通过一个具体的例子来详细讲解这一步骤。

假设我们正在为一个新的电子产品开发采购项目原材料。项目的需求包括特定类型的芯片、电子元件和包装材料。

(1)评估需求的合理性

①我们首先评估这些原材料是否真正符合项目需求。例如,我们会检查这些芯片的技术规格是否满足产品设计的性能要求。

②我们还会考虑电子元件的数量和类型是否适合生产规模,以及包装材料是否足够保护产品。

(2)分析需求的可行性

①在确定需求合理之后,我们会进一步分析这些需求的可行性。这包括评估供应商是否有能力提供所需的原材料,以及他们的生产能力是否满足我们的需求。

②我们还会考虑物流方面的因素,如运输时间、成本和可靠性,以确保原材料能够及时到达。

(3)评估成本效益

①在分析需求的可行性之后,我们会进一步评估不同采购方案的成本效益。这包括比较不同供应商原材料的价格、质量和服务水平。

②我们还会考虑长期合作的可能性,以及与供应商建立稳固的合作关系对项目的长期影响。

(4)分析物资或服务的用途和使用频率

①我们会深入了解每种原材料在项目中的具体用途和使用频率。这有助于我们确定采购的数量和频率,以及是否需要与供应商建立长期的合作关系。

②例如,如果某种电子元件在项目中使用频繁,我们可能会选择与该元件的主要供应商建立长期的合作关系,以确保供应的稳定性。

(5)考虑替代方案

①在分析过程中,我们还会考虑替代方案。例如,如果某种原材料的价格过高或供应不稳定,我们会寻找其他替代品或解决方案。

②这可能涉及调整产品设计、寻找新的供应商或采用不同的采购策略

(6)确定合作方式和采购策略。

①最后,我们会根据需求分析的结果确定与供应商的合作方式和采购策略。这可能包括签订长期合同、采用集中采购策略或建立供应链合作关系。

②这些决策将直接影响采购过程的高效和顺畅,以及项目的整体成功。

通过以上步骤,我们可以对收集到的需求进行详细的分析,确保采购方案既能满足项目要求,又能在预算和时间限制内实现。这有助于降低采购风险,提高采购效率,为项目的成功实施奠定坚实的基础。

3. 编制需求文档

在分析了需求细节后,需要编制一份详细的需求文档。这份文档应该清晰、准确地描述项目的需求,包括物资或服务的类型、数量、规格、质量要求、交付时间和预算等。需求文档是后续采购工作的基础,也是与供应商沟通和协商的依据。因此,需要确保文档的完整性和准确性。

在完成了对需求细节的分析之后,接下来的一步是编制一份详细的需求文档。这个文档将成为整个采购过程的基石,确保所有相关方对项目的需求有清晰、统一的理解。下面,我们通过一个具体的例子来详细讲解如何编制需求文档。

(1)项目背景和目标。首先,在需求文档的开头,简要介绍项目的背景和目标。这有助于读者理解为什么需要这个采购,以及它如何与整体业务战略相关联。

(2)需求概述。接下来,提供一个对所需物资或服务的概述,包括所需物资或服务的类型、数量、大致规格和预期用途。例如,如果是一个电子产品开发项目,可能需要列出所需的芯片、电子元件和包装材料的种类和数量。

(3)技术规格和质量要求。详细列出所需物资或服务的具体技术规格和质量要求。这是确保所采购物资或服务符合项目需求的关键部分。例如,对于芯片,可能需要指定其尺寸、性能参数、兼容性等。

(4)交付时间和计划。明确说明所需的交付时间和整体采购计划,包括物资或服务的生产、运输和到达的预计时间,以及任何关键里程碑或截止日期。

(5)预算和成本控制。列出项目的预算限制和任何成本控制要求。这有助于供应商了解价格敏感性,并在报价时提供具有竞争力的方案。

(6)付款方式和条件。详细说明付款的方式和条件,如预付款、进度款、尾款等,并明确付款时间表。

(7)合同条款和条件。概述任何特定的合同条款和条件,如保修期、退货政策、纠纷解决机制等。

(8)供应商要求和选择标准。列出对供应商的要求和选择标准,如资质、经验、行业认证等。这有助于确保选择的供应商能够满足项目的需求。

(9)联系方式和沟通渠道。提供采购方的联系方式和沟通渠道,以便供应商在需要时能够轻松地与采购方联系。

(10)审批和签字。在文档的最后留出空间供相关审批人员签字确认。这表示他们已经审核了需求文档,并同意其中的内容。

(11)版本控制和修订记录。为了确保文档的准确性和一致性,建议在文档中包含版本控制和修订记录部分,可以追踪任何对文档的更改,并确保所有相关方都使用最新版本的文档。

完成需求文档后,务必进行仔细审查,确保其准确性和完整性。这份文档将成为后续与供应商沟通和协商的基础,因此非常重要。一旦文档得到批准,就可以开始正式的采购流程了。

4. 需求评审和确认

需求评审和确认是采购流程中的关键步骤,它确保了项目团队对采购需求的准确理解和统一认识。这一步不仅有助于减少后续的风险和误解,还能提高采购效率和效果。下面我们通过一个具体的例子来详细讲解如何进行需求评审和确认。

（1）准备评审材料。在进行需求评审之前,首先需要准备相关的评审材料。这包括之前编制的需求文档、项目背景资料、技术规格说明书等。确保所有相关方都能提前获得这些材料,以便有足够的时间进行准备。

（2）组织评审会议。接下来,组织一个评审会议。会议可以邀请项目团队成员、相关部门负责人以及潜在的供应商参加。确保所有关键利益相关者都能参与,以便全面评估需求文档的完整性和准确性。

（3）评审过程。在评审会议上,首先由项目团队介绍采购需求的背景和目标,然后对需求文档进行逐条评审。与会人员可以就需求文档中不明确或有疑问的地方提出问题和建议。同时,也可以邀请供应商分享他们的专业见解和建议,以便进一步优化采购方案。

（4）记录和整理反馈。评审过程中,需要记录所有与会人员的反馈和建议,可以通过会议纪要或评审报告的形式进行记录。确保所有反馈都得到了完整和准确的记录,以便后续进行修改和优化。

（5）修改和优化需求文档。根据评审会议的反馈,对需求文档进行修改和优化。这可能包括澄清模糊点、修正错误、添加必要的信息等。修改后的需求文档需要再次进行审查,确保所有的问题都得到了解决。

（6）确认最终需求。完成修改后,组织一次最终的需求确认会议。在这次会议上,项目团队将向所有利益相关者展示修改后的需求文档,并让他们进行最后确认。确保所有人对于最终需求达成一致意见,并记录在案。

（7）供应商确认和需求传递。将最终确认的需求文档传递给供应商。供应商可以根据这份文档进行报价和准备供应计划。同时,也可以与供应商进行进一步的沟通,确保他们对项目需求有清晰的理解。

通过以上步骤,项目团队可以确保采购需求得到了准确、全面的评审和确认。这有助于提高采购的效率和效果,降低项目风险,为项目的顺利实施奠定坚实的基础。

综上所述,需求分析是采购过程中的重要环节。通过明确项目需求、分析需求细节、编制需求文档以及进行需求评审和确认,可以确保采购的物资或服务能够满足项目的具体需求,为后续采购工作的顺利进行奠定坚实的基础。

二、制订采购计划

制订采购计划是采购过程中的关键步骤,它涉及如何根据项目需求和预算来有效地安排采购活动。以下是对制订采购计划的详细讲解。

1. 确定采购目标

确定采购目标是采购流程的第一步,它对整个采购过程起着指导和定向的作用。以下是一个详细的例子来解释如何确定采购目标。

假设某公司计划进行一项新产品的研发,该项目对公司的长期发展具有重要意义。为了完成这一项目,公司需要采购一批高质量的原材料和先进的生产设备。

（1）确定采购目标

在这一阶段,公司需要明确采购的目标。考虑到项目的整体目标,采购目标可以确定为以下几点:

①确保项目的顺利进行

A.采购的原材料和生产设备需要符合项目的技术要求和生产计划,以确保项目能够按

计划顺利进行。

B.选择可靠的供应商,确保供应链的稳定性和可靠性,避免因为供应问题导致项目延误。

②满足特定的质量或性能要求

A.原材料的质量直接关系到产品的质量,因此必须确保采购的原材料符合产品质量标准。

B.生产设备需要满足高效、稳定、低故障率等性能要求,以确保生产过程的顺利进行。

③控制成本

在满足质量和性能要求的前提下,尽可能控制采购成本,以提高项目的整体经济效益。

(2)后续采购决策和行动

明确采购目标后,公司将根据这些目标进行后续的采购决策和行动。

①供应商选择:根据采购目标,筛选出符合要求的供应商,并邀请他们参与竞标或谈判。

②制订采购计划:根据项目的生产计划和时间表,制订详细的采购计划,包括采购数量、交货时间等。

③签订合同:与选定的供应商签订采购合同,明确双方的权利和义务,确保采购过程的合法性和规范性。

④合同履行与监控:在采购过程中,对供应商的交货情况、产品质量等进行监控,确保供应商按照合同要求履行义务。

⑤评估与反馈:在项目结束后,对采购过程进行总结评估,收集反馈意见,以便在未来的采购活动中不断改进和优化。

通过明确采购目标,公司能够更有针对性地开展采购工作,确保采购过程与项目的整体目标相一致,为项目的顺利实施提供有力保障。

2.分析项目需求和预算

在制订采购计划之前,需要深入分析项目需求和预算,包括了解项目所需物资或服务的种类、数量、规格和质量要求等。同时,还需要评估项目的预算限制,以确保采购计划符合预算要求。

我们在要制订一个采购计划之前,首先需要对项目的需求和预算进行深入的分析。这个过程就像为一个即将举办的宴会做准备工作,我们需要知道宴会上有多少人参加,他们需要什么样的食物和饮料,以及我们的预算是多少。下面,我们通过具体的例子来详细讲解这一过程。

(1)项目需求分析

假设我们正在为公司即将举行的公司年度庆典做准备工作。首先,我们需要明确庆典的需求,这可能包括:

①物资需求,比如桌椅、餐具、饮料容器、音响设备等。

②食物需求,比如主菜、小吃、甜点、饮料等。这些都需要明确种类、数量和口味。

③服务需求,比如摄影、安保、清洁等。

④质量要求,比如食物必须新鲜、安全,设备必须工作正常等。

通过这样的需求分析,我们可以列出一个详细的清单,明确庆典所需的物资和服务。

（2）预算评估

接下来，我们需要评估项目的预算。这通常包括两个方面：一是我们有多少预算；二是我们愿意或能够花费多少预算。

①现有预算：假设公司为此次庆典分配了 10 万元人民币的预算。

②预算分配：根据需求分析，我们可能需要将预算分配到不同的物资和服务上。例如，食物和饮料可能占据预算的大部分，而一些设备和服务可能只需要一小部分预算。

③预算调整：在预算分配的过程中，我们可能会发现某些物资或服务的价格超出了我们的预期。这时，我们就需要调整需求或预算，以确保我们的采购计划既满足项目需求，又在预算范围内。

（3）整合需求和预算

最后，我们需要整合项目的需求和预算，制订出一个具体的采购计划，这个计划应该包括：

①采购清单，即列出所有需要采购的物资和服务，以及它们的数量、规格和质量要求。

②预算明细，即明确每一项采购的预算以及总预算。

③采购策略，即根据预算和需求，确定如何采购，是选择供应商、进行谈判，还是采取其他采购方式。

通过这样的分析和计划，我们可以确保采购计划既满足项目的需求，又在预算范围内，从而使庆典成功举行。

3. 制定采购策略

根据项目需求和预算，制定合适的采购策略。这包括确定采购方式（如公开招标、邀请招标、竞争性谈判、单一来源采购等）、供应商选择标准、采购时间安排等。制定采购策略时，需要综合考虑成本、效率、风险等因素。

（1）项目背景和预算

假设一个软件开发公司计划开发一款新的在线教育平台。项目预算为 100 万美元，需要在未来 6 个月内完成。为了确保项目的顺利进行，公司需要采购一系列硬件设备，如服务器、存储设备、网络设备等。

（2）采购方式的选择

①公开招标：这种方式允许所有符合条件的供应商参与竞标，通常可以获得更具竞争力的价格。但公开招标流程较长，可能需要更多的时间。

②邀请招标：邀请特定的几家供应商参与竞标，这种方式可以缩短采购周期，但可能不如公开招标那样获得完全的市场竞争。

③竞争性谈判：与多家供应商进行谈判，寻找最佳的价格和服务。这种方式需要较强的谈判技巧，但可以更灵活地满足项目需求。

④单一来源采购：当特定设备或技术只能从一家供应商获得时，可以采用这种方式。但这种方式的风险较高，因为缺乏竞争可能导致价格较高。

考虑到项目的紧迫性和预算限制，公司决定采用邀请招标的方式，邀请市场上信誉良好、价格合理的几家供应商参与竞标。

（3）供应商选择标准

①价格：确保供应商提供的报价在预算范围内。

②技术规格：确保供应商提供的设备满足项目的技术需求。

③交货时间：考虑到项目的进度，供应商必须能够在规定时间内交付设备。

④售后服务：良好的售后服务可以确保设备在出现问题时得到及时维修或更换。

基于这些标准，公司筛选出几家符合条件的供应商，并向他们发出邀请招标的通知。

（4）采购时间安排

①发布邀请招标通知：在决定采购策略后的第一周发布通知，给供应商足够的时间准备竞标文件。

②接收和评估竞标文件：在接下来的两周内接收竞标文件，并对这些文件进行详细的评估。

③与供应商谈判：选择几家报价和技术规格最合适的供应商进行深入谈判，争取获得更好的价格和服务。

④确定中标供应商并签订合同：在谈判结束后的一周内确定中标供应商，并与其签订采购合同。

⑤设备交付和验收：按照合同规定的时间表，确保供应商按时交付设备，并进行严格的验收。

（5）综合考虑成本、效率、风险

在整个采购策略的制定过程中，公司始终综合考虑成本、效率和风险三个因素。例如，在选择采购方式时，公司权衡了公开招标和邀请招标的优缺点，最终选择了既能节省时间又能保证一定市场竞争的邀请招标方式。同时，在制定供应商选择标准和采购时间安排时，公司也充分考虑了项目的预算和进度要求，以确保采购活动的高效和顺利进行。

4.编制采购计划

在确定了采购策略后，需要编制具体的采购计划，采购计划应包括以下内容：

（1）采购物资或服务的种类、数量、规格和质量要求；

（2）采购时间表和交货期；

（3）预算分配和成本控制措施；

（4）供应商选择标准和评估方法；

（5）采购合同的主要条款和条件等。

编制采购计划时，需要确保计划的合理性和可行性，并考虑到可能的风险和挑战。

5.审批和调整采购计划

完成采购计划后，需要提交给相关部门或领导进行审批。审批过程中，可能会根据实际情况和项目需求对采购计划进行调整和优化。确保采购计划经过充分讨论和审议，以满足项目的实际要求。

（1）采购计划的完成

在完成采购计划后，该计划详细列出了所需采购的物品、数量、预算、供应商选择、时间安排等各个方面的细节。这份计划是基于项目的需求、预算和前期市场调研制订的，旨在确保采购活动的顺利进行。

（2）提交审批

一旦采购计划完成，接下来的一步是将其提交给相关部门或领导进行审批。在这个例子中，假设采购计划是由项目管理部门制订的，因此它会首先提交给项目管理团队进行初步审查。项目管理团队会检查采购计划是否与项目目标、预算和时间表相符，并评估其可行性和合理性。

如果项目管理团队认为采购计划没有问题,它会将计划提交给更高级别的领导或管理层进行最终审批。在这个过程中,领导或管理层可能会对采购计划进行进一步的审查和讨论,以确保其符合公司的整体战略和目标。

(3)审批过程中的调整和优化

在审批过程中,根据实际情况和项目需求,可能需要对采购计划进行调整和优化。这些调整可能包括以下几方面。

①预算调整:如果发现原定的预算不足以满足采购需求,可能需要增加预算或调整采购方案。

②供应商选择:在审批过程中,可能会发现某些供应商存在风险或不符合公司要求,需要替换为其他更合适的供应商。

③采购时间安排:根据项目的实际进度和供应商的交货时间,可能需要调整采购计划的时间安排。

④物品数量和规格:根据项目的实际需求,可能需要对采购的物品数量和规格进行调整。

这些调整和优化都是为了确保采购计划能够更好地满足项目的实际要求。

(4)充分讨论和审议

在审批过程中,确保采购计划经过充分的讨论和审议是非常重要的。这有助于发现潜在的问题和风险,并及时采取措施进行解决。同时,充分的讨论和审议也有助于提高采购计划的可行性和有效性,确保采购活动的成功进行。

(5)最终确认和执行

经过审批和调整后,采购计划会得到最终的确认。一旦计划得到批准,相关的部门和人员就可以开始执行采购活动了。在执行过程中,需要严格按照采购计划进行操作,确保采购活动的顺利进行。同时,也要密切关注采购活动的进展情况,及时发现问题并采取措施进行解决。

审批和调整采购计划是确保采购活动顺利进行的关键步骤。通过充分的讨论和审议,我们可以发现潜在的问题和风险,并及时采取措施进行解决。同时,根据实际情况和项目需求对采购计划进行调整和优化,可以更好地满足项目的实际要求。最终,经过审批和确认的采购计划将为项目的成功实施提供有力的保障。

6. 监控和调整采购计划执行

采购计划的执行过程中,需要对其进行持续的监控和调整,包括跟踪采购进度、确保交货期的履行、控制成本等。如果遇到实际情况与计划不符,需要及时调整采购计划,确保采购活动能够顺利进行并满足项目的需求。

(1)采购计划执行的开始

一旦采购计划得到最终确认,相关部门和人员就可以开始执行采购活动了。这标志着采购计划从理论阶段进入实际操作阶段。

(2)持续监控

在采购计划执行过程中,需要对其进行持续的监控。这包括以下几个方面。

①采购进度跟踪:密切关注供应商的生产和交货进度,确保按计划进行。如果发现进度滞后,需要及时与供应商沟通,了解原因并采取相应措施。

②交货期履行:确保供应商能够按照合同约定的交货期履行义务。如果供应商无法按

时交货,需要考虑采取替代方案,如选择其他供应商或调整项目时间表。

③成本控制:在采购过程中,要密切关注成本变化。如果发现实际成本超出预算,需要分析原因并采取措施进行成本控制,如与供应商协商降价、优化采购方案等。

为了有效监控采购计划的执行,可以建立相应的监控机制,如定期召开采购进度会议、使用采购项目管理系统进行实时数据跟踪等。

（3）实际情况与计划不符时的调整

在采购计划执行过程中,可能会出现实际情况与计划不符的情况。这时,需要及时调整采购计划,以确保采购活动能够顺利进行并满足项目的需求。

①供应商问题:如果发现供应商存在货物质量问题、交货延迟或其他问题,需要及时与供应商沟通,并要求其改正。如果问题无法解决,可能需要考虑更换供应商。

②预算超支:如果发现实际采购成本超出预算,则需要分析原因并采取相应措施。这可能包括与供应商协商降价、调整采购数量或寻找更经济的替代品。

③项目需求变更:如果项目需求发生变化,如增加或减少采购物品的数量、规格或类型,需要及时调整采购计划以适应新的需求。

在进行调整时,需要充分考虑项目的整体利益和风险,确保调整后的采购计划仍然符合项目的目标和要求。

（4）调整后的执行和监控

对采购计划进行调整后,需要重新开始执行和监控新的采购计划。这包括跟踪新的采购进度、确保新的交货期得到履行以及控制新的成本等。同时,还需要密切关注可能出现的新问题和风险,并采取相应措施进行应对。

（5）总结与反馈

在采购计划执行过程中,持续的监控和调整是至关重要的。通过及时的监控和调整,可以发现并解决问题,确保采购活动能够顺利进行并满足项目的需求。同时,也需要对采购计划的执行情况进行总结和反馈,以便在未来的采购活动中不断改进和优化。

总之,监控和调整采购计划执行是确保采购活动成功进行的关键步骤。通过持续的监控和灵活的调整,可以及时发现并解决问题,确保采购活动能够满足项目的实际要求。

综上所述,制订采购计划是采购过程中的重要环节。通过明确采购目标、分析项目需求和预算、制定采购策略、编制采购计划以及监控和调整计划执行,可以确保采购活动的高效、顺利进行,并满足项目的实际需求。

三、供应商调研

供应商调研是采购过程中的重要环节,它涉及对潜在供应商的全面了解和评估,以确保最终选择的供应商能够满足项目的需求和期望。以下是关于供应商调研的详细讲解:

1. 确定调研目标

在进行供应商调研之前,首先要明确调研的目标,包括了解供应商的产品质量、服务水平、价格竞争力以及信誉等方面。通过明确调研目标,我们可以有针对性地进行调研活动,提高调研效率。

（1）调研背景

在开始进行供应商调研之前,我们首先需要明确调研的背景和原因。这通常是因为公司需要采购某些产品或服务,而供应商的选择将直接影响到采购成本、产品质量和项目进

度等多个方面。因此,进行供应商调研是为了找到最合适的合作伙伴,确保采购活动的顺利进行。

(2)明确调研目标

确定调研目标是整个调研过程的关键步骤。这些目标将指导我们进行后续的调研活动,确保调研结果的针对性和有效性。以下是一些常见的调研目标示例:

①了解供应商的产品质量:通过调研,我们希望了解供应商的产品是否符合我们的质量要求,以及他们的质量控制体系是否完善。

②评估供应商的服务水平:我们希望了解供应商在售前、售中和售后服务方面的表现,以确保他们能够提供及时、专业的服务。

③分析供应商的价格竞争力:我们希望了解供应商的价格水平是否合理,以及他们是否有能力在成本控制方面提供竞争优势。

④考察供应商的信誉:供应商的信誉对于长期合作至关重要。我们希望了解供应商的商业信誉、履约能力以及是否有不良记录。

(3)制订调研计划

明确了调研目标之后,我们需要制订一个详细的调研计划。这个计划应该包括调研的时间表、调研方法(如问卷调查、实地考察等)、调研对象(具体的供应商)以及调研所需资源(如调研团队、调研工具等)。

(4)调研准备

在调研开始之前,我们需要做好充分的准备工作。这可能包括收集供应商的基本信息、准备调研问卷或提纲、安排实地考察行程等。这些准备工作将有助于我们更顺利地进行调研活动。

(5)实施调研

根据调研计划,我们开始进行实际的调研活动。这可能包括向供应商发送问卷、进行电话访谈、实地考察等。在调研过程中,我们需要确保调研问题的针对性和有效性,同时也要注意与供应商的沟通和交流。

(6)分析调研结果

调研结束后,我们需要对收集到的数据和信息进行分析和整理。这包括对比不同供应商的表现、识别优势和劣势等。通过分析调研结果,我们可以为后续的供应商选择提供依据。

(7)调研总结与反馈

最后,我们需要对整个调研过程进行总结和反馈。这包括总结调研的经验教训、提出改进建议以及向相关部门和人员反馈调研结果。通过总结和反馈,我们可以不断提高供应商调研的效果和质量。

总之,确定调研目标是进行供应商调研的第一步,它有助于我们有针对性地开展调研活动,提高调研效率和质量。在确定了调研目标之后,我们还需要制订详细的调研计划、做好调研准备、实施调研、分析调研结果以及进行调研总结与反馈。这些步骤共同构成了一个完整的供应商调研过程。

2.收集供应商信息

收集供应商信息是调研的第一步。可以通过多种途径获取供应商信息,如行业目录、专业网站、展会、行业协会等。同时,也可以向现有供应商、行业专家或同事寻求推荐。在收集信息时,要确保信息的准确性和可靠性。

（1）调研背景与目标

在进行供应商调研之前,我们已经明确了调研的目标,比如了解供应商的产品质量、服务水平、价格竞争力以及信誉等。而收集供应商信息是实现这些目标的第一步。

（2）确定信息需求

在收集信息之前,我们要明确需收集哪些信息。这通常包括供应商的基本信息（如公司名称、地址、联系方式等）、产品或服务信息（如产品种类、质量水平、生产能力等）、价格信息（如报价、成本结构等）、信誉信息（如履约记录、客户评价等）等。

（3）选择信息来源

我们可以通过多种途径收集供应商信息,以下是几种常见的信息来源。

①行业目录:行业目录通常包含了行业内各个公司的基本信息,是一个快速了解行业概况和供应商资源的途径。

②专业网站:专业网站,如B2B平台、行业论坛等,往往提供了丰富的供应商信息和行业资讯,是获取供应商信息的重要渠道。

③展会:参加行业展会可以直接接触到供应商,了解他们的产品和服务,是一个直观、高效的收集信息的方式。

④行业协会:行业协会通常掌握着大量的行业资源和信息,可以向其咨询或索要供应商名录。

⑤现有供应商、行业专家或同事推荐:向现有供应商、行业专家或同事寻求推荐,可以获取更加具体和可靠的供应商信息。

（4）收集信息

确定了信息来源后,就可以开始收集信息了。收集信息的具体方法包括以下几方面。

①在线搜索:通过搜索引擎或专业网站搜索供应商信息。

②填写问卷:向供应商发送问卷,了解他们的产品、服务、价格等情况。

③电话访谈:与供应商进行电话沟通,了解他们的基本情况和需求。

④实地考察:对供应商进行实地考察,了解他们的生产环境、产品质量等。

（5）信息筛选与验证

在收集到大量信息后,我们需要进行筛选和验证,以确保信息的准确性和可靠性,可以通过以下方式进行。

①对比不同来源的信息:比较从不同来源获取的信息,看是否存在矛盾或不一致之处。

②查证信息来源的可靠性:确认信息来源是否可靠,如行业目录是否权威、专业网站是否正规等。

③直接联系供应商确认信息:与供应商直接沟通,确认他们提供的信息是否准确。

（6）信息整理与分析

在筛选和验证后,我们需要将收集到的信息进行整理和分析,包括将信息分类整理、提取关键信息、分析供应商的优势和劣势等。通过整理和分析信息,我们可以对供应商有一个更加全面和深入的了解。

（7）注意事项

在收集供应商信息时,需要注意以下几点:

①保护隐私:在收集和使用供应商信息时,要遵守相关法律法规,保护供应商的隐

私权。

②确保信息准确性:尽可能获取准确、可靠的信息,避免使用不准确或过时的信息。

③持续更新信息:供应商信息可能会随着时间的推移而发生变化,因此需要定期更新信息库。

总之,收集供应商信息是供应商调研的关键步骤之一。通过选择合适的信息来源、采用有效的收集方法、进行信息筛选与验证以及整理与分析,我们可以获取到全面、准确的供应商信息,为后续的调研和决策提供有力支持。

3. 分析供应商产品与服务

我们要对收集到的供应商信息进行分析,重点关注供应商的产品质量、技术水平、创新能力以及服务水平等方面。可以通过查看产品样本、了解生产工艺、参观生产现场等方式,对供应商的产品进行深入了解。同时,也要关注供应商的服务水平,如售后服务、技术支持等。

(1)背景与目标

在分析供应商的过程中,产品与服务的分析是非常关键的步骤。这一步的目标是确保供应商提供的产品和服务能够满足公司的需求,并且在质量、技术、创新和服务水平上达到或超过你的期望。

(2)收集产品与服务信息

在分析之前,确保公司已经从供应商那里收集到了足够的产品和服务信息。这可能包括产品目录、技术规格、样品、用户手册、质量保证证书、生产流程图、售后服务政策等。

(3)分析产品质量

①技术规格:仔细查看产品的技术规格,确保它们符合公司的要求或行业标准。

②样品评估:如果可能的话,获取并评估供应商提供的产品样品。这可以帮助公司了解产品的实际质量、外观、功能和耐用性。

③生产工艺:了解供应商的生产工艺和质量控制方法,这有助于评估其持续提供高质量产品的能力。

④质量保证:查看供应商是否有完善的质量保证体系,如 ISO 认证等。

(4)评估技术水平与创新能力

①技术研发投入:了解供应商在技术研发和创新方面的投入,例如研发费用占销售额的比例。

②新产品开发:查看供应商是否有新产品开发计划或已经成功开发的新产品。

③行业奖项与认证:检查供应商是否获得了行业内的奖项或认证,这通常是对其技术水平和创新能力的认可。

(5)考察服务水平

①售后服务:了解供应商的售后服务政策,如保修期限、维修服务、技术支持等。

②技术支持:评估供应商是否提供及时、有效的技术支持,这对于解决产品使用中的问题至关重要。

③响应速度:测试供应商在接收和处理订单、解决问题或提供支持方面的响应速度。

(6)参观生产现场

如果条件允许,参观供应商的生产现场可以为我们提供关于其生产能力和产品质量的直观印象。我们可以观察生产流程、设备状况、员工操作等,并与生产人员交流,了解生产

过程中的细节。

（7）客户反馈与市场声誉

①客户评价：了解其他客户对供应商产品和服务的评价，可以通过在线评价、行业论坛或直接联系其他客户来获取。

②市场声誉：查看供应商在市场中的声誉，是否有不良记录或投诉。

（8）分析结果汇总与比较

将收集到的信息汇总，并对不同供应商的产品和服务进行比较。这可以帮助我们识别哪些供应商在产品质量、技术水平、创新能力和服务水平方面表现突出。

（9）注意事项

①保持公正性：在分析过程中，保持公正和客观，避免受到个人偏好或外部压力的影响。

②持续更新信息：供应商的产品和服务可能会随着时间和技术的发展而发生变化，因此需要定期更新信息。

③沟通与协商：如果发现某些方面不符合要求，及时与供应商沟通，了解其改进措施或协商解决方案。

通过以上步骤，我们可以对供应商的产品和服务进行全面的分析，从而确保选择到最适合我们需求的供应商。

4. 评估供应商价格竞争力

价格是选择供应商时需要考虑的重要因素之一。要对供应商的报价进行全面分析，了解其在市场中的价格水平以及价格构成的合理性。同时，也要考虑供应商的成本控制能力、议价能力以及长期合作中的价格稳定性等因素。

（1）收集报价信息

①明确需求：首先，我们需要清晰地定义采购需求，包括产品数量、规格、质量标准、交货期等，以便供应商能够提供准确的报价。

②获取多个报价：向多个供应商发出询价请求，确保我们有足够的报价信息进行比较。

（2）分析市场价格水平

①市场调研：进行市场调研，了解当前市场上相同或类似产品的价格范围。这可以通过查看行业报告、咨询行业专家或搜索在线价格信息来实现。

②比较报价：将收集到的供应商报价与市场价格水平进行比较，评估供应商的报价是否与市场趋势一致。

（3）分析价格构成的合理性

①成本分解：要求供应商提供详细的成本分解，包括原材料成本、制造成本、运输成本等，以便了解报价的构成和合理性。

②对比质量与价格：确保我们不仅仅是在比较价格，而且要综合考虑产品质量。高质量的产品通常会有更高的价格，但也要确保价格与质量之间的平衡。

（4）评估成本控制能力与议价能力

①历史数据与趋势：查看供应商的历史报价数据，了解其在过去的价格变化趋势。这可以帮助我们评估其成本控制能力。

②议价空间：与供应商进行谈判，了解其议价空间。一个有竞争力的供应商通常会在保证利润的同时，提供一定的议价空间。

（5）考虑长期合作中的价格稳定性

①合同条款：在合同中明确价格条款，包括价格调整机制、调价周期等，以确保长期合作中的价格稳定性。

②价格变动通知：要求供应商在价格发生变动时提前通知公司，以便我们能够及时调整采购策略。

（6）综合评估与选择

①综合得分：根据价格竞争力、产品质量、服务水平等因素，给每个供应商打分。

②选择最佳供应商：根据综合得分，选择价格竞争力强、综合表现优秀的供应商作为合作伙伴。

（7）注意事项

①避免只看价格：虽然价格是重要的考虑因素，但也不能只看价格而忽略了产品质量和服务，确保在评估过程中综合考虑多个因素。

②持续沟通与谈判：与供应商保持持续的沟通与谈判，确保在合作过程中能够获得更好的价格和服务。

通过以上步骤，我们可以全面评估供应商的价格竞争力，从而选择到最符合需求的供应商。同时，也要注意与供应商建立良好的合作关系，确保长期合作中的稳定性和共赢。

5. 了解供应商信誉

供应商的信誉是评估其可靠性的重要指标。一个信誉良好的供应商通常意味着更高的合作可靠性、更好的产品质量和服务。因此，在选择供应商时，了解其信誉至关重要。

（1）查询历史记录

①公司注册信息：首先，查看供应商的注册信息，了解其成立时间、注册资本、法人代表等基本情况。这可以帮助我们初步判断其经营实力和稳定性。

②经营许可：检查供应商是否具备必要的经营许可和资质，如 ISO 认证、行业许可证等。这些证书可以证明供应商具备一定的经营能力和合规性。

③法律诉讼记录：查询供应商是否有法律诉讼记录，包括合同纠纷、产品质量问题等。这可以帮助我们了解供应商是否存在法律风险。

（2）客户评价

①客户反馈：向供应商的客户了解其服务质量和产品质量。可以通过邮件、电话或者面对面的方式与客户沟通，获取真实的反馈。

②在线评价：查看供应商在 B2B 平台、社交媒体等渠道上的客户评价。这些评价通常更加客观和真实，可以帮助我们了解供应商的市场声誉。

（3）行业声誉

①行业报告：查阅相关的行业报告，了解供应商在行业中的排名、市场份额等信息。这些信息可以帮助我们评估供应商在行业中的地位和影响力。

②行业协会：与供应商所在行业的协会联系，了解供应商在行业中的声誉和地位。协会通常会对成员有一定的评价和监管机制。

（4）面对面沟通

①实地考察：如果有条件的话，要对供应商进行实地考察。观察其生产设施、员工素质、管理水平等方面的情况。实地考察可以更加直观地了解供应商的实力和信誉。

②经营理念与文化：与供应商的管理层沟通，了解其经营理念、企业文化以及社会责任

等方面的信息。这些信息可以帮助我们判断供应商是否与你的企业价值观相符。

（5）整合信息与判断

将收集到的信息整合起来,对供应商的信誉进行综合判断。一个信誉良好的供应商应该具备稳定的经营历史、良好的客户评价、较高的行业声誉以及与合作的企业价值观相符的经营理念和文化。

（6）持续监控与调整

即使在建立合作关系后,也要持续监控供应商的信誉状况。如果发现供应商出现信誉问题,要及时与其沟通并调整合作策略,确保供应链的稳定性和可靠性。

了解供应商信誉是一个全面而细致的过程,需要综合运用多种方法和渠道。通过查询历史记录、客户评价、行业声誉以及面对面沟通等方式,我们可以更加全面地了解供应商的信誉情况,从而选择到更加可靠和合适的合作伙伴。

6.制定供应商评估标准

根据调研目标和对供应商的了解,制定供应商评估标准。评估标准可以包括产品质量、服务水平、价格竞争力、信誉等方面。通过制定明确的评估标准,可以对供应商进行量化评估,为后续的供应商选择提供依据。

制定供应商评估标准是供应商管理的重要环节,它能够帮助企业明确选择供应商的依据,确保选择的供应商能够满足企业的需求。评估标准应该根据调研目标和对供应商的了解来制定,以确保评估的准确性和有效性。

（1）调研目标。在制定供应商评估标准之前,首先要明确调研目标。例如,企业可能需要了解供应商的产品质量、服务水平、价格竞争力以及信誉等方面的情况。明确调研目标有助于企业确定评估标准的重要性和优先级。

（2）了解供应商。在制定评估标准之前,需要对供应商进行初步的了解。这可以通过市场调研、供应商问卷调查、实地考察等方式进行。了解供应商的产品质量、生产能力、服务水平、价格策略以及信誉等方面的信息,有助于企业制定更加符合实际情况的评估标准。

（3）制定评估标准。根据调研目标和对供应商的了解,制定具体的评估标准。评估标准应该具有可量化、可比较和可操作性的特点,以便对供应商进行客观、公正的评估。以下是一些常见的评估标准及其详细解释。

①产品质量:评估供应商提供的产品是否符合企业的质量要求,包括产品性能、稳定性、安全性等方面的指标。可以通过抽样检测、质量认证等方式来评估产品质量。

②服务水平:评估供应商的服务质量,包括售前咨询、售后服务、交货速度等方面的表现。服务水平直接影响企业的运营效率和客户满意度,因此是一个重要的评估标准。

③价格竞争力:评估供应商提供的产品价格是否具有竞争力,同时也要考虑产品的性价比。价格竞争力是企业选择供应商时的重要考虑因素之一,但并非唯一因素。

④信誉:评估供应商的信誉状况,包括合同履行情况、商业道德、社会责任等方面的表现。信誉良好的供应商通常更加可靠,能够为企业提供稳定的供应链支持。

（4）权重分配。制定评估标准时,还需要对各项标准进行权重分配。权重的大小应根据企业的实际需求和优先级来确定。例如,如果产品质量对企业的运营至关重要,那么产品质量这一标准的权重就应该相对较高。

（5）量化评估。将评估标准量化,以便对供应商进行具体的评分和比较。例如,可以设定产品质量、服务水平、价格竞争力和信誉等标准的评分范围,然后根据供应商的实际表现进行打分。

（6）动态调整。供应商评估标准不是一成不变的，应根据市场变化和企业需求进行动态调整。定期评估和调整评估标准有助于确保供应商选择的准确性和有效性。

制定供应商评估标准是供应商管理的重要环节，它能够帮助企业明确选择供应商的依据，确保选择的供应商能够满足企业的需求。评估标准应该根据调研目标和对供应商的了解来制定，并具有可量化、可比较和可操作性的特点。同时，还需要对评估标准进行权重分配和量化评估，以便对供应商进行具体的评分和比较。最后，供应商评估标准应该根据市场变化和企业需求进行动态调整，以确保其准确性和有效性。

7. 撰写供应商调研报告

完成供应商调研后，撰写一份详尽的供应商调研报告是至关重要的一步。这份报告不仅是对调研工作的总结，更是企业决策层在选择供应商时的重要参考。以下通过举例的方式，详细讲解如何撰写供应商调研报告。

（1）报告结构

一份完整的供应商调研报告通常包括以下几个部分。

①报告概述：简要介绍调研的背景、目的、范围以及方法。

②供应商概况：对参与调研的供应商进行简要介绍，包括公司规模、主要产品、市场地位等。

③调研过程与方法：详细描述调研的具体过程，包括调研时间、地点、参与人员、调研方式（如问卷调查、实地考察等）等。

④调研结果与分析：根据调研收集到的数据和信息，对供应商的产品质量、服务水平、价格竞争力以及信誉等方面进行详细分析。

⑤供应商排序或评级：根据分析结果，对供应商进行排序或评级，明确各供应商的优劣势。

⑥结论与建议：总结调研的主要发现，提出选择后续供应商的建议。

⑦附录：包括调研问卷、数据表格、图表等辅助材料。

（2）详细讲解

以一家电子产品制造企业为例，假设该企业正在进行供应商调研，要选择一家合适的电子元件供应商。以下是撰写供应商调研报告的详细步骤。

①报告概述

A. 背景：介绍当前企业面临的电子元件供应市场状况，以及进行供应商调研的紧迫性。

B. 目的：明确调研的主要目标，如寻找高质量、低成本、服务优质的供应商。

C. 范围：列明参与调研的供应商名单，以及调研所涉及的产品种类。

D. 方法：概述调研的主要方式，如问卷调查、实地考察、在线评价分析等。

②供应商概况

对每家参与调研的供应商进行简要介绍，包括公司名称、成立时间、主要产品、市场份额等信息。

③调研过程与方法

A. 详细描述调研的时间线，如从准备阶段到实施阶段再到数据收集阶段的整个过程。

B. 说明调研的具体方法，如向供应商发放问卷、实地考察生产现场、收集在线客户评价等。

④调研结果与分析

A.针对每家供应商,分别从产品质量、服务水平、价格竞争力以及信誉等方面进行详细分析。

B.使用数据和事实来支撑分析,如产品质量检测报告、客户满意度调查数据、价格对比表等。

C.指出各供应商的优劣势,如某些供应商的产品性能稳定,但价格较高;另一些供应商的服务响应迅速,但产品质量有待提高等。

⑤供应商排序或评级

A.根据调研结果,对供应商进行排序或评级。可以使用简单的评分系统,如根据产品质量、服务水平、价格竞争力和信誉等方面的权重,计算每家供应商的总得分。

B.明确列出排名前几位的供应商,以及他们的得分和主要优势。

⑥结论与建议

A.总结调研的主要发现,如市场上存在多家具有潜力的供应商,但在某些方面仍有待提高。

B.提出对后续供应商选择的建议,如优先考虑产品质量稳定且价格合理的供应商,同时加强与供应商的沟通与合作,共同提升供应链的整体水平。

⑦附录

附上调研问卷、数据表格、图表等辅助材料,以便读者更深入地了解调研的过程和结果。

撰写供应商调研报告是一个系统性、专业性的工作,需要调研人员具备扎实的市场调研能力和数据分析能力。通过详细的报告,企业决策层可以更加清晰地了解各供应商的优势和劣势,为后续选择合适的供应商提供有力支持。

综上所述,供应商调研是采购过程中的重要环节。通过对潜在供应商的全面了解和评估,可以为后续的供应商选择提供有力支持,确保项目的顺利进行和采购目标的实现。

四、询价与报价

采购流程的第四阶段,即询价与报价阶段,采购方会向经过初步调研和筛选的潜在供应商发出询价单,以收集各供应商的报价和详细产品信息。以下是该阶段的详细讲解:

1.准备询价单

询价单是采购方发送给供应商的官方文件,用于明确询问供应商关于特定产品或服务的详细信息,包括价格、规格、质量、交货期等。询价单的设计应该清晰、具体,以便供应商能够准确理解采购方的需求。

询价单通常包括以下内容:

(1)采购方的基本信息(公司名称、联系方式等)。

(2)采购产品的详细描述(产品名称、规格、数量、质量要求等)。

(3)期望的交货日期或时间范围。

(4)付款方式和其他交易条件。

(5)要求供应商提供的文件或证明(如产品目录、样品、技术文档、质量认证等)。

2.发送询价单

将准备好的询价单发送给筛选出的潜在供应商。这可以通过电子邮件、传真或邮寄等方式进行。确保询价单准确发送给每个供应商,并记录发送日期和方式,以便后续跟踪和确认。

3. 收集报价和产品信息

一旦发送了询价单,采购方需要等待供应商的回应。在这个过程中,供应商将根据自己的能力、成本结构和市场情况,提供针对询价单的报价和详细信息。这些信息通常包括:

(1)产品或服务的价格清单。

(2)产品规格和技术参数。

(3)质量保证和认证情况。

(4)交货期和运输方式。

(5)售后服务和支持情况。

4. 评估报价和产品信息

收到供应商的报价和产品信息后,采购方需要对其进行评估。评估的重点包括价格合理性、产品质量、交货期的可靠性、供应商的服务水平等。采购方还可以根据自身的需求和预算,对供应商提供的方案进行比较和分析。

5. 询价与报价的迭代

在评估过程中,采购方可能会发现某些供应商的方案不符合要求,或者需要进一步的澄清和讨论。在这种情况下,采购方可以与供应商进行沟通和协商,对询价单进行修订或提出进一步的要求。这个过程可能需要进行多次迭代,直到找到满足采购方需求的合适供应商。

6. 选定供应商

经过评估和迭代后,采购方最终选定一个或多个供应商进行后续的合作。选定的供应商应该能够提供符合采购方要求的产品和服务,同时价格合理、交货期可靠、服务水平良好。

7. 签订采购合同

选定供应商后,采购方需要与供应商签订正式的采购合同。合同应明确双方的权利和义务、产品规格和质量要求、价格和付款方式、交货期和服务支持等条款。合同的签订标志着询价与报价阶段的结束,进入实际的采购执行阶段。

综上所述,询价与报价阶段是采购流程中非常关键的一环。通过向潜在供应商发出询价单并收集其报价和产品信息,采购方能够更全面地了解市场情况,为后续的合作和决策提供有力支持。

五、评估与选择供应商

采购流程的第五阶段,即评估与选择供应商阶段,采购方会对收集到的各供应商的报价、产品质量、交货期等信息进行综合评估,以确定最合适的供应商。以下是该阶段的详细讲解。

1. 评估报价

报价是评估供应商的重要标准之一。采购方需要对比各供应商的报价,分析其合理性、透明度和竞争力。除了直接的价格数字,还应考虑付款条件、税收、运输费用等因素。报价评估的目的在于确定哪个供应商能够提供最具性价比的产品或服务。

在采购过程中,评估报价是非常关键的一步。合理的报价不仅关系到采购成本的控

制,还直接影响到企业的盈利能力和市场竞争力。因此,采购方需要仔细评估各供应商的报价,确保选择到最具性价比的产品或服务。

（1）报价评估的重要性

报价评估在选择供应商的过程中起着至关重要的作用。通过对报价的详细分析,采购方可以了解供应商的成本结构、生产效率、市场竞争力等信息,从而做出更明智的决策。

（2）报价评估的步骤

①收集报价信息:向多个供应商发出询价单,要求他们提供详细的产品或服务报价,确保收集到的报价信息全面、准确。

②对比价格:将各供应商的报价进行对比,分析价格差异的原因。考虑产品的规格、质量、性能等因素,确保对比的公平性。

③分析成本结构:深入了解供应商的成本结构,包括原材料、生产、研发、管理等成本。这有助于判断报价的合理性和利润空间。

④考虑付款条件和税收:评估供应商的付款条件,如是否接受分期付款、是否有折扣等。同时,了解报价中是否包含了所有税费,以避免后续出现不必要的纠纷。

⑤考虑运输费用:如果供应商位于不同地区,运输费用也会成为影响报价的重要因素。确保在评估报价时充分考虑这一点。

⑥评估其他费用:除了产品本身的价格外,还应考虑其他可能的费用,如售后服务费、维修费、培训费等。这些费用也会对总成本产生影响。

（3）报价评估的注意事项

①避免只看价格:虽然价格是评估报价的重要因素,但过分追求低价可能导致产品质量下降或服务质量不佳。因此,在评估报价时,要综合考虑多个因素。

②注意报价的透明度:确保供应商提供的报价清晰、透明,没有任何隐藏费用。如果供应商的报价含糊不清,可能意味着存在潜在的风险。

③考虑长期合作:在评估报价时,除了考虑当前的采购成本外,还应考虑与供应商建立长期合作关系的潜力,这有助于维护供应链的稳定性和可持续性。

（4）总结

评估报价是供应商选择过程中的重要环节。通过详细分析各供应商的报价信息,采购方可以确保选择到最具性价比的产品或服务。在评估报价时,要综合考虑价格、成本结构、付款条件、税收、运输费用等多个因素,并注意报价的透明度和长期合作潜力。

2.评估产品质量

产品质量是采购过程中至关重要的因素。采购方需要对供应商的产品质量进行全面评估,包括产品性能、耐用性、安全性等方面。评估方式可以是查阅供应商的质量认证证书、样品测试、参观工厂等。此外,还可以参考其他客户的评价和市场反馈。

在采购过程中,产品质量无疑是核心要素之一。一个优质的产品不仅能够满足客户需求,还能为企业带来良好的口碑和持续的客户忠诚度。因此,采购方必须对供应商的产品质量进行全面、细致的评估。

（1）评估产品质量的重要性

产品质量直接影响到企业的运营和客户满意度。劣质产品可能导致客户流失、企业声誉受损甚至法律纠纷。通过评估产品质量,采购方可以确保采购到符合标准、性能稳定、安全可靠的产品,从而维护企业的利益和声誉。

（2）评估产品质量的步骤

①查阅供应商的质量认证证书：检查供应商是否获得了如 ISO 9001、CE、UL 等质量认证证书。这些证书是供应商质量管理水平的有力证明，有助于初步判断其产品质量。

②样品测试：要求供应商提供样品，进行实际的性能测试、耐用性测试和安全性测试。这可以通过实验室测试、现场试用等方式进行。测试过程中，采购方应制定明确的测试标准和要求，确保评估结果的客观性和公正性。

③参观工厂：实地参观供应商的工厂和生产过程，了解生产工艺、质量控制流程和检验标准。观察生产现场是否整洁有序，员工是否严格遵守操作规程，设备是否先进且维护良好。

④参考其他客户的评价和市场反馈：向其他客户了解他们对供应商产品的评价和使用体验。此外，还可以通过市场调研和数据分析，了解产品在市场上的表现和用户反馈。

（3）评估产品质量的注意事项。

①制定明确的评估标准：在评估产品质量时，采购方应制定明确的评估标准和要求，确保评估过程有章可循、有据可查。

②保持客观公正：在评估过程中，采购方应保持客观公正的态度，避免主观臆断或受外界因素干扰。同时，应与供应商保持良好的沟通和合作关系，共同提升产品质量。

③关注持续改进：产品质量提升是一个持续改进的过程。采购方应关注供应商的质量管理体系建设、技术创新和产品升级等方面的努力，以确保产品质量不断提升。

评估产品质量是采购过程的关键环节。通过查阅质量认证证书、样品测试、参观工厂以及参考其他客户的评价和市场反馈等多种方式，采购方可以全面、细致地了解供应商的产品质量。在评估过程中，制定明确的评估标准、保持客观公正的态度并关注持续改进是确保评估结果准确性和有效性的关键。

3. 评估交货期

交货期直接影响采购方的生产计划和市场供应。采购方需要评估供应商的交货期承诺和实际交货能力。评估时可以询问供应商的生产能力、库存情况、物流安排等，并考虑可能存在的风险和挑战。

在采购过程中，交货期是一个至关重要的因素。一个准时的交货期可以确保采购方的生产计划顺利进行，避免生产中断和市场供应短缺的风险。因此，采购方需要对供应商的交货期进行全面评估。

（1）评估交货期的重要性

交货期的准确性直接关联到采购方的生产效率和市场响应速度。如果供应商不能按时交货，采购方可能面临生产延误、订单取消、客户流失等风险。因此，评估供应商的交货期承诺和实际交货能力，对于确保采购活动的顺利进行至关重要。

（2）评估交货期的步骤

①询问供应商的生产能力：了解供应商的生产规模、生产线数量、员工数量以及生产流程等。这些信息可以帮助采购方判断供应商是否有足够的生产能力来满足交货期要求。

②了解供应商的库存情况：询问供应商是否有足够的库存来应对突发需求或订单波动。了解库存水平可以帮助采购方评估供应商的交货速度和灵活性。

③考察供应商的物流安排：了解供应商使用的物流渠道、运输方式以及配送周期。这些信息可以帮助采购方判断供应商是否能按时将产品送达目的地。

④分析历史交货记录:查阅供应商过去的交货记录,了解其交货期的准确性和稳定性。这可以帮助采购方评估供应商的交货能力和信誉。

⑤考虑可能存在的风险和挑战:例如供应链中断、自然灾害、人力资源短缺等因素可能对交货期造成影响。采购方应与供应商共同讨论这些风险,并制定相应的应对措施。

（3）评估交货期的注意事项

①与供应商充分沟通:在评估交货期时,采购方应与供应商保持密切沟通,确保双方对交货期要求有明确的共识。

②考虑合理的缓冲时间:为确保交货期的准确性,采购方可以在合同中约定一定的缓冲时间,以应对可能出现的意外情况。

③建立奖惩机制:在合同中明确约定交货期的奖惩条款,以激励供应商按时交货,并对违约行为进行相应的惩罚。

（4）总结

评估交货期是采购过程中的一项重要任务。通过了解供应商的生产能力、库存情况、物流安排以及历史交货记录等信息,采购方可以全面评估供应商的交货期承诺和实际交货能力。在评估过程中,与供应商充分沟通、考虑合理的缓冲时间以及建立奖惩机制等注意事项,有助于确保交货期的准确性和稳定性,从而保障采购活动的顺利进行。

4.评估供应商综合实力

除了上述几个方面的评估,采购方还需要考虑供应商的综合实力,包括财务状况、技术水平、服务水平、市场信誉等。这些因素对合作的长远稳定性和可靠性至关重要。采购方可以通过查阅供应商的相关资料、与其进行深入的沟通交流来评估其综合实力。

在采购过程中,评估供应商的综合实力是确保合作长期稳定和可靠性的关键。综合实力涵盖了供应商的财务状况、技术水平、服务水平、市场信誉等多个方面。一个综合实力强的供应商能够提供更好的产品质量、更稳定的供应能力以及更优质的服务,为采购方带来长期的合作价值。

（1）评估供应商综合实力的重要性

评估供应商的综合实力有助于采购方选择可靠的合作伙伴,降低合作风险,确保供应链的稳定性和可靠性。综合实力强的供应商通常拥有更好的资源配置能力、技术创新能力和市场竞争力,能够提供更好的产品和服务,满足采购方的需求。

（2）评估供应商综合实力的步骤

①评估财务状况:查阅供应商的财务报表,了解其盈利能力、偿债能力、资产规模等情况。这有助于判断供应商的经济实力和稳定性,以及是否能够承担合作中的经济责任。

②评估技术水平:了解供应商的技术研发能力、生产设备、工艺水平以及专利数量等。这可以判断供应商的技术实力和创新能力,以及是否能够满足采购方对产品技术性能的要求。

③评估服务水平:考察供应商的售前、售中和售后服务水平,包括响应速度、问题解决能力、客户满意度等。这有助于判断供应商的服务质量和合作意识,以及是否能够提供及时有效的支持和服务。

④评估市场信誉:了解供应商在市场中的口碑、声誉以及与其他合作伙伴的合作情况。这可以判断供应商的市场地位和信誉度,以及是否具有良好的商业道德和诚信意识。

（3）评估供应商综合实力的方法

①查阅相关资料：查阅供应商的官方网站、年报、行业报告等，了解其基本情况、业绩数据和行业动态。

②实地考察：对供应商的生产基地、仓库、研发中心等进行实地考察，了解其实际运营情况和生产能力。

③与供应商沟通交流：与供应商的销售代表、技术人员和管理层进行深入的沟通交流，了解其经营理念、合作意愿和服务意识。

④参考第三方评价：参考行业协会、咨询机构等第三方机构的评价和建议，获取更客观全面的信息。

（4）评估供应商综合实力的注意事项

①全面考虑：在评估供应商综合实力时，需要全面考虑各个方面的因素，避免片面追求某一方面的优势而忽视其他重要方面。

②注重可持续性：在评估供应商综合实力时，需要考虑其长期发展潜力和可持续性，确保合作能够长期稳定进行。

③定期更新评估：供应商的综合实力可能会随着时间的推移而发生变化，因此需要定期更新评估结果，确保合作的及时性和有效性。

评估供应商综合实力是采购过程中的重要环节，涉及财务状况、技术水平、服务水平、市场信誉等多个方面。通过查阅相关资料、实地考察、与供应商沟通交流以及参考第三方评价等方法，采购方可以全面评估供应商的综合实力，选择可靠的合作伙伴，确保合作的长期稳定性和可靠性。同时，需要注意全面考虑、注重可持续性和定期更新评估等事项，以确保合作的顺利进行。

5. 制定评估标准

在供应商评估过程中，制定明确的评估标准和方法至关重要。这些标准和方法不仅有助于采购方对不同供应商进行公平的比较和选择，还能确保评估过程客观、公正、可量化。通过制定评估标准，采购方能够清晰地了解自己在选择供应商时的关注点和要求，从而做出更加明智的决策。

（1）评估标准的重要性

评估标准是评估供应商的依据和准则，其制定是否合理直接影响到评估结果的准确性和公正性。合理的评估标准能够帮助采购方筛选出符合要求的优质供应商，降低合作风险，提高采购效率。同时，明确的评估标准也有助于增强采购过程的透明度和可追溯性，便于后续的合作和管理。

（2）如何制定评估标准

①明确评估目标：采购方需要明确评估的目标和目的，例如降低成本、提高质量、优化交货期等。这有助于确定评估标准的重点和方向。

②确定评估维度：根据评估目标，采购方可以确定评估的维度或方面，如价格、质量、交货期、服务等。这些维度应该全面反映采购方对供应商的要求和期望。

③制定具体指标：针对每个评估维度，采购方需要制定具体的评估指标。例如，在价格方面，可以考虑采购成本、价格竞争力等指标；在质量方面，可以考虑产品合格率、退货率等指标。这些指标应该具有可量化性，便于后续的数据收集和分析。

④设置权重：不同评估维度在采购方心中的重要性可能不同，因此需要设置相应的权

重。例如,如果采购方对价格和质量都非常重视,可以将这两个维度的权重设置得较高。权重的设置应该基于采购方的实际需求和偏好。

⑤制定评估方法:针对每个评估指标,采购方需要制定具体的评估方法或标准。例如,在评估价格时,可以采用比价、竞价等方式;在评估质量时,可以采用抽样检测、定期审核等方法。这些方法应该具有可操作性和公正性。

（3）评估标准的实例

以一家电子产品制造企业为例,其供应商评估标准可能包括以下几个方面。

①价格:评估供应商的报价是否合理,是否具有竞争力。可以考虑采用比价、历史价格对比等方式进行评估。

②质量:评估供应商的产品质量是否稳定可靠,是否符合采购方的要求。可以通过抽样检测、定期审核等方式进行评估。

③交货期:评估供应商的交货期是否准时,是否能够满足采购方的生产需求。可以考虑采用交货准时率、订单履行率等指标进行评估。

④服务:评估供应商的服务水平和服务态度,包括售前咨询、售后支持等方面。可以通过客户满意度调查、服务响应时间等方式进行评估。

在权重分配方面,该企业可能更加关注质量和交货期,因此可以将这两个维度的权重设置得较高。同时,为了确保评估结果的客观性和公正性,该企业还可以引入第三方机构进行独立评估和监督。

（4）注意事项

①客观公正:评估标准应该客观公正,避免主观臆断和偏见。采购方应该确保评估过程不受个人情感或利益的影响。

②可量化性:评估标准应该具有可量化性,便于后续的数据收集和分析。同时,量化指标也有助于提高评估结果的准确性和可信度。

③灵活性:评估标准应该具有一定的灵活性,能够根据市场变化和企业需求进行调整和优化。采购方应该定期评估和调整评估标准,以确保其适应性和有效性。

④沟通与反馈:在制定评估标准时,采购方应该与供应商进行充分的沟通和反馈。这有助于确保评估标准的合理性和可接受性,同时也能够促进供应商的合作意愿和积极性。

制定明确的评估标准和方法是供应商评估过程中的重要环节。通过明确评估目标、确定评估维度、制定具体指标、设置权重以及制定评估方法等步骤,采购方可以制定出合理且有效的评估标准。这些标准应该客观公正、可量化且具有灵活性,以便对不同供应商进行公平的比较和选择。同时,采购方还需要注意与供应商的沟通和反馈,以确保评估标准的合理性和可接受性。通过制定合理的评估标准,采购方能够筛选出符合要求的优质供应商,为企业的稳定发展提供有力保障。

6. 选择最合适的供应商

基于上述评估结果,采购方需要选择最合适的供应商进行合作。选择时需要考虑多个因素的综合平衡,确保所选供应商能够最大限度地满足采购方的需求和期望。同时,采购方还应与所选供应商进行充分的沟通和协商,确保合作过程的顺畅和高效。

经过评估阶段后,采购方会获得一系列供应商的评估结果。基于这些结果,采购方需要从中选择最合适的供应商进行合作。选择过程需要综合考虑多个因素,确保所选供应商能够最大限度地满足采购方的需求和期望。同时,与所选供应商之间的沟通和协商也至关

重要,以确保合作过程顺畅且高效。

（1）选择供应商的考虑因素

①评估结果:采购方需要参考评估阶段得到的结果。这包括供应商在价格、质量、交货期、服务等方面的表现。评估结果能够为选择提供最直接的依据。

②成本效益:采购方需要考虑与供应商合作的成本效益。这包括采购成本、管理成本以及潜在的风险成本。选择成本效益最高的供应商有助于实现企业的经济效益最大化。

③供应商能力:采购方需要评估供应商的生产能力、技术水平以及创新能力等方面。确保供应商具备满足采购方需求的能力,并能够持续提供高质量的产品或服务。

⑤可靠性和稳定性:供应商的可靠性和稳定性是合作的关键因素。采购方需要选择那些具有良好信誉、稳定供货能力以及优秀售后服务的供应商。

⑥合作潜力:除了当前的表现外,采购方还需要考虑供应商的发展潜力和未来的合作空间。选择那些具有发展潜力和创新精神的供应商,有助于实现长期的合作关系。

（2）选择过程

①筛选:根据评估结果和考虑因素,采购方可以对供应商进行初步筛选,排除那些不符合要求的供应商。

②比较和排序:对筛选后的供应商进行比较和排序,可以基于综合得分、成本效益、供应商能力等多个维度进行。采购方可以使用表格、图表等工具进行直观的比较。

③决策:在比较和排序的基础上,采购方需要做出决策,选择最合适的供应商。这可以基于其实际需求和偏好,也可以与高层管理者或相关部门进行协商和讨论。

（3）与所选供应商的沟通和协商

①合同谈判:与所选供应商进行合同谈判,明确双方的权利和义务、交货期、付款方式等具体条款。确保合同条款公平合理,符合双方利益。

②信息共享:建立有效的信息共享机制,确保采购方和供应商之间能够及时传递生产、库存、市场需求等信息,有助于双方更好地协作和应对市场变化。

③问题解决:在合作过程中遇到问题时,采购方需要与供应商及时进行沟通和协商。共同寻找解决方案,确保合作过程顺畅进行。

（4）注意事项

①避免单一来源:为了降低风险,采购方应避免过度依赖单一供应商。可以考虑与多个供应商建立合作关系,确保供应链的稳定性和可靠性。

②持续评估:合作过程中,采购方需要定期对供应商进行评估和审计,这有助于及时发现潜在问题并采取相应措施,确保合作关系的持续稳定。

③建立长期合作关系:通过良好的沟通和协商,采购方可以与供应商建立长期稳定的合作关系,这有助于实现双方的共赢和共同发展。

选择最合适的供应商是采购过程中的重要环节。采购方需要综合考虑多个因素,确保所选供应商能够最大限度地满足自身的需求和期望。同时,与所选供应商的沟通和协商也至关重要,以确保合作过程的顺畅和高效。通过合理的选择和合作,采购方可以实现供应链的优化和企业的持续发展。

7. 建立合作关系

选择供应商后,采购方需要与其建立正式的合作关系。这包括签订采购合同、明确双方的权利和义务、制订合作计划等。建立合作关系的过程也是双方相互了解和信任建立的过程,为后续的合作打下坚实的基础。

在选择合适的供应商之后,采购方需要与其建立正式的合作关系。这个过程不仅是法律上的契约形成,更是双方共同认知和信任建立的开始。通过签订采购合同、明确双方的权利和义务,以及制订合作计划,采购方和供应商将共同为未来的合作打下坚实的基础。

（1）签订采购合同

①合同内容:采购合同应详细列明双方的权利和义务,包括但不限于商品或服务的描述、数量、价格、交货期、付款方式、质量标准和违约责任等。

②谈判与协商:在合同签订之前,采购方和供应商需要进行细致的谈判和协商,确保合同条款的公平性和合理性。这一过程需要双方充分沟通,就合同条款达成一致。

③法律审查:在正式签订合同之前,双方应请法律专家对合同进行审查,以确保合同内容符合法律法规的要求,避免未来可能出现的法律纠纷。

（2）明确双方的权利和义务

①权利:采购方和供应商在合同中应明确各自享有的权利,如采购方有权要求供应商按时交付高质量的产品或服务,供应商有权获得合同约定的报酬等。

②义务:同样,双方也需要明确各自的义务。例如,采购方有义务按照合同约定的付款方式支付货款,供应商有义务按照约定的质量标准和时间交付产品或提供服务。

（3）制订合作计划

①目标设定:双方应共同设定合作的目标和愿景,确保合作的方向明确,有利于实现共同利益。

②流程规划:采购方和供应商需要共同制定合作的流程规划,包括订单处理、生产安排、物流配送、售后服务等各个环节的具体操作。

③风险管理:双方还应共同分析合作过程中可能遇到的风险,并制定相应的风险管理措施,确保合作的顺利进行。

（4）相互了解和信任建立

①信息共享:在建立合作关系的过程中,采购方和供应商需要相互分享彼此的企业背景、业务范围、生产能力、技术实力等信息,以便更好地了解对方。

②沟通机制:双方应建立有效的沟通机制,包括定期的业务沟通会议、信息共享平台等,确保合作过程中的信息传递及时、准确。

③信任积累:通过合作过程中的诚信履约、积极解决问题等行为,双方可以逐渐建立起信任关系,为未来的深度合作打下良好基础。

（5）后续合作与发展

①合作执行:在合作关系建立后,双方需要按照合同和合作计划执行合作事项,确保合作顺利进行。

②绩效评估:合作过程中,采购方应对供应商的表现进行定期评估,包括产品质量、交货期、服务水平等方面。这将有助于发现潜在问题并及时采取改进措施。

③合作拓展:随着合作的深入进行,双方可以探讨更多的合作可能性,如拓展业务范围、开展新项目等,以实现共同发展和利益最大化。

建立合作关系是采购过程中的重要环节。通过签订采购合同、明确双方的权利和义务、制订合作计划等步骤,采购方和供应商可以建立起稳定的合作关系。这个过程不仅是法律契约的形成,更是双方相互了解和信任建立的过程。通过有效的沟通和协作,双方将为未来的合作打下坚实的基础,共同实现企业的发展目标。

综上所述,评估与选择供应商是采购流程中至关重要的环节。通过对各供应商的报价、产品质量、交货期等信息的综合评估,采购方能够选择到最合适的供应商,为企业的生产和发展提供有力保障。

六、签订合同

采购流程的第六个阶段,即签订合同阶段,采购方与选定的供应商将正式签署采购合同。这个合同将明确双方的权利和义务,确保双方在合作过程中的行为受到法律的保护和约束。以下是关于该阶段的详细讲解:

1. 合同准备

在签订合同之前,采购方需要做好充分的准备工作。包括收集供应商的相关信息,如企业资质、产品质量认证、业绩等,以确保供应商具备履行合同的能力。同时,采购方还需要明确自身的需求和期望,包括采购产品的规格、数量、价格、交货期等。

2. 合同内容

(1)双方的基本信息:包括采购方和供应商的名称、地址、联系方式等。

(2)采购产品的描述:包括产品的名称、规格、数量、质量标准、价格等。

(3)交货期:明确产品的交货时间和地点,以及相应的违约责任。

(4)付款方式:包括支付时间、支付方式、发票要求等。

(5)质量保证与售后服务:供应商应承诺提供符合质量标准的产品,并明确售后服务的内容和承诺。

(6)违约责任:明确双方在合同履行过程中可能出现的违约行为及相应的处罚措施。

(7)争议解决方式:约定双方在合作过程中发生争议时的解决方式,如协商、仲裁或诉讼等。

3. 合同审查与修改:以一家电子产品采购公司为例

在采购过程中,合同是确保双方权益和义务的重要文件。一家电子产品采购公司,我们称之为 B 公司,在完成合同的初步准备后,需要进行严格的审查与可能的修改工作,以确保合同内容完整、准确、合法,并且能够满足公司的实际需求。

(1)合同审查步骤

①完整性审查:B 公司的法务团队首先会检查合同的所有关键要素是否齐全,如双方名称、产品描述、数量、价格、交付时间、付款方式、违约责任等。确保没有遗漏任何重要信息。

②准确性审查:团队会核实合同中的所有数据和信息是否准确。例如,产品规格、型号、数量是否与采购需求一致;交付日期是否与公司的生产计划相匹配等。

③合法性审查:法务团队会确保合同内容符合国家法律法规的要求,不存在任何违法或不合规的条款。同时,也会检查合同中是否有保护公司利益的条款,如知识产权保护、质量保证等。

④条款合理性审查:除了基本的合规性,团队还会评估合同中的条款是否公平、合理,是否有利于公司的长期发展。例如,付款条件、违约责任、纠纷解决方式等条款都需要仔细审查。

(2)合同修改

在审查过程中,如果发现合同内容存在问题或不符合公司的实际需求,B 公司会与供应

商进行协商,对合同进行修改。例如:

①产品规格调整:如果供应商提供的产品规格与公司的需求不符,B公司可能会与供应商协商调整产品规格,并在合同中明确新的规格要求。

②交付时间变更:由于生产计划调整或其他原因,B公司可能需要变更交付时间。这时,B公司会与供应商沟通,并在合同中修改相应的交付日期。

③价格调整:如果市场行情发生变化或双方经过谈判达成新的价格共识,B公司会在合同中修改产品价格。

合同审查与修改是采购过程中不可或缺的环节。通过仔细的审查和与供应商的协商修改,B公司确保了合同内容的完整性、准确性和合法性,并满足了公司的实际需求。这不仅有助于保障公司的权益,也为后续的采购活动奠定了坚实的基础。

4.同签署的详细讲解:以一家家具制造公司与木材供应商为例

在家具制造公司与木材供应商的合作中,采购合同的签署标志着双方合作关系的正式确立。为了确保合同的有效性和双方的权益,合同签署环节需要严格遵守规定流程。

(1)签署准备

①确定签署代表:家具制造公司需要指定一名具备相应授权和资格的代表来签署合同。这名代表通常是公司的法定代表人或经过授权的管理人员。

②准备签署文件:除了采购合同本身,还需要准备其他相关文件,如公司的营业执照副本、税务登记证等,以便证明公司的合法身份和资质。

(2)签署过程

①核对合同内容:在签署前,签署代表应再次核对合同内容,确保所有条款都与双方之前的协商一致,并且没有遗漏或错误。

②签署合同:签署代表使用黑色或蓝色水笔在合同上签字,并加盖公司的公章或合同专用章。签字时应确保字迹清晰可辨,并且公章或合同专用章真实有效。

③供应商签署:同样,木材供应商也需要指定一名具备相应授权和资格的代表来签署合同,并加盖其公司的公章或合同专用章。

(3)注意事项

①授权证明:在签署合同时,双方应互相核实对方的授权证明文件,以确保签署代表具备合法的授权和资格。

②合同份数:根据需要,合同可以签署多份,每份合同都应由双方代表签字并加盖公章或合同专用章。每份合同都具有同等法律效力。

③保存合同:签署后的合同应妥善保存,以便在后续的合同履行和纠纷处理中作为重要依据。

合同签署是采购过程中的重要环节,它标志着双方合作关系的正式确立。通过严格的签署流程和注意事项的遵守,可以确保合同的有效性和双方的权益得到保障。在家具制造公司与木材供应商的合作中,合同签署环节的成功完成将为后续的采购和供应合作奠定坚实的基础。

5.合同履行与跟踪

签订合同后,双方应严格按照合同约定履行各自的义务。采购方应按时支付货款,供应商则应按照约定的时间和质量标准交付产品。同时,采购方还应对合同的履行情况进行跟踪和监督,确保供应商按时按质完成合同任务。

合同履行与跟踪的详细讲解：以一家电子产品制造公司与芯片供应商为例。

在电子产品制造公司与芯片供应商的合作中，合同履行与跟踪是确保合作顺利进行的关键环节。双方需要按照合同约定的条款和时间表，严格履行各自的义务，并对合同的履行情况进行持续的跟踪和监督。

（1）采购方履行的义务

①按时支付货款：电子产品制造公司应按照合同约定的付款方式和时间节点，及时向芯片供应商支付货款。这有助于维护供应商的利益和合作关系的稳定。

②提供必要的技术支持和信息：采购方可能需要向供应商提供必要的技术支持和信息，以确保产品生产的顺利进行。例如，提供产品设计文件、生产工艺要求等。

（2）供应商履行的义务

①按时交付产品：芯片供应商应按照合同约定的交货时间和数量，及时向采购方交付产品。同时，供应商还需要确保产品的质量和性能符合合同约定的标准。

②提供售后服务和技术支持：供应商在合同履行过程中，可能需要向采购方提供售后服务和技术支持，以解决产品在使用过程中出现的问题。

（3）合同履行跟踪与监督

①定期沟通：双方应建立定期沟通机制，通过电话、邮件或会议等方式，及时了解合同履行情况，解决合作过程中出现的问题。

②进度监控：采购方应对供应商的交货进度进行监控，确保供应商能够按时交付产品。如果出现交货延迟等问题，采购方应及时与供应商沟通，协商解决方案。

③质量控制：采购方应对供应商交付的产品进行质量检验，确保产品符合合同约定的质量标准和性能要求。如果发现质量问题，采购方应要求供应商及时整改并重新交付。

（4）应对合同履行中的问题

在合同履行过程中，可能会出现各种问题，如交货延迟、产品质量问题等。面对这些问题，双方应保持冷静，及时沟通并寻求解决方案。如果问题无法解决或双方存在争议，可以依据合同条款寻求法律途径解决。

合同履行与跟踪是确保采购合作顺利进行的关键环节。双方应严格按照合同约定履行各自的义务，并对合同的履行情况进行持续的跟踪和监督。通过良好的沟通、进度监控和质量控制等手段，可以确保合同得到有效执行，维护双方的利益和合作关系的稳定。

6. 合同变更与解除

在合同履行过程中，如因不可抗力或其他原因需要变更或解除合同的，双方应协商一致并按照法律规定进行处理。变更或解除合同应确保双方权益不受损害，并遵循公平、公正的原则。

合同变更与解除的详细讲解：以一家建筑公司与建材供应商为例。

在建筑项目中，合同变更与解除是常见的现象。这可能是由于不可抗力因素，如自然灾害、政策变化等，也可能是由于双方协商达成的共识。无论何种原因，合同变更与解除都应遵循公平、公正的原则，确保双方权益不受损害。

（1）合同变更

①变更原因：合同变更通常是由项目需求变化、政策调整、市场环境变化等不可抗力因素导致。例如，建筑公司因城市规划调整需要更改建筑设计，从而需要变更建材规格和数量。

②变更程序:当需要变更合同时,双方应首先进行充分沟通,明确变更内容和影响。然后,双方应协商一致,签订书面合同变更协议。合同变更协议应明确变更内容、时间、方式等要素,并作为原合同的补充文件。

③权益保障:合同变更应确保双方权益不受损害。例如,建筑公司应给予建材供应商合理的调整时间,以应对变更带来的影响。同时,供应商也有权要求建筑公司支付因变更产生的额外费用。

(2)合同解除

①解除原因:合同解除通常是由于不可抗力因素导致合同无法继续履行,或双方协商一致决定终止合同。例如,因严重自然灾害导致建筑项目无法继续进行,双方可以协商解除合同。

②解除程序:当需要解除合同时,双方应首先进行充分沟通,明确解除原因和影响。然后,双方应协商一致,签订书面合同解除协议。合同解除协议应明确解除时间、方式、违约责任等要素。

③权益保障:合同解除应确保双方权益不受损害。例如,建筑公司应支付供应商已交付但尚未使用的建材费用,供应商也应退还建筑公司已支付的预付款项。同时,双方应根据合同约定处理违约责任和赔偿问题。

(3)遵循公平、公正原则

在合同变更与解除过程中,双方应遵循公平、公正的原则。这要求双方在协商过程中保持平等地位,充分考虑对方的利益和诉求。同时,双方应遵循法律法规和合同约定,确保合同变更与解除的合法性和有效性。

合同变更与解除是合同履行过程中常见的现象。在处理合同变更与解除时,双方应充分沟通、协商一致,并按照法律规定和合同约定进行处理。确保双方权益不受损害。通过合理的合同变更与解除程序,可以维护合作关系的稳定和双方的利益。

7. 合同档案管理

完成合同签订后,采购方应对合同进行归档管理,确保合同档案的完整性和安全性。合同档案应包括合同文本、相关附件、履行过程中的相关文件等。通过对合同档案的管理,可以为后续的合作提供有力支持和保障。

在企业的日常运营中,合同管理是非常重要的一环。当采购方与供应商完成合同签订后,对合同档案的妥善管理显得尤为关键。这不仅关系到企业的合法权益,还能为未来的合作提供有力的支持和保障。下面,我们将以一家制造企业为例,详细讲解合同档案管理的相关内容。

(1)合同档案管理的重要性

①整性保障:合同档案是记录双方合作过程的重要文件,包括合同文本、相关附件以及履行过程中的相关文件等。确保合同档案的完整性,有助于企业在后续合作中快速查阅相关信息,避免因文件缺失而引发纠纷。

②安全性保障:合同档案涉及企业的商业秘密和合作机密,一旦泄露可能会对企业造成重大损失。因此,加强合同档案的安全管理,有助于保护企业的核心利益。

(2)合同档案的具体内容

①合同文本:这是合同档案的核心部分,记录了双方协商达成的合作条款、条件等详细信息。合同文本应具有法律效力,经双方签字盖章后生效。

②相关附件:包括合同附件、补充协议、技术协议等,这些文件是对合同文本的补充和说明,同样具有法律效力。

③履行过程中的相关文件:包括交货单、验收单、发票、付款凭证等,这些文件记录了合同履行的具体情况,是评估合作效果的重要依据。

(3)合同档案管理的具体措施

①建立档案管理制度:企业应制定完善的合同档案管理制度,明确档案归档、保管、借阅、销毁等各个环节的具体要求。

②设立专职档案管理员:企业应设立专职的档案管理员,负责合同档案的收集、整理、归档等工作,确保档案的安全性和完整性。

③采用电子化管理:利用现代信息技术手段,将合同档案进行电子化管理,便于查询、备份和保存,提高档案管理的效率和质量。

④定期审核与更新:定期对合同档案进行审核与更新,确保档案内容的准确性和时效性。

(4)合同档案管理的作用

①为后续合作提供有力支持:通过对合同档案的管理,企业可以在后续合作中快速查阅相关信息,为决策提供依据。

②保障企业合法权益:在出现纠纷时,合同档案可以作为法律证据,维护企业的合法权益。

③提高企业运营效率:规范、高效的合同档案管理,有助于提高企业的运营效率和管理水平。

完成合同签订后,采购方应对合同进行归档管理,确保合同档案的完整性和安全性。通过制定完善的管理制度、设立专职管理员、采用电子化管理以及定期审核与更新等措施,可以实现对合同档案的有效管理。这不仅为后续合作提供了有力支持和保障,还有助于维护企业的合法权益和提高运营效率。

总之,签订合同是采购流程中至关重要的环节。通过明确双方的权利和义务,签订合同可以确保采购活动的顺利进行,并为双方的合作提供法律保障。同时,采购方还应加强对合同履行的监督和管理,确保供应商按照约定履行合同义务,为企业的稳定生产和发展提供有力支持。

七、订单下达与跟踪

采购流程的第七个阶段,即订单下达与跟踪阶段,采购方将按照之前与供应商签订的合同要求,正式下达采购订单,并对订单的执行情况进行持续跟踪。以下是关于该阶段的详细讲解。

1.订单下达

(1)准备订单。在订单下达之前,采购方需要准备详细的采购订单,包括产品的具体描述、数量、价格、交货日期、运输方式、付款方式等详细信息。

(2)审核订单。在正式下达之前,采购方需要对订单内容进行审核,确保所有信息准确无误,并且符合合同要求。

(3)下达订单。审核无误后,采购方将正式向选定的供应商下达采购订单,通常可以通过电子邮件、传真或其他书面形式完成。

2. 订单跟踪

（1）订单确认。供应商在收到订单后，通常会进行确认，以确保双方对订单内容有共同的理解。采购方应确保及时收到并确认供应商的订单确认信息。

（2）进度监控。在订单执行期间，采购方需要定期监控订单的进度，包括产品的生产情况、库存情况、运输情况等。通过及时获取这些信息，采购方可以确保供应商按时交货。

（3）问题解决。如果在订单执行过程中出现问题，如生产延误、质量问题等，采购方需要及时与供应商沟通，并寻求解决方案。

（4）交货确认。当供应商按时交货时，采购方需要进行确认，并确保收到的产品符合合同要求。

3. 订单变更与取消

在采购过程中，由于市场环境的变化、生产计划的调整或其他不可预见的情况，采购方有时可能需要变更或取消已经下达的订单。这种情况下，如何妥善处理订单变更与取消事宜，对于维护采购方和供应商之间的关系，以及确保双方利益不受损害至关重要。

（1）订单变更

①变更原因：订单变更可能由多种原因引起，如市场需求变化、产品设计修改、生产成本调整等。采购方需要对这些变更的原因进行深入分析，确保变更的合理性和必要性。

②及时沟通：一旦确定需要变更订单，采购方应立即与供应商进行沟通，明确告知变更的内容、原因以及可能的影响。这有助于供应商及时调整生产计划，减少不必要的损失。

③合同条款遵循：在处理订单变更时，采购方和供应商应遵循合同中关于订单变更的条款和规定。例如，合同中可能规定了变更的通知期限、变更费用的承担方式等。

④协商解决方案：双方应根据实际情况，共同协商解决方案。这可能涉及订单数量的调整、交货期的变更、价格的调整等。通过友好协商，双方可以达成一致的解决方案，确保订单变更的顺利进行。

（2）订单取消

①取消原因：订单取消通常是由采购方需求发生变化、供应商无法按时交货或其他不可抗力因素导致的。采购方需要仔细评估取消订单的原因和影响，确保决策的合理性。

②及时通知：一旦决定取消订单，采购方应立即通知供应商，避免供应商因未知情况而产生不必要的损失。通知时应明确说明取消的原因、时间和影响范围。

③合同条款遵循：在处理订单取消时，采购方和供应商同样需要遵循合同中关于订单取消的条款和规定。例如，合同中可能规定了取消订单的违约金、退货和退款方式等。

④善后处理：取消订单后，双方需要共同进行善后处理。这可能包括退货、退款、赔偿等事宜。双方应保持良好的沟通和协商，确保善后处理的顺利进行，避免产生纠纷。

（3）案例分析

①案例一：某采购方因市场需求突然减少，决定取消已下达的订单。采购方及时通知了供应商，并按照合同约定支付了违约金。供应商在收到通知后，及时调整了生产计划，避免了库存积压和资源浪费。

②案例二：某采购方因产品设计修改，需要变更已下达的订单。采购方与供应商进行了充分沟通，协商调整了订单数量和交货期。供应商在理解采购方需求后，积极配合完成了订单变更，确保了双方的利益不受损害。

订单变更与取消是采购过程中常见的情形。在处理这些事宜时，采购方应及时与供应

商沟通,遵循合同约定,共同协商解决方案。通过友好合作和妥善处理,双方可以维护良好的合作关系,实现共赢。同时,采购方也需要在未来采购过程中加强预测和规划,尽可能减少订单变更与取消的发生。

4. 订单归档与记录

在采购过程中,订单归档与记录是确保采购流程透明、可追溯的重要环节。通过系统地归档和记录订单信息,采购方不仅可以监控订单的执行情况,还可以在出现问题时迅速找到原因并采取相应措施。同时,这些记录也是后续合作和审计的重要依据。

（1）订单归档

①归档内容:订单归档的内容应包括订单的下达日期、交货日期、产品质量信息、付款情况等关键信息。这些信息是评估供应商绩效、分析采购成本和优化采购流程的基础数据。

②归档方式:采购方可以采用电子或纸质方式进行归档。电子归档便于查询和存储,同时可以减少纸张使用;而纸质归档则更加直观,便于在需要时进行物理备份。无论采用哪种方式,都应确保归档信息的完整性和安全性。

③归档周期:归档周期应根据采购频率和订单量来确定。对于高频次、大批量的采购,建议每日或每周进行归档;而对于低频次、小批量的采购,则可以按月或季度进行归档。

（2）订单记录保留

①记录重要性:订单记录是采购活动的历史见证,对于分析采购趋势、查找问题原因、优化采购策略具有重要意义。同时,这些记录也是应对审计、法律纠纷等情况的重要证据。

②记录保存期限:记录保存期限应根据法律法规和内部规定来确定。一般来说,建议至少保存 5 年以上的订单记录,以便在需要时能够提供充分的证据支持。

③记录保存方式:记录保存方式应与归档方式相协调。对于电子记录,应定期备份并存储在安全可靠的服务器上;对于纸质记录,应妥善保管在防火、防潮、防虫的场所中。

（3）实际应用

①案例分析:某采购方在完成订单跟踪后,将所有订单信息进行了电子归档,并设置了自动备份功能。在一次供应商产品质量问题的调查中,采购方迅速通过归档记录找到了相关订单信息,证明了供应商的责任,最终成功维护了自身的权益。

②最佳实践:为了确保订单记录的完整性和准确性,一些采购方会采用专业的采购项目管理系统进行订单跟踪和记录管理。这些系统可以自动记录订单信息、生成报表和分析数据,大大提高了订单归档与记录的效率和质量。

订单归档与记录是采购流程中不可或缺的一环。通过系统地归档和记录订单信息,采购方可以确保采购活动的透明度和可追溯性,为后续的合作和审计提供有力支持。同时,采购方也应不断优化归档和记录管理方式,以适应不断变化的采购需求和外部环境。

5. 订单执行评估

订单执行评估是采购过程中一个非常重要的环节。在订单执行完成后,采购方需要对整个订单的执行过程进行全面的评估,以便了解供应商的表现和采购流程的效果。通过评估,采购方可以总结经验教训,优化采购策略,并为未来的采购决策提供参考。

（1）评估内容

①供应商的响应速度:评估供应商在接到订单后的响应速度,包括确认订单、提供报价、安排生产等环节。响应速度快的供应商能够更好地满足采购方的需求,减少其等待时

间和延误风险。

②产品质量:评估供应商提供的产品是否符合采购方的质量要求,包括产品的外观、性能、耐用性等方面。产品质量是采购方最关心的因素之一,直接影响采购方的客户满意度和品牌形象。

③交货准时性:评估供应商是否按照约定的交货时间准时交付产品。交货准时性对于采购方的生产计划和库存管理至关重要。供应商如果能够准时交货,可以减少采购方的库存压力和生产成本。

(2)评估方法

①量化指标:采购方可以制定一些量化指标来评估供应商的表现,如响应速度的时间、产品质量的合格率、交货准时率等。这些指标可以客观地反映供应商的表现水平,便于采购方进行比较和决策。

②反馈机制:采购方可以建立一种反馈机制,让内部员工或客户对供应商的表现进行评价。这种反馈机制可以收集到更多关于供应商服务质量的信息,帮助采购方更全面地了解供应商的表现。

③定期评估会议:采购方可以定期与供应商召开评估会议,对订单执行过程进行回顾和总结。在会议上,双方可以坦诚地交流问题和经验,共同寻找改进方案。

(3)实际应用

①案例分析:某采购方在完成一批订单后,对供应商的表现进行了全面评估。评估结果显示,供应商在响应速度和交货准时性方面表现良好,但在产品质量方面存在一些问题。采购方及时与供应商沟通,要求供应商进行改进,并加强产品质量控制。经过一段时间的改进,供应商的产品质量得到了显著提升,采购方的满意度也相应提高。

②最佳实践:一些采购方会采用供应商绩效评价体系来对供应商的表现进行定期评估。这种体系通常包括多个评价指标和权重,可以全面反映供应商的综合表现。采购方可以根据评价结果对供应商进行奖惩或调整合作策略,以优化供应链管理。

订单执行评估是采购过程中不可或缺的一环。通过评估供应商的表现和采购流程的效果,采购方可以总结经验教训,优化采购策略,并为未来的采购决策提供参考。同时,采购方也应建立完善的评估机制和反馈机制,与供应商共同推动供应链管理的持续改进。

总之,订单下达与跟踪是采购流程中至关重要的环节。采购方可以按照合同要求下达采购订单,并对订单的执行情况进行持续跟踪,确保供应商按时按质完成合同任务,为企业的稳定生产和发展提供有力支持。同时,采购方还应加强对订单执行过程中的问题管理和风险控制,确保采购活动的顺利进行。

八、验收入库

采购流程的第八个阶段,即验收入库阶段,采购方在收到供应商发货后,需要对产品进行详细的检查和验收,以确保所收到的产品符合合同要求和质量标准。以下是关于该阶段的详细讲解。

1. 收货与核对

(1)收货准备。在收货之前,采购方应确保有足够的存储空间,并准备好必要的验收工具和设备。

(2)核对发货清单。当收到供应商的发货时,首先核对发货清单,确保所收到的货物与合同订单上的要求一致,包括产品数量、型号、规格等。

2. 产品检查

(1)外观检查。对收到的产品进行外观检查,查看是否有损坏、变形、污染等问题。

(2)质量检查。根据合同要求和质量标准,对产品的内在质量进行检查。这可能涉及抽样检测、性能测试、化学成分分析等。

(3)合规性检查。确保产品符合相关的法规、标准和规定,如安全认证、环保要求等。

3. 验收流程

(1)填写验收报告。根据检查结果,填写详细的验收报告,记录产品的验收情况,包括合格品数量、不合格品数量及原因等。

(2)签字确认。验收报告需要由采购方和供应商双方签字确认,以明确责任。

4. 不合格品处理

(1)退货。对于不合格的产品,采购方应根据合同约定,要求供应商进行退货或换货。

(2)让步接收。在某些情况下,如果不合格品不影响产品的使用性能或安全性能,且供应商提出让步接收的请求,采购方可以考虑让步接收,但需要在验收报告中明确记录,并可能需要进行价格调整。

5. 入库管理

(1)入库登记。经过验收合格的产品,需要进行入库登记,记录产品的数量、批次、存放位置等信息。

(2)库存管理。对入库的产品进行库存管理,确保库存数量准确、摆放有序,方便后续的出库和盘点。

6. 验收记录与归档

(1)保存验收记录。验收过程中的相关记录,如验收报告、退货记录、让步接收记录等,需要妥善保存,以备后续查询和审计。

(2)归档管理。定期对验收记录进行归档管理,确保记录的完整性和可追溯性。

7. 反馈与改进

(1)供应商反馈。将验收结果及时反馈给供应商,帮助其了解产品的质量情况,促进供应商改进生产流程和提高产品质量。

(2)内部改进。采购方也应根据验收结果,对自身的采购流程、验收标准等进行评估和改进,提高采购效率和产品质量。

总之,验收入库是确保采购产品质量的重要环节。通过严格的检查和验收流程,采购方可以确保所收到的产品符合合同要求和质量标准,为企业的正常生产和运营提供保障。同时,采购方还应加强与供应商的沟通和合作,共同提高产品质量和采购效率。

九、结算与付款

采购流程的第九个阶段,即结算与付款阶段,采购方和供应商根据合同条款,对交易进行结算并完成付款。以下是关于该阶段的详细讲解:

1. 结算准备

(1)核对合同。在结算前,采购方需要再次核对合同条款,确保所有交易细节(如产品价格、数量、交付日期等)与合同一致。

(2)收集必要文件。收集所有与交易相关的文件,如发票、验收报告、运输单据等,以备

结算时使用。

2. 结算方式

（1）预付款结算。如果合同中约定了预付款，采购方需要按照约定时间将预付款支付给供应商。

（2）货到付款。在收到货物并经过验收合格后，采购方按照合同约定支付货款。

（3）信用证结算。如果合同中约定使用信用证结算方式，采购方需要向银行申请开立信用证，并在供应商提交符合信用证要求的单据后，由银行进行付款。

3. 付款流程

（1）付款申请。采购方根据合同条款和验收情况，向财务部门提交付款申请。

（2）财务审核。财务部门对付款申请进行审核，确保付款金额、付款方式等符合合同约定和公司财务规定。

（3）付款执行。审核通过后，财务部门按照约定时间将货款支付给供应商。

4. 付款记录与归档

（1）付款记录。财务部门需要详细记录每笔付款的日期、金额、付款方式等信息，以备后续查询和审计。

（2）归档管理。定期对付款记录进行归档管理，确保记录的完整性和可追溯性。

5. 结算纠纷处理

（1）沟通协商。如果在结算过程中出现纠纷，采购方和供应商应首先通过沟通协商解决问题。

（2）法律途径。如果协商无果，双方可以根据合同约定选择法律途径解决纠纷，如仲裁或诉讼。

6. 付款后续管理

（1）跟踪付款状态。采购方需要跟踪付款状态，确保货款已经及时、准确地支付给供应商。

（2）更新财务记录。财务部门需要及时更新财务记录，反映与供应商之间的交易情况。

总之，结算与付款是采购流程中的最后阶段，也是确保交易顺利完成的重要环节。通过严格的结算和付款流程管理，采购方可以确保资金使用的准确性和安全性，同时维护与供应商之间的良好合作关系。同时，采购方还需要注意在结算过程中可能出现的纠纷，并采取相应的处理措施，以确保采购流程的顺利进行。

十、反馈与评估

采购流程的最后一个阶段，即反馈与评估阶段，项目团队对整个采购过程进行全面的回顾和总结，旨在从中吸取经验教训，并为未来的采购项目活动提供有价值的参考。以下是关于该阶段的详细讲解。

1. 反馈收集

（1）供应商反馈。向供应商收集反馈，了解其在合作过程中的体验、遇到的问题以及对采购流程的建议。

（2）内部团队反馈。向采购团队、使用部门等相关人员收集反馈，了解他们在采购过程中的感受、遇到的困难以及对未来采购活动的期望。

2.评估标准

（1）采购效率。评估采购流程的效率,包括采购周期、成本节约等方面。

（2）供应商表现。评估供应商在交货期、产品质量、服务水平等方面的表现。

（3）内部协作。评估内部团队之间的协作情况,包括沟通、决策效率等。

3.分析总结

（1）成功因素。分析采购过程中成功的关键因素,如有效的供应商管理、合理的采购策略等。

（2）问题识别。识别采购过程中出现的问题和障碍,如供应商交货延迟、产品质量问题等。

（3）教训提取。从问题和障碍中提取教训,分析原因,并提出改进措施。

4.改进建议

（1）流程优化。针对采购流程中存在的问题,提出优化建议,如简化流程、加强沟通等。

（2）供应商管理。针对供应商管理方面的问题,提出改进建议,如加强供应商筛选、建立长期合作关系等。

（3）内部协作。加强内部团队之间的协作,提高决策效率和执行力。

5.文档记录

（1）反馈与评估报告。将反馈和评估的结果整理成报告,详细记录成功因素、问题识别、教训提取以及改进建议。

（2）经验教训库。建立经验教训库,将历史项目的反馈与评估结果整理归档,供未来项目参考。

6.后续应用

（1）持续改进。将改进建议应用到未来的采购活动中,持续优化采购流程,提高采购效率和效益。

（2）知识共享。在组织内部共享反馈与评估的结果,促进团队之间的知识传递和经验交流。

总之,反馈与评估阶段是采购流程中不可或缺的一环。通过对整个采购过程的全面回顾和总结,项目团队可以吸取经验教训,优化采购流程,提高采购效率和效益。同时,这也为未来的采购项目活动提供了宝贵的参考和借鉴。

以上步骤是采购项目的基本流程,根据项目的具体情况,可能有所增减或调整。在实际操作中,需要按照项目的具体要求和实际情况进行灵活处理。

第三节 采购项目管理的历史和发展趋势

采购项目管理的历史可以追溯到早期的工程项目中,如建筑工程、制造业等。在这些领域中,采购项目管理一直是一个重要的环节,负责协调供应商、管理采购流程、确保物资和服务的供应。

随着经济的发展和技术的进步,采购项目管理也在不断发展和完善。在传统的采购项目管理的基础上,现代的采购项目管理更加注重战略性、协作性和长期合作关系。同时,信息技术的发展也给采购项目管理带来了更多的便利和可能性。未来,采购项目管理的发展趋势可能包括以下几个方面。

一、数字化和智能化

随着科技的飞速发展,大数据、人工智能(AI,Artificial Intelligence)等前沿科技正逐渐渗透到各个行业与领域,包括采购项目管理。这些技术的应用,不仅提升了采购项目管理的效率和准确性,还为企业带来了更广阔的市场机遇。下面,我们将详细探讨数字化和智能化在采购项目管理中的应用及其带来的变革。

1. 大数据的应用

(1)市场变化预测

①数据收集与整合:通过收集历史采购数据、市场价格信息、供应商数据等多维度信息,形成一个庞大的数据集。

②数据分析:运用数据分析工具,如数据挖掘、机器学习等,对数据集进行深入分析,以发现市场趋势、价格波动规律等。

③预测模型:基于分析结果,建立预测模型,用于预测未来市场变化,如原材料价格走势、供应商稳定性等。

(2)优化采购决策

①需求分析:通过大数据分析,更准确地预测项目需求,包括材料种类、数量、时间等。

②供应商选择:根据供应商的历史表现、信誉度、价格等因素,通过数据分析筛选出最合适的供应商。

③库存管理:利用大数据分析库存需求,实现库存的最优化,避免库存积压或短缺。

2. 人工智能的应用

(1)自动化处理采购流程

①智能采购系统:通过 AI 技术,开发智能采购系统,能够自动完成采购计划、询价、报价对比、合同签订等流程。

②智能谈判:AI 可以根据历史数据和谈判策略,自动与供应商进行谈判,争取更优惠的价格和条件。

③自动验收与结算:通过 AI 技术,实现自动验收货物、自动结算货款等功能,提高采购效率。

(2)提高效率与准确性

①智能监控:AI 可以对采购过程进行实时监控,及时发现潜在风险和问题,并自动进行预警和处理。

②智能优化:AI 能够根据历史数据和实时信息,自动优化采购策略,提高采购效率和准确性。

③智能推荐:AI 可以根据采购历史、供应商表现等因素,为采购人员推荐最合适的供应商和产品。

3. 数字化和智能化的挑战与机遇

(1)数字化和智能化的挑战

①技术更新与人才培养:企业需要不断更新技术,同时培养具备数字化和智能化技能的人才。

②数据安全与隐私保护:在采集、存储和分析大数据时,需要确保数据的安全性和用户的隐私。

（2）数字化和智能化的机遇

①提升采购效率与成本节约：数字化和智能化技术能够显著提高采购效率，降低采购成本。

②增强供应链韧性：通过对市场变化的精准预测和供应商的智能选择，能够增强供应链的韧性和稳定性。

③创新商业模式：数字化和智能化技术为企业带来了全新的商业模式和创新机会，如基于数据的增值服务、供应链金融等。

总之，数字化和智能化是采购项目管理未来的发展趋势。通过充分利用大数据和AI技术，企业能够实现对市场变化的精准预测、优化采购决策、自动化处理采购流程等目标，从而提升采购效率和准确性，降低成本和风险。同时，企业也需要关注技术更新、人才培养、数据安全等挑战，并抓住数字化和智能化带来的机遇，实现商业模式的创新和升级。

二、供应链协作

供应链协作是现代企业运营中的核心要素之一，尤其在采购项目管理中，与供应商的紧密合作对于确保项目的顺利进行至关重要。随着供应链管理理念的普及和深入，企业开始更加重视与供应商建立长期、互利的合作关系，从而实现供应链的稳定性、可靠性和效率。下面我们将详细探讨供应链协作在采购项目管理中的重要性及其实际应用。

1. 供应链协作的重要性

（1）稳定性。与供应商建立稳定的合作关系，可以确保项目所需物料和服务的持续供应，避免因供应商变动或市场波动导致的采购风险。这种稳定性对于项目的顺利进行至关重要。

（2）可靠性。通过供应链协作，企业可以更好地了解供应商的生产能力、质量控制水平和服务质量，从而确保所采购的物料和服务符合项目要求，提高项目的整体可靠性。

（3）效率提升。紧密的供应链协作有助于实现信息的实时共享和流程的无缝对接，减少不必要的沟通成本和时间延误，提高采购和供应链管理的整体效率。

2. 建立长期、互利的合作关系

（1）供应商选择。在选择供应商时，企业应充分考虑供应商的能力、信誉和企业文化等因素，选择那些与自身发展战略相契合的供应商作为合作伙伴。

（2）合同管理。建立明确的合同条款和合作机制，确保双方权利和义务的平等与公正，为长期合作奠定坚实的基础。

（3）信息共享。实现信息的实时共享，包括需求预测、库存状态、生产计划等，以便供应商能够提前做好准备，确保供应的及时性和准确性。

（4）风险共担。在合作过程中，双方应共同面对和应对市场变化、价格波动等风险，通过协商和合作来降低风险对供应链的影响。

3. 供应链协作的实践应用

（1）供应商参与早期设计。邀请供应商参与项目的早期设计阶段，利用其专业知识和经验为项目提供有价值的建议，从而优化设计方案、降低成本和提高效率。

（2）协同库存管理。通过协同库存管理，实现库存的优化和共享，减少库存积压和浪费，提高库存周转率。

（3）联合研发与创新。与供应商共同开展研发和创新活动，共享技术和知识资源，推动

供应链的持续改进和升级。

(4)定期沟通与评估。建立定期沟通机制,及时了解供应商的生产状况、质量问题和市场需求等信息;同时定期对供应商进行评估和反馈,确保合作关系的持续健康发展。

4.供应链协作的挑战与机遇

(1)供应链协作的挑战

①文化差异与沟通障碍:不同企业间的文化差异可能导致沟通不畅和合作困难。

②利益冲突与博弈:在合作过程中,双方可能会因利益分配问题而产生冲突和博弈。

(2)供应链协作的机遇

①降低成本与提高效率:通过供应链协作,双方可以实现资源共享、成本分摊和流程优化,从而降低成本、提高效率。

②增强市场竞争力:紧密的供应链协作有助于提升整个供应链的竞争力和创新能力,使企业在市场中占据更有利的位置。

综上所述,供应链协作在采购项目管理中具有举足轻重的地位。通过建立长期、互利的合作关系,实现供应链的稳定性、可靠性和效率提升,企业可以在激烈的市场竞争中脱颖而出,实现可持续发展。同时,企业也需要面对文化差异、利益冲突等挑战,并抓住供应链协作带来的降低成本、提高效率等机遇,推动供应链的不断优化和升级。

三、可持续性和绿色采购

随着全球环境问题的日益严重,环境保护已成为社会各界的共同关注点。在这样的背景下,采购项目管理也面临着新的挑战和机遇。企业不仅需要关注采购的成本和效率,还需要将可持续性和绿色采购纳入考虑范围,以实现环境保护和企业发展的双重目标。

1.可持续性的重要性

(1)环境影响。采购项目过程中涉及的材料、设备和服务往往会对环境产生一定的影响。选择环保合规的供应商和产品,有助于减少污染物的排放和资源的浪费,降低项目对环境的负面影响。

(2)企业形象与品牌。注重可持续性和绿色采购的企业往往能够赢得社会的认可和尊重,提升企业的形象和品牌价值。这样的企业更容易吸引环保意识强的消费者和合作伙伴。

(3)长期经济效益。虽然短期内绿色采购可能会增加一定的成本,但从长远来看,随着环保技术的不断发展和环保政策的日益严格,绿色采购将为企业带来更多的经济效益和竞争优势。

2.绿色采购的实践应用

(1)供应商评估。在选择供应商时,企业应充分考虑其环保合规性、资源利用效率、污染物排放等因素,优先选择那些在环保方面表现突出的供应商。

(2)产品选择。在采购产品时,企业应优先选择那些符合环保标准、资源消耗低、可回收利用的产品。同时,鼓励供应商开发和生产更加环保的产品。

(3)绿色供应链管理。企业应建立绿色供应链管理体系,将环保理念贯穿于供应链的各个环节,包括物料采购、生产制造、物流配送等。

(4)环保培训与教育。加强员工的环保培训和教育,提高员工的环保意识和能力,确保绿色采购理念的深入人心。

3.可持续性和绿色采购的挑战与机遇

（1）可持续性和绿色采购的挑战

①成本问题:绿色采购往往涉及更高的成本,包括环保技术的研发和应用、环保产品的采购等。

②供应链整合:实现绿色供应链管理需要企业对现有的供应链进行整合和优化,这可能会面临一定的困难和挑战。

（2）可持续性和绿色采购的机遇

①市场机遇:随着环保意识的提高,越来越多的消费者和合作伙伴开始关注企业的环保表现。注重绿色采购的企业将更容易赢得这些消费者和合作伙伴的青睐。

②技术创新:绿色采购将推动企业进行技术创新和研发,从而开发出更加环保、高效的产品和服务,为企业带来竞争优势。

4.政策与法规的推动

政府和社会各界对环保的重视也促使了相关政策和法规的出台。企业应密切关注这些政策和法规的变化,确保自身的采购活动符合相关要求,同时也可以利用这些政策和法规来推动绿色采购的发展。

综上所述,可持续性和绿色采购已成为采购项目管理的重要趋势。企业应将环保理念贯穿于采购活动的始终,选择环保合规的供应商和产品,建立绿色供应链管理体系,以实现环境保护和企业发展的双重目标。同时,企业也需要面对成本、供应链整合等挑战,并抓住市场机遇、技术创新等机遇,推动绿色采购的深入发展。

四、专业化发展

随着全球市场的不断扩大和供应链的日益复杂,采购项目管理在企业运营中的地位和作用越来越重要。采购活动不仅涉及企业的成本控制、风险管理,还与企业的战略发展、产品创新等方面紧密相连。因此,采购项目管理的复杂性和专业性也在不断提高。在这样的背景下,专业化发展成了采购项目管理的一个重要趋势。

1.专业化发展的必要性

（1）采购项目管理的复杂性。随着企业规模的扩大和全球市场的拓展,采购活动涉及的范围越来越广,包括供应商管理、价格谈判、合同签订、物流协调等多个方面。这些活动要求采购团队具备更加专业的知识和技能,以应对各种复杂的情境和问题。

（2）采购战略的重要性。采购不再仅仅是简单的购买行为,而是与企业战略紧密相连的重要活动。采购团队需要参与企业的战略规划,了解企业的战略目标和需求,为企业的战略发展提供有力支持。

（3）供应链管理的挑战。随着全球供应链的不断延伸和复杂化,采购团队需要更加深入地了解供应链的运行机制和风险点,加强与供应商、物流商等合作伙伴的沟通和协作,确保供应链的稳定和安全。

2.专业化发展的实践应用

（1）采购团队的专业化建设。企业需要注重采购团队的专业化建设,选拔具备相关专业背景和工作经验的人才加入采购团队,同时加强团队内部的培训和交流,提升团队的专业能力和素质。

（2）采购人员的专业培训。企业需要为采购人员提供系统的专业培训,包括供应链管理、采购谈判、风险管理等方面的知识和技能。通过培训,采购人员能够更加熟悉采购项目管理的最新理论和实践,提高解决问题的能力和效率。

(3)采购流程的专业化管理。企业需要建立完善的采购流程和管理制度,确保采购活动的规范化和专业化。同时,通过引入先进的采购项目管理系统和工具,提高采购流程的透明度和效率,降低采购成本和风险。

(4)采购团队与其他部门的协作。采购团队需要与其他部门建立紧密的协作关系,包括销售、生产、研发等部门。通过跨部门的沟通和协作,确保采购活动与企业整体战略和目标保持一致。

3.专业化发展的挑战与机遇

(1)专业化发展的挑战

①人才短缺:随着采购项目管理专业性的提高,具备相关专业知识和经验的人才变得越来越稀缺。

②知识更新:采购领域的知识和技术不断更新换代,采购人员需要不断学习和适应新的变化。

(2)专业化发展的机遇

①提高效率:专业化的采购团队和管理流程可以提高采购活动的效率和准确性,降低企业的运营成本。

②创造价值:专业化的采购团队可以为企业创造更多的价值,包括降低成本、优化供应链、提高产品质量等方面。

4.未来展望

随着技术的不断进步和市场的不断变化,采购项目管理的专业化和智能化将成为未来的重要趋势。企业需要持续关注采购项目管理领域的最新动态和技术发展,加强团队建设和培训,提高采购项目管理的专业性和效率,为企业的持续发展和竞争力提升提供有力支持。

综上所述,专业化发展是采购项目管理的重要趋势。企业需要重视采购团队的建设和培训,提高团队的专业能力和素质,以应对采购项目管理的复杂性和专业性不断提高的挑战。同时,企业也需要抓住专业化发展带来的机遇,提高采购活动的效率和价值创造能力,为企业的持续发展贡献力量。

五、全球化和多元化

1.全球化的趋势

(1)全球市场竞争的加剧。随着科技的发展和交通的便利,全球市场的竞争日益激烈。企业为了获取更多的市场份额和利润,纷纷拓展国际市场,开展跨国经营。这种全球化趋势对采购项目管理提出了更高的要求。

(2)资源和供应链的全球布局。为了降低成本、提高产品质量和竞争力,企业需要在全球范围内寻找优质的资源和供应商。这意味着采购项目管理需要跨越国界,与全球各地的供应商建立合作关系,确保供应链的稳定和高效。

2.多元化的体现

(1)供应商选择的多元化。在全球化的背景下,企业不再局限于某一地区或国家的供应商,而是可以在全球范围内选择合适的供应商。这种供应商选择的多元化可以降低企业

的风险,确保供应链的可靠性和灵活性。

(2)采购策略的多元化。随着市场需求的不断变化和供应商状况的不确定性,企业需要灵活调整采购策略,包括采用不同的采购方式(如集中采购、分散采购等)、与供应商建立不同类型的合作关系(如长期合作、短期合作等)等。

3.全球化和多元化对采购项目管理的影响

(1)提升采购效率。全球化和多元化可以为企业带来更多的供应商选择和资源来源,从而增加采购的灵活性和效率。企业可以根据需求和市场变化,快速调整采购策略,确保项目的顺利进行。

(2)降低采购成本。在全球范围内寻找优质的供应商和资源,企业有机会获得更低的采购成本和更高的产品质量。这不仅可以提高企业的竞争力,还可以为消费者带来更好的产品和服务。

(3)增强风险管理能力。全球化和多元化意味着企业需要面对更多的风险和挑战。因此,采购项目管理需要加强风险管理和应对能力,确保供应链的稳定性和可靠性。

4.企业在全球化和多元化趋势下的应对策略

(1)建立全球化的采购团队。企业需要建立具备全球视野和跨文化沟通能力的采购团队,以应对全球化和多元化带来的挑战。这样的团队可以更好地理解全球市场和供应商,为企业带来更多的机会和价值。

(2)加强供应商管理和评估。在全球化的背景下,供应商的质量和可靠性变得尤为重要。企业需要建立完善的供应商管理和评估体系,确保选择的供应商符合企业的要求和标准。

(3)利用现代科技手段提高采购效率。随着信息技术和数字化技术的发展,企业可以利用这些手段提高采购效率和管理水平。例如,通过建立电子采购系统、使用大数据分析等工具,企业可以更加高效地管理供应链和采购活动。

5.未来展望

随着全球化和多元化的趋势不断加强,采购项目管理将面临更多的机遇和挑战。企业需要紧跟时代潮流,加强团队建设、完善管理制度、利用科技手段等措施,不断提高采购项目管理的专业性和效率,为企业的全球化发展提供有力支持。同时,企业也需要关注全球市场的变化和趋势,不断调整和优化采购策略,确保企业在全球竞争中保持领先地位。

总之,采购项目管理的历史和发展趋势表明,采购项目管理在企业中的地位越来越重要。未来,企业需要不断探索和创新采购项目管理模式,以适应市场的变化和挑战。

第二章　采购项目计划制订

采购项目计划是采购项目管理中的关键环节,它为项目的顺利实施提供了必要的物资和服务保障。制订合理的采购计划,能够确保项目资源的及时供应,降低成本,提高项目的经济效益和社会效益。本章将详细介绍采购项目计划的制订过程,帮助读者了解如何根据项目的实际需求,合理规划采购活动,确保项目的顺利进行。

第一节　项目需求分析和采购计划制订

在项目的实施过程中,对项目需求进行准确的分析,是制订采购计划的基础。本节将介绍如何进行项目需求分析,以及如何根据需求分析的结果制订相应的采购计划。通过这一过程,我们将确保采购活动能够满足项目的实际需求,为项目的成功实施提供有力保障。

一、项目需求分析

1. 明确项目目标与范围

明确项目目标与范围是采购项目计划制订的首要步骤,不仅有助于确保项目的顺利进行,还能帮助项目团队更好地理解项目的需求,从而制订出更为精确和有效的采购计划。

(1)项目目标的重要性

项目目标定义了项目的预期成果和期望效果。明确项目目标有助于项目团队对项目的整体方向有清晰的认识,确保所有工作都围绕这一核心目标展开。在采购计划中,项目目标将直接影响所需物资和服务的选择。例如,如果项目目标是提高生产效率,那么采购计划可能会侧重于采购能够提高生产效率的设备或软件。

(2)项目范围的定义

项目范围指的是项目的具体工作内容和边界。明确项目范围有助于确保项目的成功,因为它定义了哪些工作属于项目内,哪些不属于。在采购计划中,项目范围将决定所需物资和服务的种类和数量。例如,如果项目范围仅限于某个特定部门的升级,那么采购计划将只涉及该部门所需的物资和服务。

(3)如何明确项目目标与范围

①需求分析:通过收集和分析项目的需求信息,了解项目的具体目标和期望效果,可以通过与项目干系人沟通、审查项目文档和进行市场调研等方式实现。

②定义项目边界:明确项目的起始和结束点,以及哪些工作属于项目内,哪些不属于,这有助于避免范围蔓延,确保项目的顺利进行。

③编写项目章程:通过编写项目章程,将项目的目标和范围正式记录下来。项目章程是项目管理的基石,它定义了项目的愿景、目标、范围、主要干系人和关键里程碑等。

(4)对采购计划的影响

明确项目目标与范围对采购计划的影响主要体现在以下几个方面。

①物资和服务的选择：项目目标和范围将直接影响所需物资和服务的选择。例如，如果项目目标是提高产品质量，那么可能需要采购更先进的生产设备或质量控制软件。

②采购数量和预算：项目范围将决定所需物资和服务的数量和预算。明确的项目范围有助于确保采购计划的准确性和预算的合理性。

③采购时间：项目目标和范围可能影响采购的时间安排。例如，如果项目需要在特定的时间节点前完成，那么采购计划可能需要考虑物资和服务的交货时间。

总之，明确项目目标与范围是制订采购计划的关键步骤。通过明确项目的目标和范围，项目团队可以更好地了解项目的需求，从而制订出更为精确和有效的采购计划。这将有助于确保项目的顺利进行，实现项目的预期成果。

2. 梳理项目需求清单

在采购项目计划的过程中，梳理项目需求清单是一个至关重要的环节。这个过程涉及根据已经明确的项目目标和范围，全面而详细地列出项目所需物资和服务的种类、规格、数量、质量等要求。下面将详细讲解这一步骤的重要性和具体做法。

（1）重要性

①明确性：通过梳理项目需求清单，项目团队能够清晰地了解项目所需的具体物资和服务，避免在采购过程中出现遗漏或误解。

②准确性：详细的需求清单有助于确保采购的物资和服务符合项目的实际需要，避免因需求不明确而导致采购错误或资源浪费。

③成本控制：明确的需求清单可以作为预算制定的基础，有助于控制项目的成本，确保在预算范围内完成采购。

④时间效率：梳理清晰的需求清单可以加速采购过程，减少不必要的沟通和调整，提高采购效率。

（2）具体做法

①收集需求信息：与项目团队成员、干系人以及相关部门进行沟通，收集他们对项目所需物资和服务的具体需求信息。

②分类整理：将收集到的需求信息进行分类整理，按照物资和服务的种类、规格、数量等进行归纳。

③制定标准：根据项目的实际情况和行业标准，为每一种物资和服务制定详细的质量标准和技术规格。

④评审和确认：组织相关人员进行需求清单的评审，确保清单的完整性和准确性。同时，与干系人进行沟通，确认他们的需求和期望是否得到了满足。

⑤更新和维护：随着项目的进行，可能需要对需求清单进行更新和维护。要确保清单始终与项目的实际需求保持一致。

（3）示例

以一个简单的办公室装修项目为例，梳理项目需求清单可能包括以下内容。

①办公桌椅：需要××张，具体规格为×× cm××× cm，材质为实木，颜色为深色。

②电脑设备：需要××台，配置要求为××处理器、××内存、××硬盘等。

③网络设备：需要××台路由器、××台交换机等，具体型号和技术参数需满足项目需求。

④装修材料：包括墙面涂料、地板、灯具等，需明确品牌、型号、颜色和质量要求。

（4）结论

梳理项目需求清单是采购项目计划的关键步骤之一。通过明确、详细的需求清单，项目团队可以确保采购的物资和服务符合项目的实际需求，提高采购效率和成本控制能力。同时，这也是项目管理中确保项目顺利进行的重要环节。

3. 评估需求优先级

在项目的实施过程中，不是所有的物资和服务需求都是同等紧急和重要的。为了确保项目的顺利进行，并优化资源分配和采购计划，项目团队需要评估各物资和服务需求的紧急程度和重要性，从而确定它们的采购优先级。以下是对这一步骤的详细讲解。

（1）重要性

①优化资源配置：通过评估需求优先级，项目团队可以更加合理地分配有限的资源，确保先满足关键和紧急的需求。

②提高采购效率：明确的优先级可以帮助采购团队快速确定哪些物资和服务需要优先采购，从而避免延误和不必要的等待。

③降低风险：优先处理关键和紧急的需求，有助于降低项目因物资或服务供应不足而导致的风险。

④确保项目成功：通过确保关键物资和服务的及时供应，可以提高项目的成功率和整体绩效。

（2）具体做法

①分析关键路径：需要分析项目的关键路径，即项目中影响总工期的关键任务和活动。这些任务和活动所需的物资和服务通常具有更高的优先级。

②需求分类：将物资和服务需求按照其性质和影响进行分类，例如关键性物资（直接影响项目进度的物资）、支持性物资（辅助项目实施的物资）和常规性物资（日常运行所需的物资）。

③紧急性评估：评估每种物资和服务需求的紧急性。这可以通过分析需求的时间要求、缺货成本、延迟对项目进度的影响等因素来进行。

④重要性评估：评估每种物资和服务需求的重要性。重要性可以基于其对项目目标实现的贡献、对项目质量的影响以及对项目成本的控制等因素来评估。

⑤优先级确定：综合考虑紧急性和重要性，为每个物资和服务需求确定一个优先级等级。通常可以使用矩阵或四象限图来可视化地表示不同的优先级。

⑥沟通与调整：与项目团队成员和干系人沟通确定的优先级，并根据反馈进行必要的调整。

（3）示例

以一个建筑工程项目为例，评估需求优先级可能涉及以下步骤：

①分析关键路径，确定哪些物资和服务是确保项目按时完成的关键。

②将物资和服务需求分类，如钢筋、水泥等关键性物资，涂料、瓷砖等支持性物资，以及办公用品等常规性物资。

③评估每种物资和服务的紧急性，例如钢筋和水泥的需求可能非常紧急，因为它们对项目的结构安全至关重要。

④评估每种物资和服务的重要性，如某些特殊涂料可能对项目的外观和质量有重要影响。

⑤综合考虑紧急性和重要性,确定采购优先级。例如,关键性且紧急性高的物资(如钢筋和水泥)可能具有最高的优先级,而常规性且紧急性需求低的优先级物资(如办公用品)可能具有较低的优先级。

评估需求优先级是项目管理中非常重要的一步,它有助于项目团队更加合理地分配资源、优化采购计划,并降低项目风险。通过明确各种物资和服务需求的紧急程度和重要性,项目团队可以确保关键和紧急的需求得到优先满足,从而提高项目的整体绩效和成功率。

二、采购计划制订

1. 确定采购策略

采购策略是采购项目管理中不可或缺的一部分,它涉及如何高效、经济、及时地获取项目所需的物资和服务。选择合适的采购方式对于项目的成功至关重要。以下是对如何确定采购策略的详细讲解。

(1)需求分析的结果。在制定采购策略之前,首先需要对项目的需求进行深入分析。这包括了解项目所需物资和服务的种类、数量、质量要求、时间要求等。通过需求分析,企业可以明确项目的采购目标和标准,为后续选择采购方式提供基础数据和信息。

(2)选择合适的采购方式。根据需求分析的结果,可以选择以下几种常见的采购方式:

①集中采购:集中采购是指由一个专门的采购部门或团队统一负责项目的所有采购活动。这种方式适用于采购量大、品种相对集中的项目。集中采购可以降低采购成本、提高采购效率、简化管理流程,并有利于与供应商建立长期合作关系。

②分散采购:分散采购是指由项目团队或各个部门自行负责其所需的物资和服务采购。这种方式适用于采购量小、品种多样或需要快速响应的项目。分散采购可以提高采购的灵活性和响应速度,但也可能增加采购成本和管理难度。

③联合采购:联合采购是指多个项目或组织联合起来进行采购,以获取更大的采购量和更好的采购条件。这种方式适用于有相似采购需求的项目或组织。联合采购可以降低采购成本、提高采购谈判力,并有助于建立更广泛的供应商网络。

(3)考虑其他因素。在选择采购方式时,还需要考虑以下因素。

①供应商管理:评估现有供应商的能力和信誉,选择可靠的供应商,并与其建立长期合作关系。

②库存管理:根据项目的采购需求和库存能力,制定合理的库存管理策略,以避免库存积压或缺货现象。

③风险管理:分析采购过程中可能面临的风险,如供应商违约、价格波动等,并制定相应的风险应对措施。

(4)制订采购计划。在确定采购策略后,需要制定具体的采购计划。采购计划应包括采购的时间表、采购的物资和服务清单、采购预算、供应商选择标准等内容。采购计划应确保采购活动的有序进行,并为项目的顺利实施提供保障。

确定采购策略是项目管理中至关重要的一步。通过深入分析项目需求,选择合适的采购方式,并考虑其他相关因素,可以确保项目的采购活动高效、经济、及时地完成。同时,制订合理的采购计划也是确保采购项目活动有序进行的关键。通过科学的采购策略和管理,可以为项目的成功实施提供有力保障。

2. 制定采购时间表

制定采购时间表是采购策略中不可或缺的一环,它确保了项目所需物资和服务的及时供应,从而保障了项目的顺利进行。以下是关于如何制定采购时间表的详细讲解。

(1)需求清单和优先级分析。在制定采购时间表之前,先要明确项目的需求清单以及各物资和服务的优先级。需求清单包括了项目所需的所有物资和服务的种类、数量和质量要求,而优先级则决定了哪些物资和服务需要首先采购,以确保项目的关键部分能够首先得到保障。

(2)考虑供应商交货时间。制定采购时间表时,需要充分考虑到供应商的交货时间。不同供应商的交货周期可能有所不同,有些供应商可能需要更长的时间来准备和运输物资。因此,在制定采购时间表时,需要与供应商进行充分沟通,了解他们的交货周期,并根据这些信息来合理安排采购时间。

(3)考虑项目进度和里程碑。项目的进度和里程碑也是制定采购时间表时需要考虑的重要因素。项目的关键阶段可能需要特定的物资和服务来支持,因此需要在这些阶段之前完成相应的采购工作。在制定采购时间表时,需要与项目团队密切合作,确保采购工作与项目进度相协调。

(4)合理安排采购时间。基于需求清单、优先级分析、供应商交货时间以及项目进度,可以开始安排具体的采购时间。采购时间表应该详细列出每种物资和服务的采购开始时间和结束时间,以及关键的里程碑日期。同时,还需要考虑到一些意外情况,如供应商延迟交货、物资质量问题等,为此可以制订一些应急计划,以确保项目不会因采购问题而受到影响。

(5)监控和调整采购时间表。制定好采购时间表后,需要对其进行持续的监控和调整。随着项目的进行,可能会出现一些不可预见的情况,如需求变更、供应商问题等,这些都可能影响到采购时间表的执行。因此,需要定期评估采购时间表的执行情况,并根据实际情况进行调整,以确保采购工作能够按计划进行。

制定采购时间表是确保项目按时供应物资和服务的关键步骤。通过深入分析需求清单和优先级,充分考虑到供应商的交货时间以及项目进度和里程碑,可以合理安排采购时间,确保项目的顺利进行。同时,持续的监控和调整也是保障采购时间表执行的重要措施。通过科学合理的采购时间管理,可以为项目的成功实施提供有力保障。

3. 编制采购预算

采购预算是采购过程中的一个重要环节,它涉及对物资和服务成本的估算、分配和控制。通过编制采购预算,企业可以确保采购活动的经济性和合理性,避免不必要的浪费,并为采购决策提供有力的数据支持。以下是对如何编制采购预算的详细讲解。

(1)市场调研。在编制采购预算之前,首先要进行市场调研。市场调研的目的是了解当前市场上的物资和服务的价格水平、供应商的价格策略、价格波动趋势等信息。通过市场调研,企业可以更加准确地估算所需物资和服务的成本,为制定采购预算提供可靠的数据支持。

(2)成本分析。成本分析是编制采购预算的关键步骤。在成本分析过程中,企业需要对所需物资和服务的各项成本进行详细的分析和核算。这包括直接成本(如材料成本、运输成本等)和间接成本(如管理成本、库存成本等)。通过对成本的全面分析,企业可以更加准确地估算出所需物资和服务的总成本,为制定采购预算提供有力的依据。

（3）制定预算。在完成了市场调研和成本分析之后,企业可以根据这些信息来制定采购预算。采购预算应该根据企业的财务状况、采购需求和市场状况等因素进行综合考虑。预算的制定应该既考虑到满足采购需求,又要考虑到控制采购成本。在制定预算时,可以采用不同的预算方法,如固定预算、弹性预算或滚动预算等,以适应不同的采购场景和需求。

（4）预算分配。在制定了采购预算之后,还需要对预算进行分配。预算分配是指将总的采购预算分配到各个物资和服务上,以确定每种物资和服务的预算金额。预算分配应该根据物资和服务的重要性、需求量、价格等因素进行综合考虑,确保预算的合理性和公平性。

（5）预算控制。预算控制是采购预算管理的重要环节。在采购过程中,企业需要不断监控采购成本的实际发生情况,并与预算进行对比和分析。如果发现实际成本超出预算,则需要及时采取措施进行调整和控制,以确保采购成本不超出预算范围。

编制采购预算是确保采购成本合理性和经济性的重要手段。通过市场调研、成本分析、预算制定、预算分配和预算控制等步骤,企业可以更加准确地估算和控制采购成本,提高采购活动的效率和效益。同时,采购预算还可以为企业的采购决策提供有力的数据支持,促进企业的可持续发展。

4. 制定风险应对措施

在采购活动中,各种风险是难以避免的,例如供应中断、价格上涨、质量问题等。为了保障采购活动的稳定性,企业需要制定相应的风险应对措施。以下是对如何制定风险应对措施的详细讲解。

（1）风险识别。企业先要对采购活动中可能出现的风险进行全面的识别,包括分析市场趋势、供应商的稳定性、物资价格的波动等因素。通过风险识别,企业可以明确面临的主要风险,为后续的风险应对措施制定提供依据。

（2）风险评估。在识别了风险之后,企业需要对这些风险进行评估。评估的目的是确定风险的大小、发生的可能性以及对企业采购活动的影响程度。通过风险评估,企业可以更加清晰地了解各种风险对企业采购活动的潜在影响,为后续的风险应对措施制定提供参考。

（3）制定应对措施。针对识别和评估的风险,企业需要制定相应的应对措施。应对措施的制定应该根据风险的特点和影响程度进行综合考虑。以下是一些常见的风险应对措施。

①供应中断:企业可以通过与多个供应商建立合作关系,确保供应的稳定性。同时,可以建立应急库存,以应对供应中断的情况。

②价格上涨:企业可以与供应商签订长期合同,锁定价格,减少价格波动的风险。此外,企业还可以通过优化采购策略、降低成本等方式来应对价格上涨的风险。

③质量问题:企业可以加强对供应商的质量监控,确保采购的物资符合质量要求。同时,可以建立质量保证金制度,对出现质量问题的物资进行索赔。

（4）应对措施的实施与监控。制定了应对措施之后,企业需要将其付诸实施,并对其进行持续的监控。实施过程中,企业需要确保各项措施得到有效执行,达到预期的效果。同时,还需要对实施过程进行监控,及时发现和解决可能出现的问题。

（5）应对措施的调整与优化。随着市场环境和企业采购活动的变化,企业原有的应对措施可能需要进行调整和优化。因此,企业需要定期对风险应对措施进行审查,确保其适应性和有效性。对于不再适用的措施,需要及时进行调整或替换。

制定风险应对措施是确保采购活动稳定性的重要手段。通过风险识别、评估、应对措施的制定、实施与监控以及调整与优化等步骤,企业可以更加有效地应对各种风险,保障采购活动的顺利进行。同时,这些措施还可以为企业的采购决策提供有力的支持,促进企业的可持续发展。

通过准确的项目需求分析和合理的采购计划制定,我们可以确保项目所需的物资和服务得到及时、经济、可靠的供应,为项目的顺利实施奠定坚实基础。在下一节中,我们将进一步探讨如何实施有效的供应商管理,以确保采购活动的顺利进行。

第二节　供应商市场调查与分析

在制订采购计划之后,为了确保能够选择到合适的供应商,我们需要进行供应商市场调查与分析。这一过程将帮助我们了解供应商的市场地位、产品质量、价格、服务等关键信息,为后续的供应商选择和谈判提供依据。

一、供应商市场调查

1. 确定调查范围

在进行供应商调查之前,需要先明确调查的范围,以确保调查活动具有针对性和效率。确定调查范围涉及多个步骤和考虑因素,以下是详细讲解。

(1)明确采购需求。需要先清晰了解采购的具体需求,这包括采购的物资类型、数量、质量要求、预算限制以及采购的时间表等。通过对采购需求的深入了解,可以确定所需供应商的基本特征和行业范围。

(2)分析供应商类型。根据采购需求,分析所需供应商的类型,这可能包括生产商、分销商、进口商等。同时,还需要考虑供应商的规模、地理位置、生产能力、质量控制能力等因素。这些因素将直接影响供应商能否满足采购需求。

(3)确定行业范围。根据采购的物资类型和质量要求,确定需要调查的供应商所在的行业范围。例如,如果采购的是电子产品,那么调查的行业范围可能包括电子制造业、电子元器件分销商等。确定行业范围有助于缩小调查范围,提高调查效率。

(4)考虑地理位置。地理位置也是确定调查范围时需要考虑的因素之一。企业可能需要考虑本地供应商,以减少物流成本和运输时间。同时,如果某些行业或物资类型在全球范围内具有特定优势,企业也可能需要考虑国际供应商。

(5)制定供应商评价标准。在确定调查范围的同时,还需要制定供应商评价标准。这些标准将用于评估供应商的信誉、质量、价格、交货期等方面的表现。制定明确的评价标准有助于在调查过程中筛选出符合企业要求的优质供应商。

(6)收集与筛选信息。在确定调查范围后,开始收集相关信息。这可能包括供应商的网站、行业报告、市场研究等。同时,还需要对收集到的信息进行筛选,以确保信息的准确性和可靠性。

通过明确采购需求、分析供应商类型、确定行业范围、考虑地理位置、制定供应商评价标准以及收集与筛选信息,企业可以更加准确地确定供应商调查的范围。这将为后续的供

应商调查、评估和选择工作提供坚实的基础,确保采购活动的顺利进行。

2. 设计调查问卷或访谈提纲

在确定了供应商的调查范围之后,接下来的关键步骤是设计调查问卷或访谈提纲。这一步骤对于收集准确、有针对性的信息至关重要,因为它直接指导了与供应商的交流内容和方式。以下是详细讲解设计调查问卷或访谈提纲的过程:

(1)明确需求分析中的关键要素。回顾需求分析的结果,先要明确哪些关键要素是需要在调查中重点关注的。这些要素可能包括供应商的生产能力、质量控制措施、交货周期、售后服务、价格水平等。确保对这些要素有清晰的认识,有助于设计出更加具有针对性的调查问卷或访谈提纲。

(2)设计调查问卷。如果选择采用问卷调查的方式,可以遵循以下步骤。

①确定问卷结构:包括标题、引言、问题部分和结束语等。确保问卷结构清晰,方便供应商理解和回答。

②设计问题类型:根据调查目的和关键要素,选择合适的问题类型,如单选、多选、开放性问题等。问题应该具有明确的指向性,避免模糊和歧义。

③确保问题的合理性:问题的设置应该合理,避免引导性提问或过于复杂的问题,以保证收集到的信息真实可靠。

④设置开放性问题:除了选择题外,设置一些开放性问题,让供应商能够更详细地表达自己的观点和经验,有助于收集更丰富的信息。

(3)制定访谈提纲。如果选择进行访谈,可以制定访谈提纲来指导访谈过程。提纲应包括以下几个方面。

①访谈目的:明确访谈的主要目的和预期收获。

②访谈问题:根据需求分析中的关键要素,设计一系列访谈问题。问题应该具有层次性和逻辑性,以便逐步深入了解供应商的情况。

③访谈顺序:合理安排问题的顺序,确保访谈过程流畅且有序。

④灵活应对:在提纲中预留一些空间,以应对访谈过程中的突发情况或意外信息。

(4)考虑供应商特点。在设计调查问卷或访谈提纲时,还需要充分考虑供应商的特点。例如,对于国际供应商,可能需要考虑语言和文化差异;对于不同行业或规模的供应商,可能需要调整问题以更好地适应他们的实际情况。

(5)预览和测试。在正式使用之前,对设计好的调查问卷或访谈提纲进行预览和测试。这有助于发现并修正可能存在的问题或不合理之处,确保调查工具的有效性和可靠性。

通过明确需求分析中的关键要素,设计具有针对性的调查问卷或访谈提纲,可以更加有效地收集供应商信息,为后续的供应商评估和选择提供有力支持。设计过程中需要注意问题的合理性、明确性和层次性,同时要充分考虑供应商的特点和实际情况,确保调查工具的有效性和可靠性。

3. 收集信息

全面获取供应商的市场表现、经营状况、产品质量、价格、服务等数据。在供应商评估与选择的流程中,信息收集是至关重要的一步。这一环节旨在全面、准确地了解供应商的市场表现、经营状况、产品质量、价格、服务等信息,为后续的分析和决策提供坚实的数据基础。以下是对信息收集过程的详细讲解。

（1）明确信息收集的目的和范围

在开始信息收集之前，首先要明确收集信息的目的和范围。这有助于有针对性地选择收集渠道和工具，确保收集到的信息能够满足评估需求。

（2）线上渠道收集信息

①网络搜索：利用搜索引擎、社交媒体、行业网站等线上平台，搜索供应商的相关信息。可以关注供应商的官方网站、新闻报道、社交媒体账号等，以获取最新的市场动态和经营状况。

②数据库查询：通过专业的数据库，如企业信用信息公示系统、行业协会数据库等，查询供应商的基本信息、信用记录、经营状况等。

③在线问卷调查：设计在线问卷，向供应商收集关于产品质量、价格、服务等方面的信息。通过在线问卷调查，可以更加直接地了解供应商的自我评价和实际情况。

（3）线下渠道收集信息

①实地考察：对供应商进行实地考察，观察其生产设施、工艺流程、质量控制等方面的情况。通过实地考察，可以更直观地了解供应商的实际经营状况和生产能力。

②行业展会：参加相关行业展会，与供应商面对面交流，了解其产品特点、技术创新、市场布局等信息。

③行业协会和商会：通过行业协会和商会等组织，获取供应商的行业地位、市场份额、竞争态势等信息。

（4）数据整理和分析

将收集到的信息进行整理和分析，提取出关键数据和信息点。可以通过对比、趋势分析等方法，评估供应商的市场表现、产品质量、价格水平和服务质量等方面的情况。

（5）注意事项

①信息的准确性和可靠性：在信息收集过程中，要确保所获取的信息准确、可靠，避免受到误导或虚假信息的影响。

②信息的保密性：在收集和处理供应商信息时，要注意保护供应商的隐私和商业秘密，避免信息泄露。

③信息的时效性：由于市场环境和供应商经营状况可能随时间发生变化，因此要及时更新收集的信息，确保评估结果的准确性和有效性。

通过线上和线下渠道的综合运用，可以全面、深入地了解供应商的市场表现、经营状况、产品质量、价格、服务等信息。这些信息将为后续的供应商评估和选择提供重要的参考依据。

4. 分析调查结果

在采购流程中，分析调查结果是非常关键的一步。这一阶段的主要任务是对之前收集到的供应商信息进行整理、分类和初步分析，以便从中筛选出符合采购需求的潜在供应商。以下是该过程的详细讲解。

（1）信息整理

先要将所有收集到的信息进行系统的整理。这包括将信息按照不同的主题或类别（如供应商名称、产品信息、价格、服务质量等）进行归类，以便于后续的分析和比较。同时，也要确保信息的准确性和完整性，对于任何模糊或不一致的数据，都需要进行核实和澄清。

（2）信息分类

接下来,根据采购需求,将整理好的信息进一步分类。例如,可以根据供应商的产品类型、质量水平、价格范围、服务水平等因素,将供应商分为不同的类别。这样的分类有助于后续对供应商进行比较和筛选。

（3）初步分析

在信息分类的基础上,进行初步的分析。这一阶段的目的是评估每个供应商是否满足采购的基本需求。分析的内容可以包括以下几方面。

①产品质量:评估供应商的产品是否符合采购标准和质量要求。

②价格竞争力:比较不同供应商的价格水平,确保采购成本的经济性。

③服务能力:评估供应商在售后服务、技术支持等方面的表现。

④交货能力:考察供应商的生产能力和交货速度,确保供货的稳定性。

（4）筛选潜在供应商

经过初步分析后,根据分析结果筛选出符合采购需求的潜在供应商。这一筛选过程可以基于多个因素的综合考虑,如产品质量、价格、服务、交货能力等。筛选出的潜在供应商将成为后续深入评估的对象。

（5）注意事项

①数据的客观性:在分析过程中,要确保数据的客观性和公正性,避免主观偏见对筛选结果的影响。

②信息的保密性:对于涉及供应商商业秘密的信息,要注意保密,避免信息泄露给竞争对手。

③筛选标准的灵活性:筛选标准应根据采购需求和市场状况进行调整,以保持筛选结果的合理性和有效性。

通过这一系列的整理、分类、初步分析和筛选过程,可以有效地从众多供应商中挑选出符合采购需求的潜在供应商,为后续的深入评估和选择打下坚实的基础。

二、供应商分析

1. 供应商竞争力分析

在采购过程中,对潜在的供应商进行竞争力分析是非常关键的。这一分析旨在全面了解供应商的市场地位、技术实力、生产能力等,从而评估其在行业中的竞争优势和劣势。以下是对这一过程的详细讲解。

（1）市场地位评估

先要评估供应商在市场中的地位。这包括了解供应商在所处行业中的市场份额、品牌知名度、客户群体以及市场增长率等信息。通过市场地位评估,可以了解供应商的市场影响力、市场稳定性以及其对市场变化的应对能力。

（2）技术实力评估

技术实力是评估供应商竞争力的重要因素之一。这包括对供应商的研发能力、技术创新能力、产品质量控制能力以及技术人员的专业水平等方面的评估。通过技术实力评估,可以了解供应商的产品技术水平、技术更新速度及其对新技术、新标准的掌握情况。

（3）生产能力评估

生产能力评估主要关注供应商的生产规模、生产效率、设备状况以及供应链管理等方

面。通过了解供应商的生产能力,可以评估其是否能够满足采购需求,包括订单规模、交货速度以及生产稳定性等要求。

（4）竞争优势与劣势分析

在评估了供应商的市场地位、技术实力和生产能力后,需要进一步分析其在行业中的竞争优势和劣势。这包括分析供应商在产品质量、价格、服务、交货速度等方面的优势,以及可能存在的如技术瓶颈、生产成本高、市场竞争激烈等劣势。

（5）综合评估与决策

根据以上分析,对潜在供应商进行综合评估。综合评估应综合考虑供应商的市场地位、技术实力、生产能力以及竞争优势和劣势等因素。根据评估结果,选择符合采购需求的供应商,并制定相应的采购策略。

（6）注意事项

①数据的真实性与准确性:在进行供应商竞争力分析时,应确保所获取的数据真实可靠,避免受到虚假信息的影响。

②比较的公平性:在比较不同供应商的竞争力时,应保持公平的标准和方法,避免主观偏见对决策的影响。

③动态评估:供应商的竞争力可能会随着市场环境和自身发展而发生变化,因此竞争力分析应是一个动态的过程,需要定期更新和评估。

企业通过深入评估潜在供应商的市场地位、技术实力和生产能力,以及分析其在行业中的竞争优势和劣势,为采购决策提供有力支持,确保选择到最合适的供应商,从而满足采购需求并实现采购目标。

2. 产品分析

在产品采购的过程中,对潜在供应商提供的产品进行深入分析是至关重要的。这一分析不仅涉及产品的质量、性能,还包括价格等多个方面。通过详细比较,可以清晰地了解各个产品的优缺点,为采购决策提供依据。以下是对这一过程的详细讲解。

（1）产品质量分析

先要对产品的质量进行细致的分析。这包括了解产品的原材料来源、生产工艺、质量控制标准等方面。通过查看产品的质检报告、用户反馈以及行业内的专业评价,可以评估产品的整体质量水平。同时,还可以了解产品是否符合相关的国际或国内标准,以及是否获得了相关的认证。

（2）产品性能分析

除了质量,产品的性能也是评估的重要方面。性能分析主要包括产品的功能、稳定性、耐用性、易用性等方面。通过与同类产品进行比较,可以了解产品在各方面的表现。此外,还可以参考专业机构或第三方评测的结果,以获得更客观的性能评价。

（3）价格比较

价格是采购决策中不可忽视的因素。在比较潜在供应商的产品时,应对其价格进行详细分析。这包括产品的单价、批量折扣、运输费用等。同时,还要考虑产品的性价比,即产品的性能和质量与价格之间的平衡。通过价格比较,可以找到性价比最优的产品。

（4）产品优缺点分析

在了解产品的质量、性能和价格后,需要进一步分析产品的优缺点。这包括分析产品在质量、性能、价格等方面的突出优势,以及可能存在的不足之处。通过优缺点分析,可以

更加全面地了解产品,为采购决策提供参考。

(5)综合评估与决策

根据以上分析,对潜在供应商的产品进行综合评估。在评估过程中,需要综合考虑产品的质量、性能、价格以及优缺点等因素。根据评估结果,选择最符合采购需求的产品,并制定相应的采购策略。

(6)注意事项

①数据的真实性与准确性:在进行产品分析时,应确保所获取的数据真实可靠,避免受到虚假信息的影响。

②比较的公平性:在比较不同供应商的产品时,应保持公平的标准和方法,避免主观偏见对决策的影响。

③考虑实际需求:产品分析的目的是满足实际需求,因此在分析过程中应紧密结合采购目标和实际需求,确保所选产品符合实际要求。

通过深入比较潜在供应商的产品质量、性能与价格,并分析其产品的优缺点,可以为采购决策提供有力支持。这有助于选择到最符合实际需求的产品,实现采购目标并提升整体采购效益。

3.服务分析

在采购过程中,除了考虑产品的质量和性能外,潜在供应商的服务质量和水平也是至关重要的因素。一个优秀的供应商不仅能提供高质量的产品,还应具备出色的售后服务、技术支持和配送能力。以下是对这一过程的详细讲解。

(1)售后服务分析

①服务内容:了解供应商提供的售后服务范围,如产品安装、调试、维修、保养等。

②响应时间:评估供应商在接到客户请求后的响应时间,这反映了其服务的效率和重视程度。

③问题解决能力:了解供应商处理售后问题的能力和效率,例如是否能在短时间内解决故障或问题。

④服务满意度:通过查看客户反馈或评价,了解客户对供应商售后服务的满意度。

(2)技术支持分析

①技术支持渠道:了解供应商提供技术支持的渠道,如电话、邮件、在线聊天等。

②技术支持团队:评估供应商技术支持团队的专业水平、经验和解决问题的能力。

③技术文档和培训资料:查看供应商是否提供详细的技术文档和培训资料,以帮助客户更好地使用和维护产品。

④技术更新与升级:了解供应商是否能及时提供产品的技术更新和升级服务,以满足客户不断变化的需求。

(3)配送能力分析

①配送范围:了解供应商的配送范围,是否能覆盖客户所需的所有地区。

②配送时间:评估供应商的配送速度和准确性,以及是否能按时交付产品。

③配送成本:比较不同供应商的配送费用,以选择性价比最高的配送方案。

④物流追踪与信息管理:了解供应商是否提供物流追踪和信息管理系统,以便客户随时了解订单状态。

（4）综合评估与决策

在对潜在的供应商的售后服务、技术支持和配送能力进行深入分析后,需要对其服务质量和水平进行综合评估。评估过程中,应充分考虑客户自身的需求和期望,以及供应商的实际能力和表现。

根据评估结果,选择服务质量和水平较高的供应商,并与其建立长期稳定的合作关系。同时,可以与供应商协商制定服务协议,明确双方的权利和义务,以确保服务质量和水平的持续提高。

（5）注意事项

①沟通与协商:在评估过程中,企业应与供应商保持良好的沟通与协商,确保双方对服务内容和期望有明确的了解。

②定期评估与反馈:建立定期评估机制,对供应商的服务质量和水平进行持续跟踪和反馈。这有助于及时发现和解决问题,促进双方合作关系的不断优化。

③灵活性与适应性:考虑到市场环境和客户需求的变化,选择那些能够提供灵活和适应性强的服务的供应商。

通过深入了解潜在供应商的售后服务、技术支持和配送能力,并对其服务质量和水平进行综合评估,企业可以确保与优秀的供应商建立长期稳定的合作关系,为企业的持续发展和客户满意度提供有力保障。

4. 供应商合作风险评估

供应商合作风险评估是一个系统性的过程,旨在全面分析潜在供应商的多个方面,从而评估与之合作的潜在风险。这个过程对于企业的稳健运营和长期发展至关重要,因为它能够帮助企业在选择供应商时做出明智的决策,避免潜在的合作风险。以下是供应商合作风险评估的详细讲解。

（1）财务状况分析

①评估供应商的财务稳健性,包括其资产、负债、现金流等状况,可以通过查阅供应商的财务报表、审计报告或相关信用评级机构的信息来实现。

②分析供应商的偿债能力、盈利能力和运营效率,以确保其有能力按时履行合同义务。

③注意供应商的财务波动性和潜在风险,如高债务水平、流动性问题等,这些都可能影响供应商的稳定性和可靠性。

（2）信誉度评估

①了解供应商的商业道德、声誉和业界口碑,可以通过与供应商的直接沟通、查阅相关新闻报道或行业论坛等途径获取。

②评估供应商是否遵守法律法规、遵循商业道德,并考察其过往是否有违法违规行为或不良记录。

③考察供应商的客户满意度和合作稳定性,以了解其服务质量和合作态度。

（3）合同履行记录分析

①考察供应商过去在合同履行方面的表现,包括是否按时交货、产品质量是否稳定可靠等。

②了解供应商在面临挑战或问题时是如何应对和解决的,以评估其应变能力和责任心。

③分析供应商与其他企业的合作案例,了解其在合作过程中的表现和态度。

（4）综合风险评估

①结合以上三个方面的分析,对供应商的整体风险进行综合评估,包括财务风险、信誉风险和合同履行风险等多个方面。

②根据评估结果,对供应商进行排序或分类,以便企业在选择供应商时能够优先考虑那些风险较低的供应商。

③制定针对性的风险管理策略,如与高风险供应商进行更严格的合同约束、建立定期评估机制等,以降低潜在的合作风险。

总之,供应商合作风险评估是一个综合性的过程,需要企业从多个角度对潜在供应商进行全面分析。通过这个过程,企业可以更加准确地评估与供应商的潜在合作风险,为未来的合作打下坚实的基础。

通过供应商市场调查与分析,我们可以全面了解供应商的市场表现和竞争态势,为后续的供应商选择和谈判提供有力支持。在下一节中,我们将介绍如何进行供应商选择和谈判,以确保采购活动的顺利进行。

第三节　供应商选择标准和评价方法

在完成供应商市场调查与分析之后,我们需要制定一套供应商选择标准和评价方法,以确保从众多潜在的供应商中选出最合适的合作伙伴。

一、供应商选择标准

1. 质量保证

质量保证是供应链管理中至关重要的一环,它涉及确保供应商能够按照既定的质量标准和要求,提供符合或超过企业需求的产品。以下是对质量保证的详细讲解:

（1）质量保证的定义

质量保证是一个系统性的过程,它涉及对供应商提供的产品或服务进行全面的质量控制和评估,以确保其满足或超越企业设定的质量标准。这个过程包括了对供应商生产过程的监督、成品的检验和测试,以及持续的质量改进。

（2）质量保证的重要性

①客户满意度:高质量的产品是提高客户满意度和忠诚度的关键。只有当产品满足或超越客户的期望时,企业才能赢得市场份额和口碑。

②品牌形象:高质量的产品有助于塑造和提升企业的品牌形象。优质的产品是企业声誉的基石,能够吸引更多的潜在客户。

③成本效益:通过质量保证,企业可以减少因产品质量问题导致的退货、维修等额外成本,从而提高整体的成本效益。

（3）质量保证的实施步骤

①设定质量标准:企业需要先明确自己的质量标准,包括产品的性能、安全性、可靠性等方面的要求。

②选择合格的供应商:企业需要对潜在的供应商进行全面的评估,包括其生产能力、技术水平、质量管理体系等方面。只有满足企业质量要求的供应商才能被纳入考虑的范围。

③签订合同和质量协议:在与供应商签订合同时,企业需要明确双方的质量责任和义

务,并签订质量协议,确保供应商能够按照企业的质量要求进行生产。

④持续的质量监控:企业需要对供应商的生产过程进行持续的质量监控,包括定期的现场检查、产品抽样检验等方式,以确保供应商始终保持在质量标准之上。

⑤质量问题的处理和改进:如果发现供应商的产品存在质量问题,企业需要及时与供应商沟通,并要求其进行整改。同时,企业还需要与供应商共同制定改进措施,防止类似问题再次发生。

(4)质量保证的工具和方法

①统计过程控制:通过对生产过程中的数据进行统计和分析,识别出可能影响产品质量的因素,并采取相应的措施进行控制。

②故障模式与影响分析:在产品设计或生产阶段,对可能出现的故障模式进行分析,评估其对产品质量的影响,并制定相应的预防措施。

③六西格玛管理:一种以数据为基础的质量管理方法,旨在通过减少缺陷率和提高客户满意度来提升企业的质量水平。

质量保证是确保供应商提供符合或超过企业需求的产品质量的关键过程。通过设定明确的质量标准、选择合适的供应商、签订质量协议、持续的质量监控以及质量问题的处理和改进,企业可以确保供应链的稳定性和可靠性,从而提高客户满意度、塑造品牌形象并实现成本效益。

2. 价格合理性

价格合理性是在采购过程中平衡产品质量、供应商利润和企业成本的关键因素。以下是关于价格合理性的详细讲解。

(1)价格合理性的定义

价格合理性指的是在采购过程中,寻求一个既能保证产品质量又能确保供应商获得合理利润的价格。这个价格不仅对企业来说是成本效益的,更是能够让供应商有动力维持和提升产品质量,并持续为企业提供服务。

(2)价格合理性的重要性

①成本控制:价格合理性有助于企业控制成本,提高整体竞争力。通过寻求具有竞争力的价格,企业可以减少不必要的支出,提高利润空间。

②供应商激励:合理的价格能够激励供应商提供更好的产品和服务。当供应商能够获得合理的利润时,他们更有可能投入更多的资源和精力来提升产品质量和服务水平。

③长期合作关系:建立在价格合理性基础上的采购策略有助于企业与供应商建立长期稳定的合作关系。当供应商感到他们的投入得到了合理的回报时,他们更有可能成为企业的长期合作伙伴,共同应对市场挑战。

(3)实现价格合理性的策略

①市场调研:在进行采购之前,企业需要进行市场调研,了解行业内的价格水平和供应商的成本结构。这有助于企业制定一个合理的价格预期,并在与供应商谈判时占据有利地位。

②成本分析:企业需要对产品的成本进行详细的分析,包括原材料、生产、运输等各个环节的成本。这有助于企业了解产品的真实成本,并在与供应商谈判时提出合理的价格要求。

③竞争对比:企业可以对比不同供应商的价格和质量,选择性价比最高的供应商。这

有助于企业在保证产品质量的同时,获得更具竞争力的价格。

④长期合同:通过签订长期合同,企业可以与供应商建立稳定的合作关系,并获得更优惠的价格。同时,长期合同也有助于供应商规划生产和投资,确保产品的质量和供应的稳定性。

⑤谈判技巧:在与供应商谈判时,企业需要掌握一定的谈判技巧,如利用市场信息、强调长期合作的重要性、提出合理的价格要求等。通过有效的谈判,企业可以争取到更合理的价格。

(4)面临的挑战

①供应商的不透明定价:有些供应商可能会采取不透明的定价策略,使得企业难以判断价格的合理性。在这种情况下,企业需要进行深入的市场调研和成本分析,以确保不被高价所蒙骗。

②质量与价格的权衡:有时候,高质量的产品往往伴随着更高的价格。企业需要在保证产品质量的前提下,寻求价格上的合理性。这可能需要企业在采购过程中进行权衡和调整。

③市场波动:原材料价格、人工成本等因素的波动都可能影响供应商的成本和价格。企业需要在采购过程中关注市场变化,及时调整采购策略以应对潜在的价格风险。

价格合理性是采购过程中需要关注的重要方面。通过市场调研、成本分析、竞争对比、长期合同和谈判技巧等策略,企业可以寻求到既保证产品质量又确保供应商合理利润的价格,有助于企业控制成本、激励供应商并提供更好的产品和服务,从而实现长期稳定的合作关系。

3.交货期

交货期是指供应商按照合同或协议规定的时间,向企业交付产品或服务的过程。确保供应商能按时交货对于企业的生产或运营至关重要,以下是对交货期的详细讲解。

(1)交货期的重要性

①保障生产连续性:对于生产企业而言,原材料或零部件的及时供应是生产连续性的基础。如果供应商不能按时交货,企业的生产线可能会因此而停产,造成资源浪费和生产成本上升。

②满足客户需求:对于运营型企业而言,及时交付产品或服务是满足客户需求的关键。如果供应商交货延迟,企业可能无法按时向客户交付产品或服务,导致客户满意度下降,甚至可能失去客户。

③维护企业声誉:供应商按时交货是企业信誉的体现。如果供应商经常延迟交货,企业的声誉和形象可能会受到损害,影响企业在市场中的竞争力。

(2)确保交货期的策略

①明确交货期要求:在与供应商签订合同或协议时,企业应明确交货期要求,包括具体的交货日期、数量和质量标准等。这有助于供应商提前做好准备,确保按时交货。

②提前沟通:企业应与供应商建立良好的沟通机制,提前了解供应商的生产计划和交货安排。如果有可能出现延迟交货的情况,企业应及时与供应商沟通,协商解决方案。

③合理评估供应商能力:在选择供应商时,企业应对供应商的生产能力、技术水平、管理水平等进行全面评估,确保供应商具备按时交货的能力。

④建立奖惩机制:企业可以与供应商约定奖惩机制,对按时交货的供应商给予一定的

奖励,对延迟交货的供应商进行适当的惩罚。这有助于激励供应商按时交货,提高交货准时率。

⑤制定应急预案:企业应制定应急预案,以应对可能出现的意外情况。例如,当供应商出现突发状况导致无法按时交货时,企业可以寻找其他可靠的供应商进行替代,确保生产或运营的顺利进行。

(3)面临的挑战

①供应商的生产波动:供应商可能会因为设备故障、原材料短缺等原因导致生产波动,从而影响按时交货。

②运输延误:物流运输过程中可能出现延误、损坏等问题,导致供应商无法按时交货。

③需求波动:企业需求量的突然增加或减少可能导致供应商难以调整生产计划,从而影响交货期。

交货期是企业生产或运营中不可忽视的重要环节。通过明确交货期要求、提前沟通、合理评估供应商能力、建立奖惩机制和制定应急预案等策略,企业可以确保供应商能按时交货,满足生产或运营的需求。同时,企业需要关注供应商的生产波动、运输延误和需求波动等挑战,及时采取应对措施,确保交货期的稳定可靠。

4.供应商信誉

供应商信誉是指供应商在商业活动中所表现出的可靠性和诚信度。考察供应商的信誉度以及合同履行记录是企业在选择和管理供应商时的重要步骤,有助于降低合作风险,确保供应链的稳定性和可靠性。以下是对供应商信誉的详细讲解。

(1)供应商信誉的重要性

①降低合作风险:供应商的信誉度反映了其履行合同的能力和意愿。与信誉良好的供应商合作,企业可以更加放心地依赖其提供的产品或服务,从而降低合作中的不确定性和风险。

②保障供应链稳定性:供应商的信誉度直接影响供应链的稳定性和连续性。与信誉度高的供应商合作,企业可以更加有效地管理供应链,减少因供应商的问题导致的生产中断或延迟交付的风险。

③维护企业声誉:与信誉良好的供应商合作有助于维护企业的声誉和形象。如果企业选择了信誉不佳的供应商,可能会因供应商的不当行为或质量问题而遭受声誉损失。

(2)考察供应商信誉的方法

①调查供应商背景:了解供应商的历史、注册信息、资质认证等基本情况,以评估其可靠性和诚信度。

②查询合同履行记录:了解供应商过去的合同履行情况,包括交货准时率、产品质量、售后服务等,以评估其履约能力和诚信度。

③参考客户评价:向供应商的其他客户了解其合作经历和对供应商的评价,以获取更全面的信息。

④实地考察:对供应商的生产基地、管理水平和生产能力等进行实地考察,以评估其实际运营状况和信誉度。

(3)信誉评估的考虑因素

①合同履行能力:评估供应商是否能够按时、按质、按量履行合同要求。

②质量管理水平:考察供应商的产品质量控制能力和质量保障措施。

③售后服务:评估供应商在产品或服务出现问题时的处理能力和态度。

④商业道德和诚信度:评估供应商在商业活动中的诚信度和道德水准,如是否遵守商业规范、是否存在欺诈行为等。

(4)面临的挑战

①信息不对称:企业与供应商之间可能存在信息不对称的情况,导致企业难以全面了解供应商的信誉情况。

②供应商隐瞒信息:部分供应商可能为了获得合作机会而隐瞒不利信息或提供虚假信息,增加了企业评估供应商信誉的难度。

考察供应商信誉是企业在选择和管理供应商时的重要环节。企业应通过调查供应商背景、查询合同履行记录、参考客户评价和实地考察等方法全面了解供应商的信誉情况,并综合考虑合同履行能力、质量管理水平、售后服务和商业道德等因素评估供应商的信誉度。同时,企业需要警惕信息不对称和供应商隐瞒信息等问题,采取有效措施降低合作风险,确保供应链的稳定性和可靠性。

5.技术创新能力

供应商选择标准中的技术创新能力是一个非常重要的方面,它关乎企业能否获得具有技术优势和研发能力的合作伙伴,从而支持自身的技术创新和长期发展。以下是对这一标准的详细具体讲解:

(1)技术优势的重要性。技术优势是指供应商在技术方面所拥有的独特能力或领先地位。这种优势可能来源于多年的研发积累、专业的技术团队、先进的生产设备或独特的技术专利。具有技术优势的供应商能够为企业提供高质量、高性能的产品或服务,帮助企业在市场上获得竞争优势。

(2)研发能力的关键作用。研发能力是指供应商在新技术、新产品或新服务方面的研发实力。一个具有强大研发能力的供应商可以持续推出创新产品,满足市场的不断变化和升级需求。同时,这样的供应商还能够根据企业的具体需求,提供定制化的解决方案,帮助企业解决技术难题,提升整体竞争力。

(3)支持企业技术创新。选择具有技术优势和研发能力的供应商,可以为企业带来多方面的好处。首先,这样的供应商可以为企业提供先进的技术支持,帮助企业在产品开发、生产过程等方面实现技术创新;其次,通过与具有技术优势的供应商合作,企业可以学习到先进的技术和管理经验,提升自身的技术水平和创新能力;最后,这样的合作还可以促进企业与供应商之间的技术交流和合作,推动整个产业链的升级和发展。

(4)如何评估供应商的技术创新能力。在评估供应商的技术创新能力时,企业可以从以下几个方面进行考虑。

①查看供应商的历史和技术背景,了解其技术积累和研发实力。

②了解供应商的研发投入和研发团队建设情况,评估其研发能力和创新能力。

③考察供应商的技术专利和获奖情况,了解其在行业内的技术地位和影响力。

④与供应商进行技术交流,了解其技术水平和解决方案的实际效果。

⑤参考其他企业或客户的评价和建议,了解供应商的技术服务质量和售后支持能力。

综上所述,技术创新能力是供应商选择标准中非常重要的一个方面。通过选择具有技术优势和研发能力的供应商,企业可以获得高质量的产品和服务支持,实现技术创新和长期发展。因此,在供应商选择过程中,企业应充分考虑供应商的技术创新能力和研发实力,

以确保选择到最合适的合作伙伴。

6. 服务支持

服务支持是供应商选择中另一个至关重要的标准。一个优秀的供应商不仅应提供高质量的产品,更应提供卓越的售后服务和技术支持,以确保客户在使用过程中能够得到及时、有效的帮助。以下是对服务支持标准的详细具体讲解。

(1)售后服务的重要性。售后服务是供应商与客户之间建立长期合作关系的纽带。良好的售后服务能够增强客户对供应商的信任,提高客户满意度,从而为企业赢得口碑和市场份额。供应商应提供全面的售后服务,包括产品安装、调试、维修、保养等,确保客户在使用过程中遇到的问题能够得到及时解决。

(2)技术支持的关键作用。技术支持是售后服务的重要组成部分。当客户遇到技术难题或需要解决方案时,供应商应具备专业的技术团队,能够提供及时、有效的技术支持。这包括解答客户的技术问题、提供解决方案、协助客户完成技术升级等。一个具备强大技术支持能力的供应商,能够帮助客户解决技术难题,提高产品使用效果,从而增强客户对供应商的依赖和满意度。

(3)服务支持的具体要求。在选择供应商时,企业应对服务支持提出以下几方面具体要求。

①明确售后服务的内容和范围,确保供应商能够为客户提供全面的服务支持。

②了解供应商的售后服务流程和响应时间,确保客户在遇到问题时能够得到及时解决。

③考察供应商的技术团队实力和技术支持能力,确保其能够提供专业的技术支持服务。

④与供应商协商制定服务支持协议,明确双方的权利和义务,确保服务支持的稳定性和可靠性。

(4)如何评估供应商的服务支持能力。评估供应商的服务支持能力可以从以下几个方面进行。

①查看供应商的历史和服务记录,了解其服务质量和客户满意度。

②与供应商的服务团队进行交流,了解其服务态度和解决问题的能力。

③参考其他客户或合作伙伴的评价和建议,了解供应商的服务水平和信誉度。

④提出具体的服务需求,观察供应商的反应和解决方案,评估其服务响应速度和服务质量。

服务支持是供应商选择中不可忽视的一个方面。一个能够提供良好售后服务和技术支持的供应商,能够为企业带来长期的合作价值和稳定的客户关系。因此,在选择供应商时,企业应充分考虑其服务支持能力,确保选择到能够为企业提供全面、专业服务的合作伙伴。

7. 可持续性

可持续性已经成为现代商业的核心议题之一。它涉及如何平衡经济、环境和社会三大支柱,确保企业的长期发展。在供应链管理中,选择具有可持续性的供应商至关重要。以下是关于如何考虑供应商的环境、社会和治理(ESG,Environmental Social and Governance)表现,以确保可持续供应链的详细具体讲解:

（1）环境表现

①能源消耗与排放：评估供应商的能源消耗和碳排放情况，选择那些能够采取节能减排措施、使用可再生能源或具有明确碳减排目标的供应商。

②资源利用：考虑供应商在原材料采购、生产过程中的资源利用效率。优先选择那些能够循环使用资源、减少浪费的供应商。

③废物处理：了解供应商如何处理生产过程中产生的废物，是否采取了有效的废物管理措施，如回收、再利用或无害化处理。

④环境管理体系：评估供应商是否建立了完善的环境管理体系，如 ISO 14001 环境管理体系认证，以及是否定期进行环境影响评估。

（2）社会表现

①员工权益：了解供应商在员工招聘、培训、待遇和福利等方面的做法，确保其遵守劳动法规，尊重员工权益。

②社区关系：评估供应商与当地社区的关系，是否积极参与社区建设、公益活动和慈善捐赠等。

③产品安全性：确保供应商的产品符合相关安全标准，不含有害物质，保障消费者健康和安全。

④多样性与包容性：考虑供应商在招聘、晋升等方面的多样性和包容性政策，是否积极推动性别平等、种族平等和残疾人士就业。

（3）治理表现

①合规性：评估供应商是否遵守法律法规，包括税务、反腐败、反洗钱等方面的规定。

②透明度：了解供应商在财务报告、供应链透明度等方面的表现，确保其能够提供清晰、准确的信息。

③风险管理：评估供应商在风险识别、评估和控制方面的能力，是否建立了完善的风险管理体系。

④创新与研发：考虑供应商在技术创新、产品研发等方面的投入和成果，优先选择那些具有创新能力和竞争优势的供应商。

（4）如何评估供应商的 ESG 表现

①数据收集：通过问卷调查、现场审计、公开信息等多种渠道收集供应商的 ESG 数据。

②指标设定：根据企业的战略目标和供应链特点，设定合适的 ESG 评估指标。

③评估与排名：对收集到的数据进行分析和评估，对供应商进行排名，识别出 ESG 表现优秀的供应商。

④持续改进：与供应商建立合作关系，共同制定改进计划，推动供应链整体 ESG 水平的提高。

可持续性是现代企业的核心竞争力之一。通过评估供应商的 ESG 表现，企业可以确保供应链的可持续性，降低风险，提高声誉，并为消费者、员工和社区创造更大的价值。因此，在选择供应商时，企业应充分考虑其 ESG 表现，确保选择到具有可持续性的合作伙伴。

二、供应商评价方法

1. 综合评分法

（1）定义与目的

综合评分法是一种常用于评估供应商、投标人或候选者是否符合特定选择标准的方法。其核心思想是根据预先设定的权重和评分标准，对各项评估指标进行量化评分，最后通过加总得分来确定最优选择。这种方法在政府采购、项目招标、供应商选择等场景中尤为常见。

（2）实施步骤

①明确评估标准：需要先明确评估的具体标准，如价格、质量、技术能力、服务水平、交货期限等。这些标准应根据实际需求进行设定，确保全面反映供应商的综合实力。

②设定权重：针对每个评估标准，设定相应的权重。权重的大小应根据该标准在整体评估中的重要性来确定。例如，如果价格是一个关键因素，那么价格标准的权重就应该相对较高。

③制定评分标准：针对每个评估标准，制定具体的评分标准。评分标准应明确、可量化，以便对供应商的表现进行客观评价。例如，对于质量标准，可以设定合格、良好、优秀等不同的等级，并为每个等级赋予相应的分数。

④收集数据：根据评估标准和评分标准，收集供应商的相关数据。这些数据可以来自供应商的投标文件、现场考察、历史交易记录等。

⑤评分：根据收集到的数据，按照评分标准对供应商进行评分。评分过程中应保持客观、公正，避免主观偏见。

⑥汇总得分：将各项评估标准的得分加总，得到供应商的总得分。总得分越高，说明供应商的综合表现越好。

⑦确定最优选择：根据总得分确定最优选择的供应商。如果有多个供应商得分相同，可以根据其他因素（如合作关系、信誉等）进行进一步筛选。

（3）优点与注意事项

优点：

①全面性。综合评分法可以涵盖多个评估标准，确保对供应商的全面了解。

②灵活性。权重和评分标准的设定可以根据实际需求进行调整，具有较强的灵活性。

③公正性。通过量化的评分方式，可以减少主观偏见对评估结果的影响。

注意事项：

①权重和评分标准的设定应合理。权重和评分标准的设定应基于实际需求和数据支持，避免主观臆断和偏见。

②数据收集应全面、准确。数据收集过程中应确保数据的全面性和准确性，避免遗漏或误导信息。

③评分过程应公正、客观。评分过程中应避免主观偏见和人为干扰，确保评分的公正性和客观性。

综合评分法是一种有效的供应商评估方法，可以帮助企业全面、客观地了解供应商的综合实力。在实施过程中，应注意权重和评分标准的设定、数据收集的全面性和准确性以及评分过程的公正性和客观性。通过科学、合理的综合评分法，企业可以筛选出最适合自

己的供应商,为企业的长期发展奠定坚实的基础。

2. 优缺点分析法

（1）定义与目的

优缺点分析法是一种评估供应商或其他选项的方法,通过列出每个供应商的优点和缺点,并进行比较分析,从而得出哪个选项最适合的结论。这种方法帮助企业或个人更全面地了解每个供应商的特点,明确其优势和劣势,从而做出明智的选择。

（2）实施步骤

①列出优点:首先,针对每个供应商,列出其明显的优点。这些优点可以包括产品质量、价格竞争力、交货速度、服务水平、技术支持、信誉度等。确保列出的优点是具体、可衡量的,而非笼统或模糊的。

②列出缺点:同样地,针对每个供应商,列出其明显的缺点。这些缺点可能包括产品质量不稳定、价格高昂、交货延迟、服务不到位、技术支持不足、信誉问题等。与优点一样,列出的缺点也应该是具体、可衡量的。

③比较分析:将每个供应商的优点和缺点进行比较分析。这可以通过制作一个表格或矩阵来实现,其中列出所有供应商,每个供应商下方分别列出其优点和缺点。通过对比不同供应商的优点和缺点,可以更清晰地看到哪些供应商在某些方面表现突出,而在其他方面可能有所欠缺。

④确定权重:根据企业的需求和偏好,为每个评估标准（如产品质量、价格、交货速度等）设定权重。权重的大小反映了该标准在整体评估中的重要性。

⑤计算得分:根据每个供应商的优点和缺点以及评估标准的权重,为每个供应商计算一个综合得分。这可以通过为每个优点和缺点分配相应的分数,然后根据权重进行加权计算得出。

⑥做出选择:根据综合得分,选择得分最高的供应商作为最优选择。如果多个供应商得分相近,可以根据其他因素（如合作关系、供应商的发展潜力等）进行进一步考虑和筛选。

（3）优点与注意事项

优点:

①全面性。优缺点分析法可以涵盖供应商的多个方面,从而得到全面的评估结果。

②直观性。通过列出优点和缺点,可以直观地看到每个供应商的优势和劣势,便于比较和选择。

③灵活性。这种方法可以根据企业的需求和偏好进行调整,适应不同的评估场景。

注意事项:

①避免主观偏见。在列出优点和缺点时,应尽量避免主观偏见和情绪影响,确保评估结果的客观性和公正性。

②数据准确性。列出的优点和缺点应基于实际的数据和事实,而非凭空臆断或听信传闻。

③权重设置合理。权重的设置应基于企业的实际需求和数据支持,确保评估结果的合理性和准确性。

优缺点分析法是一种简单而有效的供应商评估方法,通过列出每个供应商的优点和缺点并进行比较分析,可以帮助企业更全面地了解供应商的特点和实力。在实施过程中,应注意避免主观偏见、确保数据准确性和权重设置合理性等方面的问题。通过科学、合理的

优缺点分析法,企业可以筛选出最适合自己的供应商,为企业的长期发展奠定坚实基础。

3.采购风险评估

采购风险评估是采购过程中至关重要的环节,它涉及到对与各供应商合作可能带来的风险进行全面、深入的分析和评估。通过这一步骤,企业可以确保选择到风险较低的供应商,从而保障采购活动的顺利进行和企业的稳定发展。下面将详细具体讲解采购风险评估的步骤和方法。

(1)明确评估目标和范围。在进行采购风险评估之前,需要先明确评估的目标和范围。这包括确定要评估的供应商、采购的商品或服务类型、采购的数量和频率等。明确评估目标和范围有助于聚焦关键风险,提高评估的准确性和效率。

(2)识别潜在风险。识别潜在风险是采购风险评估的第一步。在与供应商合作的过程中,可能会面临多种潜在风险,如供应商的财务稳定性、交货能力、产品质量、技术创新能力、合作意愿等。采购团队需要全面考虑这些因素,并识别出可能对采购活动产生不利影响的潜在风险。

(3)风险定性和定量分析。在识别出潜在风险后,需要对这些风险进行定性和定量分析。定性分析主要是通过专家讨论、经验总结等方式,对风险的性质、发生概率和影响程度进行评估。定量分析则是通过收集和分析历史数据、行业数据等方式,对风险的具体数值进行估算,如风险发生的概率、可能造成的损失等。

(4)建立风险评估体系。为了更好地管理和应对风险,企业需要建立起一套完善的风险评估体系。这个体系应包括风险评估的标准、流程、方法和工具等。通过这套体系,企业可以对供应商的风险进行全面、系统的评估,确保选择到风险较低的供应商。

(5)制定风险应对措施。在完成风险评估后,采购团队需要制定相应的风险应对措施。这些措施应针对已识别的风险,明确具体的应对策略和行动计划。例如,对于交货能力不稳定的供应商,可以采取多源采购、备选供应商等策略;对于产品质量不稳定的供应商,可以加强质量检验和监控等。

(6)持续监控和更新。采购风险评估不是一次性的活动,而是需要持续进行的过程。企业需要定期对供应商的风险进行评估和监控,及时发现和处理潜在风险。同时,随着市场环境、供应商状况等因素的变化,风险评估的结果也可能发生变化。因此,企业需要定期更新风险评估结果和应对措施,确保采购活动的顺利进行。

总之,采购风险评估是确保选择风险较低的供应商的关键环节。通过明确评估目标和范围、识别潜在风险、进行定性和定量分析、建立风险评估体系、制定风险应对措施以及持续监控和更新等步骤和方法,企业可以全面评估和管理与供应商合作可能带来的风险,保障采购活动的顺利进行和企业的稳定发展。

4.谈判能力评估

谈判能力评估是在采购过程中评估供应商在价格、交货期等方面谈判实力的重要环节。通过评估供应商的谈判能力,企业可以确保与供应商达成互利共赢的合作,实现采购目标并优化供应链的整体效率。下面将详细具体讲解谈判能力评估的步骤和方法。

(1)明确谈判目标和期望。在进行谈判能力评估之前,首先需要明确谈判的目标和期望。这包括期望的价格水平、交货期、质量要求、服务支持等。明确谈判目标和期望有助于制定谈判策略和评估供应商的谈判实力。

(2)收集供应商信息。收集供应商的相关信息是谈判能力评估的基础。这些信息包括

供应商的财务状况、生产能力、市场地位、竞争对手情况等。通过了解供应商的背景和实力,可以更好地评估其谈判能力和灵活性。

(3)分析历史谈判记录。如果企业之前与供应商有过谈判经验,可以通过分析历史谈判记录来了解供应商的谈判风格和策略。分析历史谈判记录,可以了解供应商在价格、交货期等方面的谈判底线和让步幅度,从而更好地评估其谈判能力。

(4)模拟谈判过程。模拟谈判过程是一种有效的评估方法,企业可以组织内部团队模拟与供应商的谈判过程,通过模拟不同场景和谈判策略,评估供应商的反应和应对能力。这有助于发现供应商在谈判中的优势和不足,并为企业制定实际谈判策略提供参考。

(5)评估供应商的谈判实力和灵活性。在收集和分析相关信息后,需要对供应商的谈判实力和灵活性进行评估。这包括评估供应商在价格、交货期等方面的谈判底线、让步幅度以及应对突发情况的能力。通过与多个供应商进行比较,企业可以筛选出谈判实力较强、灵活性较高的供应商作为合作伙伴。

(6)制定谈判策略和行动计划。根据对供应商谈判能力的评估结果,企业需要制定相应的谈判策略和行动计划。这包括确定谈判的底线、让步幅度、谈判风格和沟通方式等。制定明确的谈判策略和行动计划有助于企业在实际谈判中保持主动和优势地位。

(7)建立长期合作关系。谈判能力评估的最终目的是建立长期、稳定的合作关系。在与供应商达成互利共赢的合作后,企业需要持续关注供应商的表现和市场变化,及时调整合作策略,确保双方合作的顺利进行。

总之,谈判能力评估是确保与供应商达成互利共赢合作的关键环节。通过明确谈判目标和期望、收集供应商信息、分析历史谈判记录、模拟谈判过程、评估供应商的谈判实力和灵活性、制定谈判策略和行动计划以及建立长期合作关系等步骤和方法,企业可以全面评估供应商的谈判能力,实现采购目标并优化供应链的整体效率。

5. 模拟合作

模拟合作是在供应商选择过程中一个非常重要的环节,它有助于企业更准确地评估供应商的实际表现和合作效果,从而为后续的正式合作奠定坚实的基础。下面将详细具体讲解模拟合作的步骤和方法。

(1)明确模拟合作的目标和范围。在进行模拟合作之前,企业首先要明确模拟合作的目标和范围。这包括希望通过模拟合作了解供应商在哪些方面的表现,例如产品质量、交货期、服务态度、沟通能力等。同时,还要确定模拟合作的时间和规模,以便更好地安排和管理模拟合作过程。

(2)选择合适的供应商进行模拟合作。在明确了模拟合作的目标和范围后,企业需要从候选供应商中选择合适的对象进行模拟合作。选择供应商时,可以综合考虑其历史业绩、信誉度、谈判能力等因素。同时,要确保选择的供应商具有一定的代表性,能够反映整体供应商群体的水平。

(3)制定模拟合作计划和方案。在选择好供应商后,企业需要制定详细的模拟合作计划和方案。这包括明确模拟合作的具体流程、时间安排、任务分配等。同时,还要设定模拟合作中的关键节点和评估指标,以便对供应商的表现进行客观、全面的评价。

(4)实施模拟合作过程。在制定好模拟合作计划和方案后,企业可以开始实施模拟合作过程。这包括与供应商进行初步沟通、签订合同、下达订单等。在模拟合作过程中,企业要密切关注供应商的表现,及时记录和分析相关数据和信息。

（5）评估模拟合作效果。在模拟合作结束后，企业需要对模拟合作效果进行评估。这可以通过对比模拟合作前后的数据和信息，分析供应商在产品质量、交货期、服务态度、沟通能力等方面的表现。同时，还可以邀请相关部门和人员对模拟合作过程进行反馈和评价，以便更全面地了解供应商的实际表现。

（6）总结经验和教训。完成模拟合作评估后，企业需要总结经验和教训。这包括分析模拟合作过程中的成功和失败因素，找出问题所在并提出改进措施。通过总结经验和教训，企业可以为后续正式合作提供有益的参考和借鉴。

（7）决定是否正式合作。基于模拟合作的效果评估和经验总结，企业可以决定是否与供应商建立正式合作关系。如果供应商在模拟合作中表现出色，能够满足企业的需求和期望，那么可以考虑与其建立长期稳定的合作关系。如果供应商表现不佳或存在一些问题，那么需要谨慎考虑是否继续合作或选择其他更合适的供应商。

总之，模拟合作是供应商选择过程中一个非常重要的环节。通过明确模拟合作的目标和范围、选择合适的供应商、制定详细的模拟合作计划和方案、实施模拟合作过程、评估模拟合作效果、总结经验和教训以及决定是否正式合作等步骤和方法，企业可以更加准确地评估供应商的实际表现和合作效果，为后续的正式合作奠定坚实的基础。

通过制定明确的供应商选择标准和科学的评价方法，我们可以更加客观、公正地评估潜在供应商，从而选择出最合适的合作伙伴。在下一节中，我们将介绍如何进行供应商谈判，以确保采购活动的顺利完成。

第三章　采购招标与投标

在商业世界的每一个角落,无论是大型企业还是小型组织,采购都是其运营的核心环节之一。它不仅关乎企业的成本,更影响着企业的运营效率和市场竞争力。而采购招标与投标,作为采购过程中的关键环节,更是确保采购活动公平、公正、公开进行的重要保障。在这一章中,我们将深入探讨采购招标与投标的原则、流程、以及相关注意事项,帮助您更好地理解和应用这一重要的商业实践。

第一节　采购招标流程与文件编制

采购招标,作为采购活动中的重要环节,其流程的规范性和文件的编制质量直接影响到采购活动的成功与否。招标流程的明确性和文件编制的严谨性,不仅能够确保公平、公正、公开的竞争环境,还能吸引到真正有实力的投标者,进而提升采购效率,降低采购成本。本章第一节将详细介绍采购招标的流程以及招标文件的编制要点,帮助您更好地规划和执行采购招标工作。

采购招标流程是确保企业或机构以公平、公正、公开的方式选择最合适的供应商或承包商来完成特定项目或提供服务的重要环节。而招标文件的编制则是这一流程中不可或缺的部分,它为投标者提供了明确的标准和要求,确保了招标的顺利进行。

一、采购招标流程

1.需求分析

采购招标流程的需求分析是整个招标过程的基础,它确保了企业能够明确自身需求,从而有效地选择适合的供应商。以下是详细具体的需求分析步骤:

(1)明确采购物品或服务的种类。首先,企业需要清晰地确定所需采购的物品或服务。这涉及到对内部需求的深入了解,例如生产部门可能需要原材料、设备或技术支持;行政部门可能需要办公用品或服务。确保采购种类明确,有助于在招标过程中准确地描述需求,吸引符合要求的供应商参与。

(2)确定采购数量。采购数量直接关系到企业的生产计划和运营成本。过多或过少的采购都可能导致资源浪费或供应链中断。因此,在需求分析阶段,企业需要根据生产计划、销售预测等因素,合理确定采购数量。

(3)设定质量要求。质量是企业采购过程中不可忽视的关键因素。企业需要根据产品或服务的用途和重要性,设定相应的质量标准。这些标准可以包括产品的性能、安全性、耐用性等方面,也可以包括服务的响应时间、解决问题的能力等。明确的质量要求有助于在招标过程中筛选出能够提供符合标准产品或服务的供应商。

(4)制定预算。预算是企业采购过程中的重要限制因素。在制定预算时,企业需要综合考虑市场需求、价格波动、成本控制等因素。合理的预算有助于企业在招标过程中选择合适的供应商,并确保采购活动在可控的成本范围内进行。

(5)分析市场供应情况。在明确了采购需求后,企业还需要分析市场供应情况。这包括了解供应商的数量、分布、生产能力、技术水平等。通过对市场供应情况的分析,企业可以评估自身的采购需求是否能够得到满足,以及选择合适的招标方式(如公开招标、邀请招标等)。

(6)与其他部门沟通协作。需求分析过程中,企业需要与相关部门进行充分的沟通协作。例如,生产部门可以提供具体的生产计划和需求;财务部门可以提供预算和成本控制方面的建议;技术部门可以提供产品或服务的技术要求等。通过多部门之间的协作,可以确保需求分析更加全面、准确。

(7)形成书面文件。企业需要将需求分析的结果形成书面文件,如采购需求说明书或招标文件等。这些文件应详细列出采购物品或服务的种类、数量、质量要求、预算等信息,以便后续招标过程中的参考和使用。

综上所述,采购招标流程的需求分析是一个复杂而关键的过程。通过对采购物品或服务的种类、数量、质量要求、预算以及市场供应情况等方面的深入分析和沟通协作,企业可以确保采购活动能够满足实际需求,并为后续的招标过程奠定坚实的基础。

2. 制定招标计划

制定招标计划是采购招标流程中的关键一步,它涉及到招标活动的整体规划,包括时间、地点、方式、参与方等多个方面。以下是详细具体的讲解:

(1)确定招标时间。招标时间的选择对于确保招标流程的顺利进行至关重要。首先,要考虑到企业内部的生产计划和采购需求,确保在需求明确且预算批准后再进行招标。其次,要考虑到市场的变化,如原材料价格波动、供应商交货周期等,选择合适的招标时间以获取更有竞争力的报价。最后,要考虑到相关法律法规和规定,如招标公告的发布时间、投标截止时间等,确保招标活动符合法律要求。

(2)确定招标地点。招标地点的选择要考虑到方便参与方参与和交流的便利性。通常,招标地点可以设在企业内部或者外部的专业招标机构。如果设在企业内部,要确保场地足够容纳参与方,并提供必要的设施和服务。如果选择外部招标机构,要考虑到机构的信誉和专业性,确保招标活动的公正和透明。

(3)选择招标方式。招标方式的选择要根据具体需求和情况来确定。常见的招标方式有公开招标、邀请招标和竞争性谈判等。公开招标适用于采购需求广泛且供应商数量较多的情况,可以吸引更多的供应商参与竞争。邀请招标适用于对供应商有特定要求或者供应商数量较少的情况,可以通过邀请特定供应商参与招标来确保采购活动的顺利进行。竞争性谈判适用于采购需求复杂或者需要供应商提供定制化解决方案的情况,可以通过与供应商进行谈判来达成更合适的采购协议。

(4)确定参与方。参与方是招标活动中的重要组成部分,包括招标人、投标人、评标专家等。在制定招标计划时,要明确各方的角色和职责,确保招标活动的顺利进行。招标人负责招标活动的组织和实施,投标人负责提交投标文件和报价,评标专家负责评审投标文件并推荐中标候选人。此外,还可以考虑邀请监督机构或第三方机构参与招标活动,以确保活动的公正和透明。

(5)制定招标流程。在制定招标计划时,还需要制定详细的招标流程。这包括招标公告的发布、投标文件的递交、开标、评标、定标等环节。每个环节都需要明确具体的操作步骤和时间节点,确保招标活动的有序进行。同时,还要制定应急预案,以应对可能出现的突发情况。

（6）形成书面文件。要将招标计划形成书面文件，如招标计划书或招标文件等。这些文件应详细列出招标的时间、地点、方式、参与方等信息，以便后续招标过程中的参考和使用。同时，还要确保这些文件符合相关法律法规和规定的要求。

综上所述，制定招标计划是采购招标流程中的重要环节。通过明确招标时间、地点、方式、参与方等关键要素，并制定详细的招标流程和应急预案，可以确保招标活动的顺利进行，为企业选择合适的供应商奠定坚实的基础。

3. 发布招标公告

发布招标公告是招投标流程中的关键步骤，它的目的是向潜在供应商或承包商传达招标项目的相关信息，吸引他们参与投标。以下是关于如何详细具体地发布招标公告的讲解：

（1）选择合适的媒体或平台。首先，需要确定在哪里发布招标公告。这通常取决于目标受众和行业惯例。一些常见的发布渠道包括：

①官方媒体：如政府网站、行业协会网站等，这些媒体通常有较高的权威性和公信力。

②商业媒体：如行业杂志、专业网站等，这些媒体通常专注于特定行业，有助于吸引相关领域的潜在投标者。

③社交媒体：如微博、微信等，这些媒体具有广泛的用户基础，可以快速传播信息。

（2）编写招标公告。招标公告的内容应详细、清晰、准确，通常包括以下几个方面：

①项目概述：简要介绍项目的背景、目的、范围、预算等。

②投标人资格要求：明确投标人的资格条件，如资质、经验、业绩等。

③招标文件的获取方式：说明潜在投标人如何获取招标文件，包括获取时间、地点、费用等。

④投标截止时间和地点：明确投标截止的具体时间和地点，以确保所有投标都能按时送达。

⑤开标时间和地点：如果适用，告知潜在投标人开标的时间和地点。

⑥联系方式：提供招标人或招标代理机构的联系方式，以便潜在投标人咨询和沟通。

（3）发布招标公告。在选定的媒体或平台上发布招标公告。确保公告的发布时间合理，以便潜在投标人有足够的时间准备投标。同时，也要确保公告的发布方式醒目、易于查找，以便潜在投标人能够轻松获取相关信息。

（4）公告的维护和更新。在招标期间，可能需要对招标公告进行维护和更新。例如，如果招标文件有修改或补充，应及时发布更新后的文件并通知潜在投标人。此外，如果招标截止时间或开标时间有变动，也应及时更新公告并通知潜在投标人。

（5）接收投标咨询。在发布招标公告后，可能会收到潜在投标人的咨询。招标人或招标代理机构应及时回复这些咨询，确保潜在投标人对招标项目有充分的了解。

通过以上步骤，可以确保招标公告的发布有效、高效，从而吸引更多的潜在投标人参与投标，提高招标的竞争性和公正性。

4. 接收投标

接收投标是招投标流程中的核心环节之一，涉及到确保投标文件的完整性、合规性以及保密性。以下是关于如何详细具体地接收投标的讲解：

（1）设定明确的投标截止时间和地点。在招标公告中，应明确告知潜在投标人投标截

止的具体时间和地点。这样做是为了确保所有投标都能在统一的时间点之前提交,并便于招标人或招标代理机构集中处理。

(2)投标文件的准备。在接收投标之前,招标人或招标代理机构应准备好接收投标文件所需的工具和设施。这可能包括:

①安全的投标文件存放地点:确保投标文件在提交后能够得到妥善保管,防止丢失或损坏。

②投标文件接收清单:用于记录每个投标文件的提交时间、提交人、文件完整性等信息。

③投标文件编号系统:为每个投标文件分配唯一的编号,便于后续管理和跟踪。

(3)接收投标文件。在投标截止时间前,招标人或招标代理机构应开始接收投标文件。接收过程中应注意以下几点:

①检查投标文件的完整性:确保投标文件包含所有必要的文件和资料,如投标书、资质证明、技术方案等。

②验证投标人的身份:确保提交投标文件的投标人符合招标公告中的资格要求。

③记录投标信息:在投标文件接收清单上记录每个投标文件的详细信息,包括提交时间、提交人、文件完整性等。

④确保保密性:在接收投标文件时,应采取必要的措施保护投标文件的机密性,防止未经授权的泄露。

(4)处理不符合要求的投标文件。如果接收到不符合要求的投标文件,如逾期提交、文件不完整或格式不符合要求等,招标人或招标代理机构应按照招标文件中的规定进行处理。这可能包括拒绝接收、要求补充材料或给予一定的宽限期等。

(5)投标文件的保存和管理。在投标截止时间后,招标人或招标代理机构应妥善保存和管理所有投标文件。这些文件通常需要在后续的评标、合同谈判等环节中使用。因此,应确保它们的完整性和可追溯性。

(6)投标结果的通知。在评标结束后,招标人或招标代理机构应向所有参与投标的供应商或承包商通知投标结果。这通常包括中标者、未中标者以及中标者的中标金额等信息。通知方式可以是书面通知、电子邮件或电话通知等,具体方式应在招标文件中规定。

通过以上步骤,可以确保接收投标的过程规范、高效,并为后续的评标和合同谈判打下坚实的基础。同时,也有助于维护招投标的公正性、透明性和竞争性。

5.开标

开标是招标投标过程中的重要环节,它标志着投标阶段的结束和评标阶段的开始。下面将详细具体讲解开标的流程及其相关要点。

(1)开标的定义。开标是指在投标人提交投标文件后,招标人依据招标文件规定的时间和地点,开启投标人提交的投标文件,公开宣布投标人的名称、投标价格及其他主要内容的行为。

(2)开标的时间和地点。

①时间:开标时间应在招标文件中明确规定,确保所有投标者都知晓。通常,开标时间会在投标截止时间之后不久。

②地点:开标地点也应在招标文件中明确,通常是招标人或招标代理机构指定的会议室或其他公共场所。

（3）开标的准备。

①准备开标文件：包括招标文件、投标文件、开标记录表等。

②准备开标工具：如投影仪、音响设备等，以便在开标现场展示投标文件内容。

③通知相关人员：包括投标人、评标专家、监督人员等，确保他们按时到达开标现场。

（4）开标的流程。

①签到与核实身份：所有参与开标的人员应在开标前签到，并核实身份。

②宣布开标纪律：由主持人宣布开标纪律，确保开标过程的公正、公平和公开。

③检查投标文件：由投标人代表或招标人委托的公证机构检查投标文件的密封情况，确认无误后拆封。

④公开宣布投标结果：主持人按照投标文件的顺序，逐一公开宣布投标人的名称、投标价格、技术方案等主要内容。同时，这些内容也会被记录在开标记录表上。

⑤投标人确认：投标人有权对自己的投标结果进行确认，如发现错误或遗漏，可及时提出。

⑥签字确认：所有参与开标的人员应在开标记录表上签字确认，以确保开标结果的法律效力。

（5）开标注意事项。

①保密性：开标过程中应注意保护投标文件的机密性，防止未经授权的泄露。

②公正性：开标过程应确保公正、公平和公开，避免出现任何形式的歧视或偏袒。

③规范性：开标过程应遵循招标文件和相关法律法规的规定，确保程序的合法性和规范性。

（6）开标结果的处理。开标结束后，招标人或招标代理机构应整理开标记录表，并将其作为评标的重要依据。同时，开标结果也应及时通知所有投标人，以便他们了解自己在本次投标中的表现和排名。

总之，开标作为招标投标过程中的重要环节，其公开、公平、公正的原则应得到严格遵守。通过规范、透明的开标流程，可以确保投标结果的合法性和有效性，为后续的评标和合同谈判奠定坚实的基础。

6. 评标

评标是招标投标流程中的核心环节，它涉及到对投标人提交的投标文件的深入审查和评价，以确保最终选择的中标人能够最大程度地满足招标人的需求和期望。以下是对评标环节的详细具体讲解。

（1）评标的目的和原则。

①目的：评标的主要目的是对投标人的技术、商务、价格等方面进行综合评价，以确定哪个投标人能够最符合招标要求，从而与之签订合同。

②原则：评标应遵循公平、公正、公开的原则，确保所有投标人都受到平等对待，且评价过程透明无偏见。

（2）评标标准和方法。

①评标标准：评标标准通常在招标文件中事先设定，包括技术方案的可行性、投标人的资质和经验、价格合理性、售后服务等。这些标准应明确、具体，以便评标人员能够准确地进行评价。

②评标方法：评标方法有多种，如最低评标价法、综合评估法、性价比法等。招标人应

根据项目的特点和需求选择合适的评标方法,并在招标文件中明确说明。

(3)评标流程。

①初步审查:对投标文件进行初步审查,检查其完整性、合规性和响应性。如投标文件存在重大缺陷或不符合招标要求,将被拒绝或视为无效投标。

②详细评估:对通过初步审查的投标文件进行详细评估。评标人员应根据预设的评标标准和方法,对投标人的技术、商务、价格等方面进行全面评价。

③澄清与修改:在评标过程中,如评标人员需要对投标文件中的某些内容进行澄清或要求投标人进行修改,应及时通知投标人,并给予其合理的响应时间。

④推荐中标候选人:根据评标结果,评标委员会或评标小组应推荐一个或多个中标候选人,并按照得分或排名顺序进行排列。

(4)评标注意事项。

①保密性:评标过程中涉及的所有文件和信息均应严格保密,防止未经授权的泄露。

②公正性:评标人员应客观、公正地评价每个投标人的文件,避免主观偏见或歧视。

③一致性:所有评标人员应遵循相同的评标标准和方法,确保评价结果的一致性和可比性。

④记录完整:评标过程中应有详细的评标记录,包括评价过程、评价依据、评价结果等,以备后续审查或查询。

(5)评标结果的公示与处理。

①公示:评标结束后,应将评标结果进行公示,通常包括中标候选人的名称、得分或排名等信息,以便所有投标人了解评标结果。

②处理异议:在公示期间,如投标人对评标结果有异议,可向招标人提出。招标人应及时处理并回应投标人的异议,确保评标结果的公正性和合法性。

③签订合同:最终确定中标人后,招标人应与中标人签订书面合同,明确双方的权利和义务,确保项目的顺利实施。

总之,评标作为招标投标流程中的关键环节,其公正、公平、公开的原则应得到严格遵守。通过科学、规范的评标流程和方法,可以确保选择到最合适的中标人,为项目的顺利实施奠定坚实的基础。

7.定标

定标是采购过程中的最后阶段,也是最为关键的一步。在这个阶段,采购方将基于之前的评标结果,选择最合适的供应商或承包商来满足其需求。以下是关于定标环节的详细具体讲解。

(1)定标的目的。定标的主要目的是从所有投标人中挑选出最能够满足采购方需求的供应商或承包商。这通常涉及到对投标人的技术实力、商务条件、价格、售后服务等多个方面的综合考虑,确保最终选择的合作伙伴既能够提供高质量的产品或服务,又能够在成本、时间等方面达到采购方的要求。

(2)定标的依据。定标的依据主要是评标结果。在评标阶段,采购方已经对投标人的各项条件进行了详细的评估,并根据预设的评标标准和方法得出了相应的评分或排名。定标时,采购方需要参考这些结果,结合自身的需求和偏好,来确定最终的合作对象。

(3)定标的流程。

①确认评标结果:首先,采购方需要仔细审查评标结果,确保各项评估数据的准确性和

完整性。如有必要,还可以对评标结果进行进一步的核实和澄清。

②选择中标人:在确认评标结果无误后,采购方需要根据自身的需求和偏好,从所有投标人中挑选出最合适的中标人。这一过程中,除了考虑投标人的综合得分或排名外,还需要考虑其他因素,如投标人的信誉、历史业绩等。

③编制定标报告:选定中标人后,采购方需要编制一份详细的定标报告。该报告应包括定标的过程、依据、结果等信息,以便后续对定标决策进行审查和监督。

（4）定标的注意事项。

①合规性:在定标过程中,采购方应确保自身的决策符合相关法律法规和规章制度的要求,避免出现违规行为。

②公正性:定标决策应公正、透明,避免受到任何不当干预或影响。采购方应确保所有投标人都受到平等对待,不得有任何歧视或偏袒行为。

③保密性:在定标过程中,采购方应注意保护投标人的商业机密和敏感信息,防止泄露给无关人员或机构。

④及时性:定标决策应及时作出并通知相关当事人,避免出现不必要的延误或纠纷。

（5）定标结果的应用。定标完成后,采购方需要与中标人签订正式的合同或协议,明确双方的权利和义务。同时,采购方还需要对中标人的履约情况进行监督和管理,确保其能够按照合同要求提供高质量的产品或服务。此外,对于未能中标的投标人,采购方也需要给予适当的反馈和建议,帮助其改进和提升自身的竞争力。

总之,定标作为采购流程的最后阶段,其决策的正确与否直接关系到采购项目的成功与否。因此,采购方需要认真对待定标工作,确保选择到最合适的供应商或承包商来满足自身的需求。

8.签订合同

签订合同是采购流程中的最后一步,也是确保采购项目顺利实施的关键环节。以下是对签订合同这一步骤的详细具体讲解。

（1）合同的重要性。合同是买卖双方之间的法律协议,具有法律效力。它明确了双方的权利和义务,规定了交易的各项条款和条件,为双方提供了法律保障。通过签订合同,可以确保采购项目的顺利进行,并在出现问题时提供法律依据。

（2）合同的主要内容。一份完整的合同通常包含以下主要内容:

①合同双方信息:包括采购方和供应商/承包商的全称、地址、联系方式等基本信息。

②采购物品或服务描述:详细描述采购的物品或服务,包括数量、规格、质量标准、技术要求等。

③价格与支付方式:明确采购物品或服务的价格、支付方式、支付时间等。

④交货或服务提供时间:规定供应商/承包商应在何时交货或提供服务。

⑤违约责任:明确双方违约时的责任承担方式,如违约金、赔偿等。

⑥争议解决方式:约定在合同履行过程中发生争议时的解决方式,如仲裁、诉讼等。

⑦其他条款:根据具体情况,可能还包括保密条款、知识产权条款、保密条款等。

（3）签订合同的流程。

①准备合同草案:采购方通常会根据之前与供应商/承包商的协商结果,准备一份合同草案。草案应包含上述提到的各项内容。

②审查与修改:合同草案完成后,采购方应组织内部相关部门对合同进行审查,确保合

同内容符合法律法规、公司政策以及采购需求。如有需要,还可以邀请法律顾问进行专业审查。审查无误后,采购方可以根据审查意见对合同草案进行修改。

③协商与确认:修改后的合同应发送给供应商/承包商进行确认。双方应就合同内容进行充分协商,确保合同条款对双方都是公平合理的。协商过程中,采购方应关注供应商/承包商的反馈,及时解答疑问,并对合同内容进行适当调整。

④正式签署:协商一致后,双方应正式签署合同。签署形式可以是纸质版或电子版,具体根据双方约定而定。签署时,双方应确保合同内容完整、准确,并加盖公章或签字确认。

⑤归档与备案:签署完成的合同应妥善保管并归档,以备后续查阅和审计。同时,根据相关法律法规和公司政策,可能还需要将合同进行备案。

(4)签订合同的注意事项。

①合法性:确保合同内容合法合规,不违反法律法规和公序良俗。

②明确性:合同条款应清晰明确,避免模糊和歧义。

③公平性:合同内容应公平合理,维护双方利益。

④保密性:对于涉及商业机密或敏感信息的条款,应注意保密要求。

⑤风险防控:在合同中约定违约责任和争议解决方式,以降低潜在风险。

(5)合同后续管理。合同签订后,采购方还应加强对合同后续履行情况的监督和管理。这包括确保供应商/承包商按时交货或提供服务、监督产品质量和服务质量、处理合同履行过程中的问题等。同时,还应定期对合同进行审查和评估,以确保合同的有效执行和采购项目的顺利完成。

总之,签订合同是采购流程中的重要环节,需要采购方认真对待。通过制定合理完善的合同内容、遵循规范的签订流程以及加强后续管理,可以确保采购项目的顺利实施并维护双方利益。

8. 履行合同

在采购流程中,签订合同只是开始,真正的挑战在于确保供应商或承包商按照合同要求顺利地完成项目或提供服务。以下是关于履行合同步骤的详细具体讲解。

(1)合同执行的开始。一旦合同被正式签署,供应商或承包商即开始按照合同规定的内容执行工作。采购方应确保供应商或承包商明确了解合同中的各项要求,包括项目的范围、时间表、质量标准、支付方式等。

(2)进度监控。

①定期报告:供应商或承包商应定期向采购方提供项目进度报告,包括已完成的工作、未完成的任务、存在的问题和需要的支持等。

②里程碑检查:对于大型或长期项目,合同中通常会设定一些关键里程碑。采购方应定期检查这些里程碑的完成情况,确保项目按计划进行。

③风险管理:采购方应识别并监控项目中可能出现的风险,与供应商或承包商共同制定应对策略,以减少潜在的项目延误或成本超支。

(3)质量管理。

①质量检查:采购方应定期对供应商或承包商的工作成果进行质量检查,确保产品和服务符合合同规定的质量标准。

②不合格品的处理:如果发现产品或服务存在质量问题,采购方应及时与供应商或承包商沟通,要求其进行整改或替换。

③持续改进:鼓励供应商或承包商实施质量管理体系,通过持续改进提高产品和服务的质量。

(4)沟通管理。

①有效的沟通:采购方应建立有效的沟通渠道,确保与供应商或承包商之间的信息流通畅通无阻。

②问题解决:当出现问题或争议时,采购方应及时与供应商或承包商沟通,共同寻找解决方案。

③变更管理:如果项目过程中需要变更合同内容,双方应协商一致,签署书面变更协议。

(5)支付与结算。

①进度付款:根据合同的约定,采购方应按照供应商或承包商完成的工作进度支付款项。

②最终结算:当项目全部完成并通过验收后,采购方应进行最终结算,支付剩余款项。

③发票与记录:供应商或承包商应提供合规的发票和必要的文件,以便采购方进行财务记录和审计。

(6)项目验收。

①验收标准:采购方应明确项目的验收标准,确保供应商或承包商交付的产品和服务符合合同要求。

②验收流程:采购方应制定详细的验收流程,包括验收时间、地点、方式等,并与供应商或承包商进行充分沟通。

③签署验收报告:验收合格后,采购方应签署验收报告,确认供应商或承包商按照合同要求完成了项目或提供了服务。

(7)后续关系维护。即使项目完成,采购方也应与供应商或承包商保持良好的关系,以便未来的合作和可能的续约。这包括定期回顾合作经验、提供反馈和建议、以及探讨未来的合作机会。

综上所述,履行合同是一个复杂而关键的过程,需要采购方与供应商或承包商共同努力。通过有效的进度监控、质量管理、沟通管理和支付结算,可以确保项目或服务的顺利完成,并维护双方的长期合作关系。

二、招标文件的编制

1. 明确采购需求

在采购过程中,明确采购需求是非常关键的第一步,因为它为后续的供应商选择、合同签订、物品验收等环节提供了明确的指导和依据。以下是关于如何明确采购需求的详细具体讲解:

(1)了解业务需求。明确采购需求的首要步骤是深入了解业务需求。这包括与相关部门或团队沟通,了解他们真正需要什么,以及这些物品或服务将如何被使用。通过深入了解业务背景和使用场景,可以确保采购的物品或服务能够完全满足业务需求。

(2)详细描述物品或服务的规格和质量要求。在明确了业务需求后,接下来需要详细描述所需物品或服务的规格和质量要求。这包括物品的尺寸、重量、材质、颜色等外观特征,以及性能参数、安全标准、耐用性等内在要求。对于服务,需要明确服务的范围、服务标准、响应时间等要求。

（3）确定数量和预算。除了描述物品或服务的规格和质量要求外，还需要确定采购的数量和预算。这有助于在后续的供应商选择和谈判过程中，明确自己的底线和期望。同时，合理的数量和预算设定也可以避免资源浪费或预算超支的情况。

（4）考虑技术参数和兼容性。对于某些复杂的物品或服务，如高科技设备或软件系统，还需要特别考虑技术参数和兼容性。这包括设备的操作系统、接口标准、数据格式等，以及与其他系统或设备的兼容性。确保采购的物品或服务能够顺利集成到现有的技术环境中。

（5）编写采购需求文档。将上述信息整合到一份采购需求文档中。这份文档应该清晰、具体地描述所需物品或服务的所有要求，以便供应商能够准确理解并提供满足需求的报价。同时，采购需求文档也是后续合同签订和物品验收的重要依据。

（6）定期审查和更新采购需求。需要注意的是，采购需求并不是一成不变的。随着业务的发展和技术的更新，采购需求也会发生变化。因此，需要定期审查和更新采购需求文档，以确保其始终与业务需求保持一致。

总之，明确采购需求是采购过程中的关键一步。通过深入了解业务需求、详细描述物品或服务的规格和质量要求、确定数量和预算、考虑技术参数和兼容性以及编写采购需求文档等步骤，可以确保采购的物品或服务能够完全满足业务需求，并为后续的采购流程奠定坚实的基础。

2. 设定投标要求

在采购过程中，设定明确的投标要求对于确保采购的公正性、透明度和效率至关重要。投标要求不仅为潜在供应商提供了明确的指导，还有助于确保所有投标者都在相同的条件下竞争。以下是关于如何设定投标要求的详细具体讲解：

（1）明确投标文件的内容。投标文件是供应商向采购方展示其能力、经验和提案的重要载体。因此，在设定投标要求时，需要明确投标文件应包含哪些内容。通常，投标文件应包括以下几个部分：

①公司资质和背景介绍：包括公司的注册信息、经营范围、历史沿革等。

②技术方案或服务方案：详细描述供应商如何满足采购方的技术要求或服务需求。

③商务报价：包括物品或服务的价格、支付方式、交付时间等。

④业绩和经验：展示供应商在过去类似项目中的表现和成绩。

⑤质量保证和售后服务：说明供应商对于产品质量和售后服务的承诺和保障措施。

（2）规定投标文件的格式。为了确保投标文件的可读性和可比性，采购方需要规定投标文件的格式。这包括文件的纸张大小、字体、字号、行距等排版要求，以及文件应该包含的章节和子章节结构。同时，采购方还可以要求投标文件以电子格式（如 PDF）提交，以便于存储和传输。

（3）设定投标文件的提交方式。投标文件的提交方式直接影响到采购过程的便捷性和效率。采购方可以根据实际情况设定以下几种提交方式：

①现场提交：要求供应商在规定的时间和地点亲自提交投标文件。这种方式适用于规模较小或本地供应商参与的采购项目。

②邮寄提交：允许供应商通过邮寄方式将投标文件送达采购方指定的地址。这种方式适用于规模较大或涉及远程供应商的采购项目。

③电子提交：通过采购方提供的在线平台或电子邮件地址，允许供应商以电子方式提

交投标文件。这种方式具有高效、便捷的特点,适用于现代化的采购流程。

(4)规定投标文件的提交时间。投标文件的提交时间是投标要求中非常重要的一个环节。采购方需要明确规定投标文件的开始提交时间、截止提交时间以及是否接受逾期提交的文件。为了确保公平性和透明度,采购方通常会在官方网站或采购公告中提前公布投标文件的提交时间,并提醒供应商注意时间节点。

(5)其他注意事项。在设定投标要求时,采购方还需要注意以下几个方面:

①保密要求:如果投标文件涉及商业机密或敏感信息,采购方需要明确保密要求,以防止信息泄露。

②文件格式兼容性:采购方在规定文件格式时,应确保所使用的格式是广泛兼容的,以避免因文件格式不兼容而导致投标文件无法打开或阅读。

③投标文件的完整性:采购方应要求供应商在提交投标文件时确保文件的完整性,避免因文件缺失或损坏而影响评审结果。

总之,设定明确的投标要求对于确保采购过程的公正性、透明度和效率至关重要。通过明确投标文件的内容、格式、提交方式及时间等要求,可以为潜在供应商提供明确的指导,同时也有助于确保所有投标者都在相同的条件下竞争。

3. 制定评标标准

评标标准是招标过程中用于评估投标文件是否满足招标要求并确定中标者的依据。制定清晰、具体、公正的评标标准,对于确保招标活动的公平、公正和透明至关重要。以下是关于如何制定评标标准的详细具体讲解:

(1)明确评估要素。在制定评标标准时,首先需要明确评估投标文件的要素。这些要素应根据招标项目的具体需求和特点来确定,通常包括以下几个方面:

①价格:评估投标文件中的报价是否合理、具有竞争力,是否符合预算要求。

②质量:评估投标文件中的产品质量、服务质量等是否满足招标要求,是否符合相关标准和规范。

③技术方案:评估投标文件中的技术方案是否先进、可行,是否能够满足项目的技术需求。

④售后服务:评估投标文件中的售后服务承诺和支持能力,以确保在项目运行过程中能够得到及时、有效的技术支持和服务。

(2)设定权重和评分标准。在明确了评估要素后,需要为每个要素设定权重和评分标准。权重表示每个要素在整体评估中的重要性程度,而评分标准则用于量化每个要素的具体表现。权重和评分标准的设定应科学合理,能够真实反映项目的需求和特点。

(3)制定评标流程和方法。制定评标流程和方法是确保评标过程公正、透明、高效的关键。评标流程通常包括初步审查、详细评审、澄清与说明、推荐中标候选人等环节。评标方法可以采用综合评分法、最低评标价法、性价比法等,具体选择应根据项目需求和特点来决定。

(4)考虑特殊因素。在制定评标标准时,还需要考虑一些特殊因素,如投标人的信誉、资质、业绩等。这些因素虽然不是直接的技术或商务要求,但对于评估投标人的综合实力和可靠性具有重要意义。

(5)确保公正性和透明度。在制定评标标准时,必须确保公正性和透明度。评标标准应公开、明确,不得有歧视性或偏袒性。同时,评标过程应遵循公平、公正、透明的原则,确保所有投标人都能够在相同的条件下竞争。

总之,制定评标标准是招标过程中非常重要的一环。通过明确评估要素、设定权重和评分标准、制定评标流程和方法、考虑特殊因素以及确保公正性和透明度等措施,可以确保评标活动的科学、公正、高效进行,从而选择出最合适的中标者来完成项目。

4. 包含合同条款

在招标和投标过程中,合同条款是确保双方权益得到保障、合作顺利进行的关键要素。制定合同时,需要详细、具体地明确双方的权利与义务、付款方式、交货期、保修期等关键内容。以下是对这些合同条款的详细具体讲解:

(1)双方的权利与义务。这部分应详细列出招标方和投标方各自的权利和义务,确保双方清楚自己的职责范围。例如:

①招标方的权利与义务:包括但不限于提供招标文件、明确招标要求、组织评标、签署合同、支付款项等。

②投标方的权利与义务:包括但不限于按照招标文件要求准备投标文件、参与评标、签署合同、提供符合要求的产品或服务、提供售后服务等。

(2)付款方式。这部分应明确付款的金额、时间、方式等,确保双方对付款条件有清晰的认识。例如:

①付款金额:明确合同总金额、各阶段的付款金额等。

②付款时间:明确预付款、进度款、尾款等的支付时间。

③付款方式:明确是现金、银行转账、汇票还是其他支付方式。

(3)交货期。这部分应明确产品或服务的交货时间、地点、方式等,确保双方对交货安排有明确的预期。例如:

①交货时间:明确产品或服务应在何时交付。

②交货地点:明确产品或服务的交付地点,包括具体的地址、联系方式等。

③交货方式:明确是自行运输、委托第三方运输还是其他方式。

(4)保修期。这部分应明确产品或服务的保修期限、保修范围、保修方式等,确保用户在保修期内能够得到及时、有效的支持和服务。例如:

①保修期限:明确产品或服务的保修时长,如一年、两年等。

②保修范围:明确哪些故障或问题属于保修范围,哪些情况不属于保修范围。

③保修方式:明确保修期内提供的技术支持、维修服务等。

(5)其他条款。除了上述核心条款外,还应考虑一些其他可能的条款,如违约责任、争议解决方式、保密协议、知识产权归属等,以确保合同的完整性和全面性。

总之,在制定合同时,需要充分考虑到各种可能的情况和因素,确保合同条款的详细、具体和全面。这样不仅可以保障双方的权益和利益,还可以促进合作的顺利进行和长远发展。

5. 编制招标文件初稿

招标文件是招标过程中不可或缺的一部分,它详细描述了招标项目的具体要求、条件、评估标准等,为投标者提供了清晰、明确的指导。在整合了前述内容后,接下来是编制招标文件初稿的关键步骤。

(1)整合内容。在编制初稿之前,需要整合之前准备的所有信息,包括但不限于:

①项目背景和目标:明确项目的目的、意义以及期望达到的效果。

②技术规格和要求:详细列出项目所需的技术参数、性能标准、质量要求等。

③招标流程和时间表:明确招标的开始、结束时间,以及各阶段的关键节点。

④投标者资格要求:设定投标者需满足的条件,如企业资质、经验要求等。

⑤投标文件和格式要求:规定投标文件的组成、格式、提交方式等。

⑥合同条款:包括双方的权利与义务、付款方式、交货期、保修期等。

(2)编写初稿。在整合了上述内容后,开始编写招标文件的初稿。初稿应该清晰、准确、全面地反映项目的需求和条件。编写时应注意以下几点:

①语言清晰:使用简洁明了的语言,避免专业术语的滥用,确保非专业人士也能理解。

②逻辑严密:各部分内容之间要有逻辑联系,条理清晰,方便阅读者理解。

③要求具体:对技术规格、投标要求等要具体明确,避免模糊不清或产生歧义。

④格式规范:遵循一般的文件格式要求,如标题、字体、行距等,使文档看起来整洁、易读。

(3)审查和修改。完成初稿后,需要进行仔细的审查和修改。这可以邀请团队成员、专家或相关部门的人员共同参与,以确保招标文件的准确性和完整性。审查和修改的重点包括:

①内容一致性:检查各部分内容是否一致,是否有矛盾或重复之处。

②法律合规性:确保招标文件符合相关法律法规的要求,避免法律风险。

③条款合理性:评估合同条款的合理性、公平性,以及是否有利于项目的顺利进行。

④细节完善:对文档中的错别字、标点错误等细节问题进行修正。

(4)形成终稿。经过审查和修改后,形成招标文件的终稿。终稿应该是一个完整、准确、易于理解的文档,能够为投标者提供明确的指导,确保招标过程的顺利进行。在发布之前,可以再次进行最后的核对和确认,确保没有遗漏或错误。

总之,编制招标文件初稿是一个需要细致、认真、全面考虑的过程。通过整合前期准备的内容,清晰、准确地编写初稿,并经过审查和修改形成终稿,可以确保招标文件的质量和效果,为后续的招标工作奠定坚实的基础。

6.审核与修改

在招标文件的编制过程中,审核与修改是确保招标文件质量、准确性和合规性的重要环节。这一步骤通常由采购部门或法务部门负责执行,以确保招标文件不仅满足项目的实际需求,还符合相关法律法规的要求。以下是关于这一步骤的详细具体讲解:

(1)审核的目的。审核的主要目的是确保招标文件的内容:

①准确无误:所有信息、数据、技术规格等都是准确无误的,没有遗漏或错误。

②清晰明确:语言清晰、表达明确,投标者能够准确理解招标要求。

③合理合法:符合相关法律法规、行业标准和公司的政策要求。

(2)审核的内容。在审核过程中,采购部门或法务部门需要对招标文件初稿的以下内容进行详细检查:

①技术规格和要求:确保技术规格和要求符合项目实际需求,没有遗漏或超出范围的要求。

②投标者资格要求:检查投标者的资格要求是否合理、公平,并符合相关法律法规。

③招标流程和时间表:确认招标流程和时间表是否清晰、合理,符合公司的规定。

④合同条款:评估合同条款是否完整、合法,是否有利于项目的顺利进行。

⑤法律合规性:确保招标文件中的所有内容都符合相关法律法规的要求,没有违法或违规的情况。

(3)审核的方法。审核可以采用以下方法:

①逐条核对:逐条检查招标文件的内容,确保每一条都符合审核标准。

②交叉检查:由多个部门或人员共同审核,相互核对,确保没有遗漏。

③专家评审:邀请相关领域的专家参与审核,提供专业的意见和建议。

(4)修改与完善。在审核过程中,如果发现问题或不足,需要及时进行修改和完善。修改的内容可能包括:

①修改错误的信息:对发现的信息错误进行纠正。

②优化语言表达:使招标文件的语言更加清晰、准确。

③调整招标要求:根据实际需要,对招标要求进行适当的调整。

④完善合同条款:对合同条款进行补充或修改,使其更加完善。

(5)审核与修改后的确认。完成审核与修改后,需要再次确认招标文件的准确性和完整性。这可以通过内部会议、邮件通知或其他方式进行。确认无误后,可以形成招标文件的最终版本,准备发布。

总之,审核与修改是确保招标文件质量、准确性和合规性的关键环节。通过采购部门或法务部门的审核,可以及时发现和纠正问题,使招标文件更加完善、合理。这对于后续的招标工作以及项目的顺利进行都至关重要。

7. 发布招标文件

发布招标文件是招标过程中的重要环节,它标志着招标工作正式向公众开放,并邀请潜在投标者参与。以下是关于这一步骤的详细具体讲解:

(1)选择官方渠道。首先,招标人需要选择适当的官方渠道来发布招标文件。官方渠道通常包括:

①政府网站:如国家、省、市级政府采购网站,用于发布政府采购项目的招标文件。

②行业协会或组织网站:针对特定行业或领域的招标文件,可以通过相应的行业协会或组织网站发布。

③公司或组织官网:对于企业或组织的招标项目,可以在其官方网站上发布招标文件。

(2)编制并发布招标文件。在选择了官方渠道后,招标人需要编制招标文件,并在官方渠道上发布。招标文件通常包括:

①招标公告:简要介绍招标项目的基本信息,如项目名称、招标范围、投标资格要求等。

②招标书:详细列出招标项目的具体要求、投标文件格式、投标截止时间等详细信息。

③附件:可能包括技术规格、图纸、合同草案等相关文件。

(3)确保文件获取的便利性。在发布招标文件的同时,招标人还需要确保潜在投标者能够方便地获取文件。这通常包括:

①提供清晰的下载链接:在官方渠道上提供招标文件的下载链接,确保潜在投标者能够直接访问并下载。

②文件格式兼容性:选择普遍兼容的文件格式(如 PDF、Word 等),确保投标者不受软件限制。

③提供足够的下载时间:确保在投标截止日期之前,潜在投标者有足够的时间下载和阅读招标文件。

（4）通知潜在投标者。除了发布招标文件外，招标人还需要通过各种方式通知潜在投标者获取文件。这可以包括：

①在官方渠道上发布通知：在官方网站、社交媒体等渠道上发布招标公告，吸引潜在投标者的关注。

②发送电子邮件：向已知的潜在投标者发送电子邮件，通知他们招标文件的发布和获取方式。

③电话通知：对于重要的或特定的潜在投标者，可以通过电话进行通知。

（5）文件获取的确认与反馈。为了确保潜在投标者已经成功获取招标文件，招标人可以设置一个确认机制。例如：

①提供反馈渠道：在招标文件或官方渠道上提供反馈渠道，让潜在投标者能够确认文件获取情况或提出问题。

②定期更新下载统计：在官方渠道上定期更新招标文件的下载统计，以便招标人了解文件的传播情况。

总之，发布招标文件并通知潜在投标者获取文件是招标过程中的重要步骤。通过选择适当的官方渠道、确保文件获取的便利性、以及提供必要的通知和反馈机制，可以确保潜在投标者能够及时、准确地获取招标文件，从而顺利参与招标过程。

8. 更新与维护

在招标过程中，招标文件是投标者和招标人之间的关键沟通工具。因此，确保招标文件的准确性和完整性至关重要。然而，由于各种原因，如项目需求的变化、法规政策的更新、技术标准的改进等，招标文件可能需要进行修改和更新。这就涉及到了招标文件的更新与维护环节。

（1）为什么需要更新与维护。招标文件的更新与维护是招标过程中的重要环节，主要有以下几个原因：

①项目需求的变化：在项目执行过程中，可能会因为各种原因导致项目需求发生变化，这时就需要对招标文件进行相应的修改和更新，以确保项目能够顺利进行。

②法规政策的更新：随着法规政策的不断更新和完善，招标文件中的一些条款可能需要进行调整，以确保符合最新的法规政策要求。

③技术标准的改进：随着技术的不断发展，一些技术标准可能会进行修订或更新，这时也需要对招标文件进行相应的修改和更新，以确保投标者能够按照最新的技术标准进行投标。

（2）如何进行更新与维护。进行招标文件的更新与维护，一般可以按照以下步骤进行：

①收集信息：首先，需要收集相关的项目需求变化、法规政策更新、技术标准改进等信息，确保对招标文件的修改和更新有充分的依据。

②修改和更新招标文件：根据收集到的信息，对招标文件中的相关条款进行修改和更新。修改和更新的内容可能包括项目需求、投标要求、技术标准、合同条款等。

③审核与批准：修改和更新完成后，需要对招标文件进行审核，确保修改和更新的内容符合法规政策要求，并且与项目的实际需求相匹配。审核通过后，还需要经过相关部门的批准，以确保修改和更新的有效性。

④通知潜在投标者：一旦招标文件进行了修改和更新，需要及时通知潜在投标者，确保他们能够及时获取最新的招标文件。通知的方式可以包括在官方渠道上发布通知、发送电

子邮件等。

（3）注意事项。在进行招标文件的更新与维护时，需要注意以下几点：

①保持一致性：修改和更新招标文件时，需要确保修改和更新的内容与原有内容保持一致性，避免出现矛盾或歧义。

②充分沟通：与潜在投标者保持充分的沟通，确保他们能够及时了解招标文件的修改和更新情况，并对修改和更新的内容提出意见和建议。

③遵守法规政策：在进行招标文件的修改和更新时，需要遵守相关的法规政策要求，确保修改和更新的内容合法合规。

总之，招标文件的更新与维护是招标过程中的重要环节，需要招标人根据实际情况对招标文件进行必要的修改和更新，以确保招标工作的顺利进行。同时，还需要注意保持一致性、充分沟通和遵守法规政策等事项，确保招标文件的准确性和完整性。

在整个采购招标流程中，招标文件的编制是关键环节，它为投标者提供了明确的方向和标准，确保了招标的公正和公平性。同时，规范化的招标文件也有助于减少后续的合同纠纷，提高采购效率。

第二节　投标文件的评审与比较

在采购招标过程中，投标文件的评审与比较是决定最终中标者的关键环节。这一环节需要我们对各投标者的文件进行深入的评估和比较，以确保选出的中标者既满足采购需求，又能提供最具竞争力的报价和质量。本节将详细介绍投标文件的评审与比较要点，帮助您在采购招标中做出明智的选择。

投标文件的评审与比较是采购招标过程中的核心环节，它关乎着最终中标者的选定，对整个采购项目的成功与否起着决定性的作用。在这一环节中，我们需要对各投标者的文件进行深入的评估和比较，以确保选出的中标者既满足采购需求，又能提供最具竞争力的报价和质量。

一、明确投标文件的评审标准

在招标过程中，对投标文件的评审是一项至关重要的任务。评审标准的确立直接关系到中标者的选择以及项目的最终实施效果。为了确保评审过程的公正、公平和透明，招标人需要明确并公开投标文件的评审标准。这些标准通常包括技术性指标、商务条款、价格因素以及投标方的资质和信誉等。

1. 技术性指标

在招标过程中，技术性指标是评估投标文件是否符合项目需求的核心要素。招标人为了确保项目的高质量实施，需要设定一系列技术性指标来筛选和评价投标者的技术方案。这些指标不仅关系到项目的可行性，还直接关系到项目的最终成果和效益。

（1）技术性指标的重要性。技术性指标在评估投标文件中的重要性不言而喻。首先，它们确保了投标方案的技术可行性，即投标者提出的技术方案是否能够在现实中得以实施。其次，创新性指标能够推动投标者提出更具前瞻性和创新性的方案，从而推动项目的进步和发展。最后，先进性指标则确保了投标者的技术方案是否达到了行业领先水平，保证了项目的长期效益。

（2）技术性指标的具体内容。

①技术可行性：这一指标主要评估投标方案是否能够在现有的技术条件下得以实现。例如，某些方案可能需要特定的设备或技术支持，如果这些条件在现实中无法满足，那么该方案的技术可行性就较低。

②创新性：创新性指标主要评估投标方案是否具有新颖性和独创性。这可以通过比较投标方案与现有技术或行业标准的差异来评估。具有创新性的方案往往能够带来更好的效果或更高的效率。

③先进性：先进性指标则主要评估投标方案的技术水平是否达到了行业领先水平。这可以通过比较投标方案与行业标准或同类项目的技术水平来评估。

（3）技术性指标在评估中的应用。

在评估投标文件时，评审专家会根据招标文件中列出的技术性指标，对各个投标方案进行逐项评估。例如，对于技术可行性指标，评审专家会检查投标方案中提到的技术是否在实际操作中可行；对于创新性指标，评审专家会评估投标方案是否提出了新颖的解决方案；对于先进性指标，评审专家则会比较投标方案与行业标准或同类项目的技术水平。

（4）实例说明。假设某城市计划建设一座新的交通枢纽，招标文件中明确列出了以下技术性指标：

①技术可行性：投标方案必须明确说明如何利用现有技术条件实现交通枢纽的建设，并提供相应的技术支持和解决方案。

②创新性：投标方案应提出新颖的交通组织方式或设计理念，以提高交通枢纽的运行效率和服务质量。

③先进性：投标方案的技术水平应达到或超过国内外同类交通枢纽的先进水平，确保项目的长期效益。

在评审过程中，评审专家会根据这些指标对各个投标方案进行评估，从而筛选出最符合项目需求的中标者。

技术性指标在投标文件评估中扮演着至关重要的角色。招标人需要根据项目需求制定合理的技术性指标，并在招标文件中明确列出。评审专家则应依据这些指标对投标方案进行全面评估，确保中标者的技术方案能够满足项目要求并推动项目的成功实施。

2. 商务条款

商务条款是招标过程中不可或缺的一部分，它涉及到投标者与招标人之间的商业合作细节。合理的商务条款能够确保项目的顺利进行，并保护双方的利益。因此，在评估投标文件时，对商务条款的细致审查显得尤为重要。

（1）商务条款的重要性。商务条款的重要性在于它们确保了项目的顺利实施和双方的利益平衡。具体来说，商务条款涉及交货期、付款方式、售后服务等多个方面，这些方面都是项目成功实施的关键要素。合理的商务条款能够保证项目按时交付、资金安全、售后服务质量等，从而确保项目的整体效益。

（2）常见的商务条款内容。

①交货期：交货期是指投标者承诺完成项目并交付成果的时间。招标人通常会根据项目的紧迫程度设定一个合理的交货期，并要求投标者在投标文件中明确承诺能够按照交货期完成项目。

②付款方式：付款方式是指项目款项的支付方式和时间。招标人通常会根据自己的财

务状况和项目进展情况设定付款方式,以确保资金的合理使用和安全性。

③售后服务:售后服务是指投标者在项目交付后提供的支持和服务。这包括产品的维修、保养、技术支持等。招标人通常会要求投标者提供一定期限的售后服务,以确保项目的长期稳定运行。

(3)商务条款在评估中的应用。在评估投标文件时,评审专家会根据招标文件中列出的商务条款要求,对投标文件的商务条款进行逐项评估。例如,对于交货期,评审专家会检查投标者是否能够在承诺的时间内完成项目;对于付款方式,评审专家会评估投标者的付款方式是否符合招标人的要求,并考虑其合理性和安全性;对于售后服务,评审专家则会评估投标者提供的售后服务内容和期限是否满足招标人的需求。

(4)实例说明。假设某企业计划采购一批生产设备,招标文件中明确列出了以下商务条款要求:

①交货期:投标者必须承诺在合同签订后3个月内完成设备的生产和交付。

②付款方式:投标者需接受50%预付款,设备交付并验收合格后支付剩余50%的款项。

③售后服务:投标者需提供至少1年的免费保修服务,并承诺在接到故障报告后24小时内响应。

在评审过程中,评审专家会根据这些要求,对各个投标文件的商务条款进行细致审查。例如,他们会检查投标者是否能够在3个月内完成设备的生产和交付,付款方式是否符合企业的财务要求,以及售后服务内容和期限是否满足企业的实际需求。

商务条款在投标文件评估中占据重要地位。招标人需要明确列出商务条款的要求,并在评审过程中严格把关。评审专家则应依据这些要求,对投标文件的商务条款进行逐项评估,以确保中标者能够满足招标人的商务需求。合理的商务条款能够为项目的顺利实施提供有力保障,并促进双方的合作共赢。

3. 价格因素

在招标过程中,价格因素往往是评估投标文件竞争力的重要考量点。投标价格不仅反映了投标者的成本控制能力和经营效率,也直接关系到招标人的经济利益和项目的整体效益。因此,如何合理、公正地评估价格因素,成为招标评审工作中的一个关键环节。

(1)价格因素的重要性。价格因素的重要性主要体现在以下几个方面:

①成本控制:投标价格反映了投标者的成本控制能力。一个合理的投标价格通常意味着投标者能够有效地控制成本,提高项目的经济效益。

②市场竞争力:投标价格是投标者市场竞争力的重要体现。在竞争激烈的市场中,投标者需要通过合理的定价策略来展示自己的竞争优势。

③预算控制:对于招标人来说,投标价格也是其预算控制的重要依据。招标人需要在预算范围内选择合适的投标者,以确保项目的顺利进行。

(2)价格评审的方法。为了确保价格评审的公正性和合理性,招标人可以采用以下几种常见的价格评审方法:

①最低价法:最低价法是指选择投标价格最低的投标者作为中标者。这种方法适用于对价格因素特别敏感的项目,但需要注意避免恶意低价竞争和价格欺诈等行为。

②最高价法:最高价法是指选择投标价格最高的投标者作为中标者。这种方法通常适用于对投标者技术实力和服务质量有特别要求的项目。

③平均价法:平均价法是指选择接近所有投标者平均投标价格的投标者作为中标者。

这种方法可以平衡价格因素和其他因素的关系,确保中标者的价格相对合理。

(3)价格评审的注意事项。在进行价格评审时,招标人需要注意以下几个方面:

①避免恶意低价竞争:恶意低价竞争可能导致投标者无法保证项目的质量和进度,甚至可能引发违约风险。因此,招标人需要对投标价格进行合理性分析,避免选择恶意低价竞争的投标者。

②防范价格欺诈行为:价格欺诈行为包括虚报价格、虚增成本等。招标人需要加强对投标文件的审核和调查,确保投标价格的真实性和准确性。

③综合考虑性价比:除了投标价格本身,招标人还需要综合考虑投标者的技术实力、服务质量、售后保障等因素,确保选择到性价比最优的投标者。

(4)实例说明。假设某市政府计划建设一座公园,并对外发布招标公告。在评审过程中,招标人采用了最低价法进行价格评审。经过初步筛选后,有三家投标者的投标价格分别为1000万元、900万元和800万元。在综合考虑三家投标者的技术实力和服务质量后,招标人发现最低价的投标者虽然价格较低,但其技术方案存在明显缺陷,可能影响公园的使用效果。而次低价的投标者不仅技术方案成熟可靠,而且价格也相对合理。因此,招标人最终选择了次低价的投标者作为中标者。

价格因素是评估投标文件竞争力的重要指标之一。在进行价格评审时,招标人需要综合考虑投标价格、性价比以及投标方的成本控制能力等因素,并采用合理的价格评审方法来确保评审的公正性和合理性。同时,还需要注意防范恶意低价竞争和价格欺诈等行为的发生。通过科学的价格评审,招标人可以选择到性价比最优的投标者,为项目的顺利实施提供有力保障。

4. 投标方的资质和信誉

在招标过程中,评估投标文件的可信度是确保项目质量和成功的关键因素之一。投标方的资质和信誉作为评估文件可信度的重要指标,对于招标人而言具有极高的参考价值。通过核实投标方的资质和了解其信誉情况,招标人可以更准确地判断投标方是否有能力并愿意按照招标文件的要求完成项目。

(1)投标方资质的重要性及核实方法。投标方的资质是评估其专业能力和经验的重要依据。招标人通常需要核实投标方的以下资质文件:

①企业营业执照:确认投标方是否合法经营,具备从事相关业务的资格。

②税务登记证:确保投标方依法纳税,有良好的税务记录。

③资质证书:针对特定行业或项目,投标方可能需要提供相应的资质证书,如建筑行业的施工资质证书、环保行业的排污许可证等。

核实方法包括:

①在线查询:通过政府官方网站或相关机构网站查询投标方的资质信息是否真实有效。

②电话或现场核实:招标人可以直接联系相关机构或亲自前往投标方所在地进行核实。

(2)投标方信誉的重要性及评估方法。

投标方的信誉反映了其商业道德、合同履行能力和售后服务水平。一个信誉良好的投标方通常能够更可靠地履行合同,提供更好的售后服务。

评估方法包括:

①信用记录查询:通过征信机构或政府部门的信用信息查询系统,了解投标方的信用记录,如是否有违约、违法等不良记录。

②征求其他合作方意见:招标人可以征求与投标方有合作关系的其他企业或个人的意见,了解投标方的合同履行情况和售后服务质量。

③参考历史项目评价:如果投标方曾经参与过类似的项目,招标人可以查看这些项目的评价,了解投标方的实际表现。

(3)综合评估与决策。在核实了投标方的资质和了解了其信誉情况后,招标人需要进行综合评估。这包括对投标方的专业能力、经验、合同履行能力和商业道德等方面进行全面考量。在综合评估的基础上,招标人可以更加准确地判断投标方的可信度和可靠性,从而做出更明智的决策。

(4)实例说明。假设某市政府计划建设一条地铁线路,并对外发布招标公告。在评审过程中,招标人发现有两家投标方的资质和信誉情况较为突出。其中一家投标方具有多年的地铁建设经验,并且其过往项目的评价普遍较好;而另一家投标方虽然也有相应的资质证书,但其信誉记录中存在一些违约行为。综合评估后,招标人认为第一家投标方在资质和信誉方面都更为可靠,因此最终选择了该投标方作为中标者。

投标方的资质和信誉是评估投标文件可信度的重要因素。招标人需要认真核实投标方的资质文件,并通过多种方式了解其信誉情况。在综合评估的基础上,招标人可以选择到更为可靠和专业的投标方,为项目的顺利实施提供有力保障。同时,这也有助于维护招标人的利益,避免潜在的风险和纠纷。

5. 评审过程中的注意事项

在评审过程中,评审专家需要全面考虑上述因素,并按照招标文件规定的评审方法进行评分。同时,还需要注意以下几点:

(1)公正性。评审专家应保持公正、客观的态度,不受任何外部因素的影响,确保评审结果的公正性。

(2)保密性。评审过程中涉及的投标文件、评审结果等信息应严格保密,避免泄露给无关人员。

(3)透明性。评审过程应公开透明,确保投标方了解评审标准和评审结果。

(4)合规性。评审过程应符合相关法律法规和招标文件的规定,确保评审结果的合法合规。

总之,明确投标文件的评审标准是招标过程中的重要环节。通过综合考虑技术性指标、商务条款、价格因素以及投标方的资质和信誉等因素,可以确保最终选择的中标者能够满足采购需求,并且在价格和质量方面具有竞争力。同时,评审过程中需要注意公正性、保密性、透明性和合规性等问题,以确保评审结果的公正、公平和透明。

二、详细比较投标文件

在招标过程中,对投标文件的详细比较是一个至关重要的环节。这个过程涉及对各个投标者提出的方案、报价、工期、售后服务等各个方面进行深入分析和对比,以便找出各投标者的优势和劣势,为最终的选择提供决策依据。以下是详细比较投标文件的步骤和要点:

1. 报价比较

首先,我们需要对各投标者的报价进行详细的比较。这不仅仅是一个简单的价格对比,还需要考虑到各投标者的报价构成、价格合理性、成本控制能力等因素。在比较时,要特别留意是否存在恶意低价竞争或价格欺诈的情况,这些行为可能会损害招标人的利益。

在招标过程中,报价比较是至关重要的一环。它涉及到项目的成本控制、预算分配以及最终的经济效益。因此,招标人需要认真、细致地比较各投标者的报价,以确保选择到既经济又可靠的合作伙伴。

(1)报价构成的审查。首先,招标人需要审查各投标者的报价构成。报价构成通常包括直接成本、间接成本、利润和税费等部分。招标人需要仔细核对这些成本项,确保其合理性和准确性。

①直接成本:如材料费、人工费、设备使用费等,这些成本应与投标者提供的详细技术方案和施工进度计划相匹配。

②间接成本:如管理费、差旅费等,这些成本也应在合理范围内。

③利润和税费:根据投标者的企业规模和经营状况,利润和税费的比例也会有所不同。招标人需要判断这些比例是否合理。

(2)价格合理性的评估。在审查了报价构成之后,招标人还需要评估各投标者的价格合理性。这主要涉及到以下几个方面:

①市场价格信息:招标人可以参考市场价格信息,了解各种材料、设备、人工等的价格水平,从而判断投标者的报价是否合理。

②技术方案的影响:不同的技术方案可能会导致不同的成本。招标人需要评估投标者的技术方案是否经济合理,是否能够有效地控制成本。

③投标者的成本控制能力:一些投标者可能具有更强的成本控制能力,能够在保证质量的前提下降低成本。招标人可以通过了解投标者的历史项目成本控制情况来评估其成本控制能力。

(3)恶意低价竞争和价格欺诈的防范。在报价比较过程中,招标人还需要特别留意是否存在恶意低价竞争或价格欺诈的情况。这些行为可能会损害招标人的利益,导致项目质量下降或无法按时完成。

①恶意低价竞争:一些投标者可能会为了获得项目而故意报出远低于市场价的价格。这种情况下,他们可能会在项目执行过程中偷工减料、降低质量或无法按时完成项目。因此,招标人需要对低价投标者进行严格的审查和考核。

②价格欺诈:有些投标者可能会通过虚报成本、提供虚假信息等方式来骗取高价合同。这种行为不仅损害了招标人的利益,还可能影响整个市场的公平竞争。因此,招标人需要建立完善的信用管理体系和惩罚机制来防范价格欺诈行为。

(4)综合评估与决策。在完成报价构成审查、价格合理性评估以及恶意低价竞争和价格欺诈防范之后,招标人需要进行综合评估。这包括对投标者的报价、技术方案、企业实力等方面进行全面考量。在综合评估的基础上,招标人可以选择到既经济又可靠的合作伙伴。

(5)实例说明。假设某市政府计划建设一座图书馆并对外发布招标公告。在评审过程中,招标人收到了五家投标者的报价。经过审查发现,其中一家投标者的报价远低于其他投标者且缺乏合理的解释和证明。经过进一步调查得知,该投标者为了获得项目而故意报

出低价并打算在项目执行过程中偷工减料。基于这种情况,招标人决定排除该投标者的报价并将其列为不良信用记录名单。最终,招标人选择了报价合理、技术方案可行且企业实力较强的投标者作为中标者。

报价比较是招标过程中不可或缺的一环。招标人需要认真审查各投标者的报价构成、评估价格合理性并防范恶意低价竞争和价格欺诈行为。通过综合评估选择到既经济又可靠的合作伙伴可以为项目的顺利实施提供有力保障。同时这也有助于维护招标人的利益并促进市场的公平竞争。

2.技术方案比较

技术方案是评估投标者能力和水平的关键。在比较技术方案时,需要重点关注投标者的技术创新能力、技术方案的可行性、技术实施的难度以及技术的先进性等。同时,还需要评估投标者的技术团队实力和技术支持能力,以确保项目实施过程中的技术保障。

在招标过程中,技术方案比较是评估投标者专业能力和技术水平的关键环节。一个优秀的技术方案不仅能够确保项目的顺利进行,还能够提高项目的整体质量和效率。因此,招标人需要详细、全面地比较各投标者的技术方案,以便选择最适合的合作伙伴。

(1)技术创新能力的评估。首先,招标人需要评估投标者的技术创新能力。这可以通过查看投标者过去的项目经验、研发成果以及获得的专利等技术荣誉来进行。

①项目经验:投标者过去是否完成过类似的项目? 在这些项目中,他们遇到了哪些技术难题并如何解决的?

②研发成果:投标者是否有自己的研发团队? 他们近期有哪些技术突破或研发成果?

③技术荣誉:投标者是否获得过行业内的技术奖项或专利? 这些荣誉能否证明其技术创新能力?

(2)技术方案的可行性。其次,招标人需要评估技术方案的可行性。这主要涉及到技术方案是否能够满足项目的需求、是否符合相关的技术标准和规范以及是否能够在实际操作中顺利实施。

①需求满足度:技术方案是否能够完全满足项目的需求? 是否有遗漏或不足的地方?

②技术标准和规范:技术方案是否符合行业内的技术标准和规范? 是否能够得到相关部门的认可和支持?

③实施难度:技术方案在实际操作中是否容易实施? 是否需要大量的技术投入和人力资源?

(3)技术实施的难度。除了评估技术方案的可行性外,招标人还需要考虑技术实施的难度。这主要涉及到技术方案实施过程中的技术难度、风险以及可能需要的资源投入。

①技术难度:技术方案中是否存在难以克服的技术难题? 这些难题是否会对项目的进度和质量造成影响?

②风险评估:技术方案实施过程中可能面临哪些风险? 投标者是否有相应的风险应对措施?

③资源投入:技术方案实施需要多少人力、物力和财力支持? 投标者是否有足够的资源来保障项目的顺利进行?

(4)技术的先进性。此外,招标人还需要评估技术的先进性。这主要涉及到投标者所使用的技术是否处于行业领先地位、是否能够提高项目的整体效率和质量以及是否具有长远的发展潜力。

①行业地位：投标者所使用的技术在行业内处于什么水平？是否处于领先地位？

②效率和质量提升：技术方案是否能够显著提高项目的效率和质量？是否有明确的数据支持这一观点？

③发展潜力：技术方案是否具有长远的发展潜力？是否能够为项目的持续发展提供有力保障？

（5）技术团队实力和技术支持能力。最后，招标人还需要评估投标者的技术团队实力和技术支持能力。这主要涉及到技术团队的规模、专业背景以及技术支持的及时性和有效性。

①技术团队规模：投标者的技术团队有多少人？他们的专业背景和经验如何？

②技术支持：投标者是否提供及时、有效的技术支持？在遇到技术问题时是否能够迅速解决？

（6）综合评估与决策。在完成技术创新能力、技术方案可行性、技术实施难度、技术先进性以及技术团队实力和技术支持能力的评估后，招标人需要进行综合评估。这包括对各方面的评估结果进行权重分析并得出总分排名。根据综合评估结果，招标人可以选择最适合的投标者作为合作伙伴。

（7）实例说明。假设某电力公司计划建设一座新的发电站并对外发布招标公告。在评审过程中，招标人收到了多家投标者的技术方案。经过仔细比较发现，其中一家投标者的技术方案在技术创新、可行性、实施难度以及先进性等方面均表现出色。同时该投标者还拥有实力强大的技术团队和完善的技术支持体系。基于这种情况，招标人决定选择该投标者作为合作伙伴并签订了合同。

技术方案比较是招标过程中非常重要的一环。通过评估投标者的技术创新能力、技术方案的可行性、技术实施的难度以及技术的先进性等方面，招标人可以选择到最适合的合作伙伴来确保项目的顺利进行。同时这也有助于提高项目的整体质量和效率并为项目的长期发展奠定坚实基础。

3. 工期安排比较

工期安排是项目管理中至关重要的一个环节。在招标过程中，对投标者的工期安排进行比较，可以评估其项目管理的效率和能力。一个合理的工期安排不仅可以确保项目按时完成，还可以避免因工期延误而带来的损失。因此，招标人需要仔细评估投标者的工期安排，以确保选择到最合适的合作伙伴。

（1）工期承诺的合理性。首先，招标人需要评估投标者的工期承诺是否合理。这主要涉及到投标者所承诺的工期是否与项目的实际情况相符，以及是否充分考虑了项目可能遇到的风险和不确定性因素。

①项目实际情况：投标者是否充分了解项目的实际情况？其所承诺的工期是否与项目的规模、复杂度和资源需求等相匹配？

②风险与不确定性因素：投标者是否充分考虑了项目可能遇到的风险和不确定性因素？如天气变化、材料供应延迟等。这些因素都可能对工期造成影响，因此投标者需要在工期承诺中留出一定的缓冲时间。

（2）工期安排的可行性。其次，招标人需要评估工期安排的可行性。这主要涉及到投标者是否有足够的技术实力和管理能力来确保工期承诺的实现。

①技术实力：投标者是否拥有足够的技术实力来支持其工期承诺？如施工队伍的技术

水平、设备配备等。这些都是影响工期的重要因素。

②管理能力：投标者是否具备有效的项目管理能力？如进度控制、资源调配、风险管理等。这些管理能力将直接影响工期安排的执行效果。

（3）工期管理的经验。此外，招标人还需要考虑投标者的工期管理经验。这主要涉及到投标者过去在类似项目中的工期管理表现以及是否具备相应的工期管理制度和流程。

①过去表现：投标者过去在类似项目中是否有良好的工期管理表现？是否有按时交付项目的成功案例？

②管理制度和流程：投标者是否具备完善的工期管理制度和流程？这些制度和流程是否能够确保项目的顺利进行并避免工期延误？

（4）综合评估与决策。在完成对工期承诺的合理性、工期安排的可行性以及工期管理经验的评估后，招标人需要进行综合评估。这包括对各方面的评估结果进行权重分析并得出总分排名。根据综合评估结果，招标人可以选择工期安排最为合理且具备良好工期管理经验的投标者作为合作伙伴。

（5）实例说明。假设某城市计划建设一条地铁线路并对外发布招标公告。在评审过程中，招标人收到了多家投标者的工期安排方案。经过仔细比较发现，其中一家投标者的工期承诺既合理又具备可行性。该投标者过去在类似项目中有着良好的工期管理表现，并且具备完善的工期管理制度和流程。基于这种情况，招标人决定选择该投标者作为合作伙伴并签订了合同。

工期安排比较是招标过程中不可忽视的一环。通过评估投标者的工期承诺、工期安排的可行性以及工期管理经验等方面，招标人可以选择到具备高效项目管理能力和良好工期管理经验的合作伙伴。这不仅可以确保项目按时完成，还可以避免因工期延误而带来的损失。同时这也为项目的顺利推进和高质量完成奠定了坚实基础。

4. 售后服务比较

售后服务是评估投标者长期合作潜力和信誉的关键因素。一个优秀的售后服务体系不仅能确保项目的顺利实施，还能在后期维护中降低成本、提高效率。因此，在招标过程中，对投标者的售后服务进行比较和评估至关重要。

（1）售后服务承诺。首先，需要关注投标者的售后服务承诺。这通常包括保修期限、免费维护期限、技术支持和培训等。

①保修期限：投标者是否提供较长的保修期限？这反映了其对产品质量的信心和对客户的负责态度。

②免费维护期限：在免费维护期限内，投标者是否提供全面的维护服务？这有助于降低客户的维护成本。

③技术支持：投标者是否提供及时、有效的技术支持？这是解决项目实施过程中可能出现问题的关键。

④培训：投标者是否提供相关的培训服务？这有助于客户更好地使用和维护设备或系统。

（2）服务网络覆盖。其次，需要考虑投标者的服务网络覆盖情况。这包括其售后服务网点的分布、技术支持团队的规模和专业水平等。

①服务网点分布：投标者是否在全国范围内设有多个服务网点？这可以确保客户在需要时能够及时获得服务。

②技术支持团队规模:投标者的技术支持团队是否庞大且专业? 这有助于确保客户在遇到问题时能够得到及时、专业的解决方案。

③专业水平:投标者的技术支持团队是否具备丰富的经验和专业知识? 这可以提高解决问题的效率和质量。

(3) 服务响应速度。服务响应速度也是评估售后服务质量的重要因素。这包括投标者对客户需求的反应速度、解决问题的速度和效率等。

①反应速度:投标者是否能够迅速响应客户的需求? 这体现了其服务态度和效率。

②解决问题速度:投标者是否能够快速解决客户遇到的问题? 这关系到项目的顺利推进和客户的满意度。

③效率:投标者在提供服务过程中是否能够高效完成任务? 这有助于降低客户的成本和时间成本。

(4) 服务质量。最后,需要评估投标者的服务质量。这包括其服务人员的态度、解决问题的能力和客户满意度等。

①服务人员态度:投标者的服务人员是否具备良好的服务态度? 这是客户体验的重要一环。

②解决问题能力:投标者是否能够有效解决客户遇到的问题? 这体现了其服务能力和专业水平。

③客户满意度:投标者的客户满意度如何? 这可以通过客户评价、市场反馈等方式进行了解。

(5) 综合评估与决策。在完成对售后服务承诺、服务网络覆盖、服务响应速度和服务质量的评估后,招标人需要进行综合评估。这包括对各方面的评估结果进行权重分析并得出总分排名。根据综合评估结果,招标人可以选择售后服务最为优秀且具备良好信誉的投标者作为合作伙伴。

(6) 实例说明。假设某企业计划采购一套复杂的生产设备并对外发布招标公告。在评审过程中,招标人收到了多家投标者的售后服务方案。经过仔细比较发现,其中一家投标者的售后服务承诺明确、服务网络覆盖广泛、服务响应速度快且服务质量高。该投标者过去在类似项目中有着良好的售后服务表现并获得了众多客户的好评。基于这种情况,招标人决定选择该投标者作为合作伙伴并签订了合同。

售后服务比较是招标过程中不可或缺的一环。通过评估投标者的售后服务承诺、服务网络覆盖、服务响应速度和服务质量等方面,招标人可以选择到具备优秀售后服务能力和良好信誉的合作伙伴。这将为项目的顺利实施提供有力保障并降低后期维护成本。同时这也为建立长期稳定的合作关系奠定了坚实基础。

5. 综合评估与排序

在招标过程中,投标者的报价、技术方案、工期安排和售后服务等各个方面都需要仔细比较和评估。这些方面相互关联,共同构成了投标者的整体实力和信誉。为了选择最合适的投标者,招标人需要进行综合评估,并根据评估结果对投标者进行排序。

(1) 确定评估因素及权重。首先,招标人需要明确评估因素,并根据项目需求和重要性为每个因素分配权重。例如,在某些项目中,价格可能是最重要的因素,而在其他项目中,技术方案或售后服务可能更为重要。

①报价:权重可以根据项目预算和成本效益分析来确定。

②技术方案：权重可以根据技术的先进性、可行性和创新性来确定。

③工期安排：权重可以根据项目的时间紧迫性和对工期的要求来确定。

④售后服务：权重可以根据对长期合作和维护成本的考虑来确定。

（2）数据收集与标准化处理。接下来，招标人需要收集各个投标者在各个评估因素上的具体数据。为了便于比较，这些数据通常需要进行标准化处理，以消除量纲和数量级的影响。

①报价：收集各个投标者的报价并进行货币单位统一。

②技术方案：收集各个投标者的技术方案，并进行技术评估和打分。

③工期安排：收集各个投标者的工期计划，并根据项目需求进行时间单位的统一。

④售后服务：收集各个投标者的售后服务方案，并进行服务质量和响应速度的评估。

（3）计算综合得分。在数据收集和处理完成后，招标人可以根据每个评估因素的权重和投标者的具体数据来计算综合得分。这通常是通过加权平均法（将每个投标者在每个评估因素上的得分乘以相应的权重，然后将所有权重得分相加得到综合得分）来实现的。

（4）排序与结果分析。根据计算得到的综合得分，招标人可以对投标者进行排序。排序结果反映了投标者在整体实力和信誉方面的相对优劣。

①排序：按照综合得分从高到低对投标者进行排序。

②结果分析：分析排序结果，了解各投标者在各个评估因素上的优势和劣势，为后续谈判和决策提供参考。

（5）最终选择与决策。在综合评估与排序的基础上，招标人可以选择综合得分最高的投标者作为最终的合作对象。然而，在实际决策过程中，还需要考虑其他因素，如投标者的信誉、过往业绩、合作关系等。

①最终选择：综合考虑各方面因素，选择最合适的投标者作为合作伙伴。

②决策依据：决策应基于综合评估结果、项目需求和招标人的战略目标。

（6）实例说明。假设某市政府计划建设一座新的图书馆并发布招标公告。在收到多家投标者的报价、技术方案、工期安排和售后服务方案后，市政府决定进行综合评估。经过权重分配、数据收集与标准化处理、计算综合得分等步骤后，市政府得出了一家投标者在整体实力和信誉方面表现最为优秀。考虑到该投标者的技术方案先进、工期安排合理且售后服务承诺明确，市政府最终选择了该投标者作为合作伙伴。

综合评估与排序是招标过程中至关重要的一环。通过明确评估因素及权重、收集和处理数据、计算综合得分以及排序与结果分析，招标人可以选择到最合适的投标者作为合作伙伴。这有助于确保项目的顺利实施和长期合作的稳定性。同时，综合评估与排序也为招标人提供了决策依据和谈判筹码，有助于实现项目目标和战略目标。

总之，详细比较投标文件是招标过程中的关键环节。通过全面的报价、技术方案、工期安排和售后服务比较，我们可以找出各投标者的优势和劣势，为最终的选择提供决策依据。在比较过程中，要注意全面性、公正性、透明度和合规性等问题，确保比较结果的准确性和可靠性。

三、注意投标文件的完整性和规范性

在投标过程中，投标文件的完整性和规范性至关重要。它们不仅体现了投标者的专业水平和经验，更直接影响到投标的有效性以及后续项目实施的顺利进行。因此，在评审和

比较投标文件时,必须严格关注这两方面。

1.投标文件的完整性

投标文件的完整性是指投标文件是否包含了招标文件中要求的所有内容,并且这些内容的表述是否清晰、准确、无遗漏。完整性是投标文件的基础,缺乏完整性的文件很难被视为有效的投标。

投标文件核实完整性的步骤:

(1)核对清单。首先,根据招标文件的要求,列出所有必须提交的文件和资料清单。然后逐一核对投标文件,确保每一项都已包含在内。

(2)内容审核。检查投标文件的各项内容,包括技术方案、报价、工期安排、售后服务承诺等,确保它们详细、完整,并且与招标文件的要求一致。

(3)签字和盖章。确认投标文件中是否有投标者的正式签字和盖章,这是投标文件合法性的重要标志。

2.投标文件的规范性

投标文件的规范性是指投标文件在格式、排版、字体、字号等方面的统一和标准化。一个规范性强的投标文件不仅易于阅读和理解,也体现了投标者严谨的管理态度和高效的工作流程。

评估规范性的要点:

(1)格式统一。检查投标文件是否遵循了招标文件规定的格式要求,如页边距、字体、字号等。

(2)内容清晰。投标文件的内容应该条理清晰、逻辑严密,方便评标人员快速理解投标者的意图和方案。

(3)排版美观。合理的排版和美观的页面设计可以增加投标文件的可读性,提升投标者的形象。

(4)文件质量。检查投标文件是否清晰、无模糊、无污渍,纸张和打印质量是否符合要求。

注意事项

(1)提前准备。在投标截止日期前,投标者应该留出足够的时间来准备和检查投标文件,确保文件的完整性和规范性。

(2)培训和教育。投标者应该加强对员工在投标文件准备方面的培训和教育,提高员工的专业素质和责任感。

(3)持续改进。在每次投标后,投标者应该对投标文件的完整性和规范性进行回顾和总结,找出存在的问题和不足,并在下次投标中进行改进。

总之,投标文件的完整性和规范性是投标过程中的重要考量因素。它们不仅关系到投标的有效性,更体现了投标者的专业水平和管理经验。因此,在评审和比较投标文件时,我们必须严格关注这两方面,确保投标文件的完整性和规范性符合招标要求。

四、做出最终的选择

在招投标过程中,经过初步筛选、技术评审和商务评审之后,我们会面临一个关键问题:如何从多个潜在的合格投标者中做出最终选择?这一步涉及对多个因素的权衡和比较,以确保中标者能够最大程度地满足采购需求,并在价格和质量方面展现出竞争力。

1. 权衡各因素之间的优劣关系

首先，我们需要综合考虑以下几个方面：

（1）技术方案的可行性：评估投标者提供的技术方案是否满足采购需求，是否具有创新性和先进性，以及实施方案的可行性和可操作性。

（2）价格与成本：比较投标者的报价，包括产品/服务的单价、总价、性价比等，同时考虑成本效益和长期合作的成本稳定性。

（3）质量与性能：评估投标者提供的产品或服务的质量、性能、耐用性和可靠性，以确保采购的产品或服务能够满足使用要求。

（4）交货期与服务：考虑投标者的交货时间、售后服务和保障措施，确保项目能够按时完成，并在后续使用过程中得到及时的技术支持和维护。

（5）投标者的信誉与经验：评估投标者的信誉度、市场口碑、历史业绩和项目实施经验，以确保中标者具备稳定的供货能力和良好的履约能力。

2. 确保最终选择的中标者能够最大限度地满足采购需求

在满足采购需求的前提下，我们需要确保中标者的技术方案、价格、质量、交货期和服务等方面都能达到最佳平衡。这可能意味着在某些方面做出一定的妥协，但在总体上应确保采购目标得到最大程度的满足。

（1）明确采购需求。

首先，明确采购需求是确保中标者能够满足要求的前提。这包括所需产品或服务的规格、性能、质量标准、交货期、售后服务等。采购需求应具体、明确，并且符合实际需求。

（2）制定评估标准。

为了确保中标者能够最大限度地满足采购需求，需要制定一套评估标准。这些标准应包括技术方案的创新性、可行性、兼容性，价格的合理性，质量的可靠性，交货期的准时性，以及售后服务的完善程度等。

（3）招标与投标。

在招标过程中，向潜在的投标者发布招标公告，并明确告知评估标准和采购需求。投标者应根据这些要求提交自己的报价、技术方案、交货期承诺和售后服务方案等。

（4）评估投标方案。

在收到投标者的方案后，采购方需要对这些方案进行详细的评估。评估过程中，要综合考虑技术方案的创新性、价格的合理性、质量的可靠性、交货期的准时性以及售后服务的完善程度。

①技术方案：评估投标者的技术方案是否满足采购需求，是否具有创新性和可行性。

②价格：评估投标者的报价是否合理，是否在预算范围内，并且与产品质量和服务水平相匹配。

③质量：评估投标者的产品或服务质量是否达到采购要求，是否有相应的质量保证措施。

④交货期：评估投标者的交货期承诺是否能够满足采购需求，是否有足够的生产能力来保证按时交货。

⑤售后服务：评估投标者的售后服务方案是否完善，是否能够提供及时、有效的技术支持和维修服务。

（5）寻找最佳平衡。

在评估过程中,采购方需要寻找各方面的最佳平衡。这意味着在某些方面可能需要做出一定的妥协,例如在价格和质量之间、交货期和服务之间等。但最终的目标是要确保采购需求得到最大程度的满足。

（6）选择中标者。

基于评估结果,采购方应选择能够最大限度地满足采购需求的中标者。这个中标者应该是在综合考虑技术方案、价格、质量、交货期和服务等方面后,被认为是最符合采购需求的投标者。

（7）签订合同与履行。

在确定中标者后,采购方应与其签订合同,并明确双方的权利和义务。在合同履行过程中,采购方应密切关注中标者的表现,确保其按照合同要求提供产品或服务。

总结与反馈

在合同履行完成后,采购方应对整个采购过程进行总结和反馈。这有助于发现采购过程中的问题和不足,并为今后的采购活动提供经验和借鉴。

通过以上步骤,采购方可以确保最终选择的中标者能够最大限度地满足采购需求,从而实现采购目标。

3. 确保中标者在价格和质量方面具有竞争力

在选择中标者时,确保其价格和质量方面具有竞争力是至关重要的。这不仅能保证采购方获得高性价比的产品或服务,还能推动市场的良性竞争。下面将通过具体例子详细讲解如何确保中标者的竞争力。

（1）比较不同投标者的报价。假设某公司需要采购一批电子设备,共有三家投标者参与竞标。这三家投标者分别提供了不同的报价:

①投标者 A:报价 100 万元,提供国内知名品牌的产品。

②投标者 B:报价 90 万元,提供国际知名品牌的产品。

③投标者 C:报价 80 万元,提供国内中等品牌的产品。

在这种情况下,采购方需要综合考虑报价和产品品牌、性能等因素仔细。比较虽然各投标投标者者的 C 报价的和产品报价性能最低,,寻找但如果价格。其产品和质量性能之间的和质量平衡点不可靠,那么可能不是最佳选择。因此,采购方需要以下的操作。

（2）引入市场竞争机制。为了确保中标者的竞争力,采购方还可以考虑引入市场竞争机制。例如,在初步筛选后,采购方可以与几家有竞争力的投标者进行竞争性谈判。在谈判过程中,采购方可以详细了解投标者的技术方案、生产成本、售后服务等,并据此提出更合理的价格和质量要求。

此外,采购方还可以考虑采用二次报价的方式。即在初步评估后,要求投标者根据采购方的反馈和要求重新提交报价。这样可以让投标者更加明确采购方的需求,并有机会调整自己的报价和方案,从而提高竞争力。

（3）综合评估中标者。在选择中标者时,除了考虑价格和质量外,还需要综合考虑其他因素,如投标者的技术实力、交货期、售后服务等。采购方可以制定一套综合评估体系,对各投标者进行全面、客观的评价。例如,可以设定价格、质量、技术实力、交货期和售后服务等指标的权重,并根据各投标者在这些指标上的表现进行打分。最终选择得分最高的投标者作为中标者。

(4)确保中标者持续保持竞争力。在选择中标者后,采购方还应与其建立长期合作关系,并鼓励其持续提高产品质量和服务水平。例如,可以定期与中标者进行沟通和交流,了解其产品研发和技术创新情况,并提供市场需求和反馈。这有助于中标者及时调整产品策略和服务方案,保持市场竞争力。

通过比较不同投标者的报价和质量评估,以及引入市场竞争机制,采购方可以确保最终选择的中标者在价格和质量方面具有竞争力。这不仅有助于实现采购目标,还能推动市场的良性竞争和发展。

4.遵循公平、公正、公开的原则

在做出最终选择时,我们必须遵循公平、公正、公开的原则。这意味着我们要对所有投标者一视同仁,不偏袒任何一方,确保整个招投标过程的透明度和公正性。同时,我们还应确保选择的决策过程符合法律法规和相关政策的要求。

在招投标过程中,确保公平、公正、公开的原则至关重要。这不仅是法律法规的要求,也是维护市场公平竞争和保障各方权益的基础。下面将通过具体例子详细讲解如何遵循这些原则。

(1)公平对待所有投标者。假设某政府机构计划建设一座公共设施,并决定通过招投标方式选择承包商。在招投标过程中,该机构必须公平对待所有投标者,不论其规模大小、背景如何。

①例如,对于所有投标者提交的标书,该机构应该按照统一的标准进行初步审查,确保它们符合基本要求。

②在评审阶段,该机构应该组建一个独立的评审团队,确保评审过程不受任何外部干扰。评审团队应该根据事先公布的评审标准,对所有投标者的技术方案、报价、企业资质等进行全面评估。

③在最终选择中标者时,该机构应该根据评审结果,选择最符合要求的投标者作为中标者,而不是根据其他非竞争性因素做出选择。

(2)确保招投标过程的公正性。公正性是指招投标过程应该不受任何偏见、歧视或不当影响。为了确保公正性,招投标过程中的各个环节都应该公开透明,并受到监督。

①例如,在发布招标公告时,该机构应该明确列出投标要求、评审标准、投标截止时间等信息,确保所有潜在投标者都能充分了解招标情况。

②在评审阶段,该机构应该及时公布评审结果,并接受投标者的质疑和申诉。如果有投标者对评审结果有异议,该机构应该进行复查,并给出合理的解释和处理。

③在最终选择中标者后,该机构应该及时公布中标结果,并说明选择该投标者的理由。同时,对于未中标的投标者,该机构也应该给予充分的反馈和建议,帮助他们改进和提高。

(3)公开透明地展示招投标过程。公开透明是确保公平、公正原则得以实现的关键。通过公开招投标过程的相关信息,可以让各方了解招投标的进展和结果,从而增强信任和监督。

①例如,该机构可以在官方网站上公布招标公告、投标者名单、评审标准、评审结果等关键信息,供公众查阅和了解。

②在招投标过程中,该机构还可以邀请媒体、行业专家或公众代表参与监督和见证,确保整个过程的公开透明。

③此外,该机构还应该建立健全的信息披露制度,对于涉及公共利益或重大社会关切

的事项,及时向社会公众公开相关信息,接受社会监督。

(4)遵守法律法规和相关政策。在遵循公平、公正、公开原则的同时,招投标过程还必须符合法律法规和相关政策的要求。

①例如,在招投标过程中,该机构应该严格遵守《招标投标法》等相关法律法规,确保整个过程的合法性和规范性。

②对于涉及国家安全、环境保护等特殊领域的项目,该机构还应该遵守相关政策和规定,确保招投标过程符合国家利益和社会公共利益。

通过公平对待所有投标者、确保招投标过程的公正性、公开透明地展示招投标过程以及遵守法律法规和相关政策等方式,我们可以确保在做出最终选择时遵循公平、公正、公开的原则。这不仅有助于维护市场公平竞争和保障各方权益,还能促进项目的顺利实施和社会经济的可持续发展。

5. 书面通知中标者和未中标者

一旦做出最终选择,我们应该及时书面通知中标者和未中标者。对于中标者,应明确告知其中标结果和后续的合作事项;对于未中标者,也应给予明确的反馈和解释,以便他们了解自身在竞争中的优势和不足。

在招投标过程结束后,及时、明确地通知中标者和未中标者是至关重要的一步。这不仅体现了对投标者的尊重,也确保了整个招投标过程的透明度和公正性。下面将通过具体例子详细讲解如何书面通知中标者和未中标者。

(1)书面通知中标者。一旦中标者确定,招标方应该尽快发出中标通知书。中标通知书应以书面形式制作,并包含以下内容:

①中标结果确认:明确告知投标者其已被选为中标者,并附上中标项目的详细信息。

②后续合作事项:详细说明中标后需要进行的步骤,如签订合同、缴纳履约保证金等。

③合作条件与要求:列出与中标者合作的具体条件和要求,如工程质量、工期、付款方式等。

④联系方式与沟通渠道:提供招标方的联系方式,以便中标者在后续合作中有任何问题或需求能够及时沟通。

例如,假设某政府机构发出了一份关于建设图书馆的招标文件,最终选定了A建筑公司作为中标者。招标方应该向A建筑公司发送中标通知书,明确告知其已被选中,并附上图书馆建设的详细要求、合同草案、开工日期、质量标准等信息。同时,招标方还应提供联系方式,以便A建筑公司在后续施工过程中有任何问题能够及时与招标方沟通。

(2)书面通知未中标者。对于未中标者,招标方同样需要发出书面通知,给予他们明确的反馈和解释。未中标通知书应包括以下内容:

①投标结果告知:明确告知投标者其未中标,并附上中标者的名称和中标理由。

②评估结果反馈:简要说明投标者在评审过程中的表现,如技术方案、报价、企业资质等方面的优缺点。

③改进建议:针对投标者的不足之处,给出具体的改进建议,帮助他们在未来的招投标中更好地竞争。

以同样的图书馆建设项目为例,假设B建筑公司和C建筑公司都是竞标者,但最终未能中标。招标方应该分别向B建筑公司和C建筑公司发送未中标通知书,明确告知其未中标的结果,并附上中标者A建筑公司的名称和中标理由。同时,招标方还应根据评审结果,

向 B 建筑公司和 C 建筑公司提供具体的反馈和建议,如技术方案需要进一步优化、报价需要更加合理等。

(3)注意事项。在发出书面通知时,招标方需要注意以下几点:

①及时性:一旦做出最终选择,招标方应尽快发出书面通知,避免给中标者和未中标者带来不必要的等待和疑虑。

②准确性:通知书中的内容必须准确无误,特别是关于中标结果、合作条件等重要信息。

③保密性:在通知过程中,招标方需要确保投标者的商业机密和隐私不受侵犯。

④法律合规性:书面通知应符合相关法律法规的要求,如格式、内容、签署等。

通过及时、明确地书面通知中标者和未中标者,我们不仅能够维护招投标过程的公正性和透明度,还能够促进中标者与招标方之间的顺利合作,同时为未中标者提供宝贵的反馈和建议。这对于整个招投标活动的顺利进行和市场的健康发展具有重要意义。

在做出最终选择时,我们需要全面权衡各因素之间的优劣关系,确保中标者能够最大限度地满足采购需求,并在价格和质量方面展现出竞争力。同时,我们还要遵循公平、公正、公开的原则,确保整个招投标过程的透明度和公正性。

总之,投标文件的评审与比较是采购招标过程中的关键环节。通过深入评估和比较各投标者的文件,我们可以选出最合适的中标者,为整个采购项目的成功打下坚实的基础。

第三节　采购谈判与合同签订

在采购招标过程中,采购谈判与合同签订是至关重要的环节。这一环节的目标是确保与中标者达成一致,明确双方的权利和义务,并最终形成具有法律效力的采购合同。本节将详细介绍采购谈判与合同签订的要点,帮助您在这一环节中取得成功,确保采购项目的顺利进行。

通过本节的学习,您将了解如何与中标者进行有效的采购谈判,如何审慎地审查和修改合同条款,以及如何处理合同谈判中的各种问题和挑战。此外,本节还将强调合同签订过程中的风险控制和法律合规性,以确保您的采购项目能够合法、顺利地实施。让我们一起探索如何在采购谈判与合同签订环节中取得最佳结果,为采购项目的成功奠定坚实基础。

在采购招标过程中,谈判和合同签订是决定整个采购项目能否成功实施的关键环节。这一环节的目标是确保与中标者达成一致,明确双方的权利和义务,并最终形成具有法律效力的采购合同。

一、采购谈判

采购谈判是双方就采购标的、价格、质量、运输、交付等关键要素进行协商和谈判的过程。在采购谈判中,应着重关注以下几个方面:

1. 明确谈判目标

谈判是一个旨在达成共识、解决问题或实现双方利益的交流过程。在开始谈判前,明确谈判的目标和底线至关重要,这有助于确保谈判的方向明确、高效,并能够在必要时做出合理的妥协。以下是关于如何明确谈判目标的详细讲解:

（1）确定核心利益。首先，你需要明确自己在谈判中希望实现的核心利益。这可以是价格、质量、交货期、服务、技术支持等任何对你方有利的因素。明确核心利益有助于你在谈判过程中保持焦点，并时刻关注如何最大程度地维护或实现这些利益。

（2）设定谈判目标。基于核心利益，设定具体的谈判目标。这些目标应该是可衡量的，并且与你的整体战略和业务需求相一致。例如，你可能希望将采购成本降低 10%，或者确保供应商提供的技术支持响应时间不超过 24 小时。

（3）制定协议条款。在明确谈判目标后，你需要考虑希望达成的具体协议条款。这些条款应该与你的核心利益相一致，并且能够在谈判中作为你方立场的依据。例如，你可能希望与供应商签订长期合作协议，并约定定期评估产品和服务质量的机制。

（4）确定可接受的价格范围。对于涉及金钱交易的谈判，确定可接受的价格范围至关重要。你需要评估自己的预算、成本效益分析以及市场价格信息，从而确定一个既能满足你方需求又不至于过高的价格范围。这将有助于你在谈判中保持冷静，并在必要时做出合理的妥协。

（5）设定底线。在明确谈判目标时，你还需要设定一个底线。底线是你在谈判中不愿让步的最低限度。设定底线有助于你在谈判中保持坚定的立场，并防止因过度妥协而损害自己的利益。然而，请注意，底线应该是灵活的，并且可以在谈判过程中根据实际情况进行调整。

（6）制定策略。在明确谈判目标后，你还需要制定一套谈判策略。这包括如何与对方沟通、如何回应对方的提议、如何在必要时做出妥协等。制定策略有助于你在谈判中保持主动，并能够更好地应对各种情况。

总之，明确谈判目标是确保谈判成功的关键步骤。通过确定核心利益、设定谈判目标、制定协议条款、确定可接受的价格范围、设定底线以及制定策略，你将能够更好地掌控谈判进程，实现自己的利益最大化。

2. 了解对方需求

在谈判过程中，了解中标者的需求和关切是至关重要的。这不仅能够帮助你更好地掌握谈判的主动权，还能够促进双方之间的合作，达成互利共赢的协议。以下是关于如何了解对方需求的详细具体讲解：

（1）进行背景调查。在开始谈判之前，对中标者进行背景调查是非常重要的。通过了解他们的业务背景、市场地位、竞争对手情况以及最近的业绩等信息，你可以更好地把握他们的可能需求和关切。

（2）询问与倾听。在谈判过程中，积极地询问和倾听对方的需求是获取关键信息的关键。你可以通过开放式问题来引导对方分享他们的需求和关切，例如："您认为这个项目中最重要的方面是什么？"或者"您对我们提供的服务有什么期望？"同时，确保在对方发言时保持耐心和专注，真正理解他们的立场和需求。

（3）观察非言语信号。除了直接询问和倾听，观察对方的非言语信号也是了解他们需求的重要途径。注意对方的肢体语言、面部表情以及语气等，这些都可以为你提供关于他们真实想法和感受的线索。

（4）分析历史交易和合作案例。如果可能的话，分析中标者过去的交易和合作案例也是非常有价值的。这可以帮助你了解他们在类似情况下的需求和期望，从而更好地预测和满足他们的需求。

（5）寻求共同利益。了解对方需求的过程中，要努力寻找双方的共同利益。这不仅可以加强双方的合作关系，还能够为谈判带来更多的可能性。通过探讨如何满足彼此的需求并实现共同利益，你可以更好地掌握谈判的主动权。

（6）灵活调整策略。在了解对方需求后，你可能需要灵活调整自己的谈判策略。这包括重新考虑你的提案、调整价格或服务条款等。通过展示你愿意满足对方需求的诚意和灵活性，你可以促进双方之间的合作并达成互利共赢的协议。

总之，了解对方需求是谈判过程中的一项重要任务。通过背景调查、询问与倾听、观察非言语信号、分析历史交易和合作案例、寻求共同利益以及灵活调整策略等方法，你可以更好地掌握谈判的主动权，并与中标者达成互利共赢的协议。这将有助于建立长期的合作关系并促进双方的共同发展。

3. 制定谈判策略

制定谈判策略是谈判准备过程中至关重要的一步。一个明确的策略不仅可以指导你在谈判中如何行动，还能帮助你保持冷静和自信，从而更有效地达成谈判目标。以下是关于如何制定谈判策略的详细具体讲解：

（1）明确谈判目标。首先，你需要清晰地定义自己的谈判目标。这些目标应该是具体、可衡量和可实现的。例如，你可能希望达成一个长期合作协议，或者是争取某个特定项目的独家代理权。明确的目标将帮助你更好地制定策略和衡量谈判的进展。

（2）分析对方需求和利益。在制定谈判策略时，你需要充分了解对方的需求和利益。这包括对对方业务、市场地位、竞争对手以及他们在谈判中的关键利益点的了解。通过深入了解对方，你可以更好地预测他们的行为，并制定出更有效的谈判策略。

（3）确定报价和让步策略。报价和让步是谈判中的核心环节。你需要根据产品的价值、市场需求、竞争状况以及对方的支付能力等因素来制定报价策略。同时，你还需要制定一套让步策略，明确在何时、以何种方式让步，以及让步的幅度和条件。记住，让步应该是一种有策略的行为，而不是无原则的妥协。

（4）应对对方的要价和谈判技巧。在谈判中，对方可能会提出各种要价和条件。你需要提前准备好应对策略，包括如何回应对方的要价、如何提出自己的反要价以及如何运用各种谈判技巧来争取更有利的结果。这可能需要你具备一定的谈判技巧和知识，例如如何进行有效的沟通、如何运用心理战术以及如何把握谈判节奏等。

（5）准备备选方案和妥协方案。谈判并不总是能够按照你的期望进行。因此，你需要准备一些备选方案和妥协方案，以应对可能出现的意外情况。备选方案可以是其他可能的合作方式或替代产品，而妥协方案则是在无法完全满足双方需求时的一种折中方案。这些方案的准备将帮助你在谈判中保持灵活性，并增加达成协议的可能性。

（6）设定底线和谈判红线。在制定谈判策略时，你还需要明确自己的底线和谈判红线。底线是你在谈判中绝对不能接受的条件或要求，而谈判红线则是你在某些关键问题上不能让步的界限。设定这些底线和红线将帮助你在谈判中保持清醒和坚定，避免在压力下做出过激的决策。

（7）持续调整和优化策略。谈判是一个动态的过程，你可能需要根据谈判的进展和对方的反应来不断调整和优化你的策略。因此，你需要保持灵活性和敏锐的观察力，随时准备应对各种变化和挑战。

总之，制定谈判策略是一个复杂而关键的过程。你需要充分了解自己的谈判目标和对

方的需求与利益,制定明确的报价和让步策略,准备应对对方的要价和谈判技巧,设定底线和谈判红线,并持续调整和优化策略。通过有效的策略制定和执行,你将能够更好地掌握谈判的主动权,达成互利共赢的协议。

4. 遵循公平原则

公平原则是谈判过程中不可或缺的一部分,它确保了谈判的公正性和有效性,为双方建立长期合作关系奠定了坚实的基础。以下是关于如何遵循公平原则的详细具体讲解:

(1)理解公平原则的内涵。公平原则是指在谈判过程中,双方应平等对待,尊重彼此的权利和利益,确保谈判结果公正、合理。这包括平等获取信息、平等参与决策、平等承担责任等方面。遵循公平原则有助于维护谈判的公正性,促进双方之间的信任与合作。

(2)确保平等参与和决策。在谈判过程中,双方应享有平等的参与权和决策权。这意味着任何一方都不应被剥夺发言、提出建议或参与决策的机会。为了确保平等参与,谈判者应该采取积极的措施,如倾听对方的观点、给予对方充分表达意见的时间等。

(3)平等获取信息和资源。谈判双方应平等地获取谈判所需的信息和资源。这包括市场数据、产品信息、竞争对手情况等。任何一方都不应利用信息不对称来谋取不公平的优势。为了确保信息平等,谈判者应在谈判前进行充分的市场调研和准备工作,以便在谈判中掌握足够的信息。

(4)平等承担责任和风险。谈判结果应该体现双方平等承担责任和风险的原则。这意味着任何一方都不应承担过多的责任或风险,而是应根据各自的能力和资源来合理分配。为了确保责任平等,谈判者应在谈判过程中明确各自的责任范围和风险承担方式,确保双方都能够接受并履行相应的义务。

(5)尊重对方利益和关切。在谈判过程中,双方应尊重对方的利益和关切。这意味着谈判者应该关注对方的需求、期望和底线,努力寻求能够满足双方利益的解决方案。尊重对方利益和关切有助于建立信任和良好的合作关系,为未来的合作打下坚实基础。

(6)透明度和可预测性。遵循公平原则还要求谈判过程具有透明度和可预测性。这意味着谈判双方应该公开、诚实地交流信息,避免隐瞒或误导对方。同时,谈判结果应该具有可预测性,以便双方能够明确了解各自的权利和义务。

(7)寻求共赢解决方案。遵循公平原则的关键在于寻求共赢解决方案。这意味着谈判双方应该努力寻找能够满足各自利益的最佳方案,而不是简单地追求自身利益最大化。通过合作和共赢的心态,谈判双方可以建立长期稳定的合作关系,实现共同发展。

总之,遵循公平原则是确保谈判过程公正、有效和可持续的关键。通过平等参与、平等获取信息、平等承担责任、尊重对方利益、保持透明度和可预测性以及寻求共赢解决方案等措施,谈判双方可以建立互信、促进合作并实现共同发展。

5. 达成一致意见

在采购谈判的最后阶段,双方需要通过充分协商和讨论,就采购合同的各项条款达成一致意见。这一步骤是整个谈判过程的核心,它确保了双方的权益得到明确和保护,也为未来的合作奠定了坚实的基础。以下是关于如何达成一致意见的详细具体讲解:

(1)充分协商和讨论。在达成一致意见之前,双方需要进行充分的协商和讨论。这意味着谈判者需要就采购合同中的各项条款进行深入探讨,确保彼此的理解和期望得到充分的沟通和交流。协商和讨论的过程中,双方应该保持开放、坦诚的态度,尊重对方的观点和意见,寻求共同的解决方案。

（2）明确采购合同的基本条款。采购合同的基本条款包括商品或服务的描述、数量、质量、价格、支付方式、交货时间和地点等。双方需要就这些条款进行详细的讨论和协商，确保彼此对合同内容有清晰的认识。在这个过程中，谈判者需要充分理解对方的需求和期望，以便在合同中体现出双方的共同意愿。

（3）考虑风险和责任分配。在采购合同中，风险和责任的分配是一个重要的议题。双方需要就可能出现的风险进行充分的讨论，并明确各自的责任范围。这包括产品质量问题、交货延误、支付纠纷等可能出现的风险。通过明确责任和风险分配，双方可以更好地应对潜在的问题，确保合作的顺利进行。

（4）审查合同条款的合法性和合规性。在达成一致意见之前，双方需要对采购合同的条款进行审查，确保它们符合相关的法律法规和行业标准。这包括合同条款的合法性、合规性以及是否符合双方的商业利益。通过审查合同条款的合法性和合规性，双方可以避免潜在的法律纠纷和合规风险。

（5）达成书面协议并签署合同。在充分协商和讨论之后，双方应该达成书面协议并正式签署采购合同。书面协议是确保双方权益得到保护的重要文件，它详细记录了采购合同的各项条款和条件。签署合同之前，双方应该对合同内容进行最后的确认和审查，确保所有条款都符合双方的意愿和期望。

（6）建立合同执行和跟进机制。达成一致意见并签署合同之后，双方需要建立合同执行和跟进机制。这意味着双方需要制定明确的执行计划和时间表，并设立相应的跟进机制以确保合同得到按时履行。同时，双方还需要建立有效的沟通渠道，及时解决执行过程中可能出现的问题和纠纷。

总之，达成一致意见是采购谈判过程中至关重要的一步。通过充分协商和讨论、明确采购合同的基本条款、考虑风险和责任分配、审查合同条款的合法性和合规性以及建立合同执行和跟进机制等措施，双方可以确保采购合同的公正性、合法性和有效性，为未来的合作奠定坚实的基础。

二、合同签订

在采购谈判完成后，双方应签订具有法律效力的采购合同。在签订合同过程中，应关注以下几个方面：

1. 审查合同条款

在采购流程中，审查合同条款是至关重要的一步。这一步的目的是确保采购合同的各项条款都是完整、准确且无误的，从而避免在未来的合作中出现任何误解或纠纷。以下是关于如何审查合同条款的详细具体讲解：

（1）逐条审查。首先，需要对采购合同的每一条款进行逐条审查。这包括对商品或服务的描述、数量、质量、价格、支付方式、交货时间和地点等核心条款的细致检查。同时，也要关注合同中的其他细节，如违约责任、争议解决方式、保密条款等。

（2）核实条款的完整性和准确性。在审查过程中，需要核实每一个条款的完整性和准确性。这意味着要确保每一条款都清晰地描述了双方的权利和义务，没有遗漏或模糊的地方。如果有任何不明确或含糊不清的条款，应及时与对方沟通并寻求明确解释。

（3）特别注意潜在的风险点。在审查合同条款时，还应特别注意那些可能带来风险或纠纷的条款。例如，关于产品质量、交货时间、付款方式等关键条款，需要特别关注其是否

明确、合理且公平。如果发现任何可能对己方不利的条款,应及时与对方协商调整。

(4)与对方充分沟通。如果发现任何不明确、不合理或不可接受的条款,应及时与对方进行充分沟通。双方可以就这些条款进行深入的讨论和协商,寻求共同的解决方案。在沟通过程中,应保持开放和坦诚的态度,尊重对方的观点和意见。

(5)请教专业人士。如果合同内容较为复杂或涉及专业领域,可以请教具有相关知识和经验的专业人士进行协助审查。专业人士可以从法律、财务、技术等多个角度对合同条款进行全面评估,确保合同的完整性和准确性。

(6)记录审查过程和结果。最后,需要详细记录审查过程和结果。这包括对每个条款的审查意见、与对方的沟通记录以及最终的调整建议等。这些记录可以作为未来合作过程中的重要参考和依据。

总之,审查合同条款是确保采购合同完整、准确且无误的关键步骤。通过逐条审查、核实条款的完整性和准确性、特别注意潜在的风险点、与对方充分沟通以及请教专业人士等措施,可以确保采购合同的条款清晰明确、公平合理且符合双方的共同利益。这将为未来的合作奠定坚实的基础并降低潜在的风险和纠纷。

2. 确保法律合规性

在商业活动中,确保合同的法律合规性至关重要。一个不合规的合同可能会导致无效、法律纠纷甚至经济损失。以下是如何确保采购合同符合相关法律法规的要求,从而避免合同无效或产生法律风险的详细具体讲解:

(1)熟悉相关法律法规。首先,要对与采购合同相关的法律法规有深入的了解。这可能包括《合同法》《公司法》《消费者权益保护法》等。此外,还需了解与特定采购项目相关的行业法规或地方政策。

(2)检查合同主体资格。在签订采购合同前,要核实合同对方的主体资格。确保对方是具有合法经营资格的企业或个体工商户,并查验其营业执照、税务登记证等相关证件。如果对方是自然人,应核实其身份证明。

(3)审查合同内容。审查采购合同的内容,确保没有违反法律法规的条款。例如,合同中的价格、付款方式、交货时间等应符合相关法规的规定。同时,要注意合同中是否包含任何违法或不当的条款,如霸王条款、欺诈性条款等。

(4)确保合同形式合规。根据法律规定,某些合同可能需要特定的形式才能生效,如书面合同、公证合同等。在签订采购合同时,要确保合同形式符合相关法律法规的要求。

(5)确认管辖权与法律适用。在采购合同中,要明确约定管辖权和法律适用条款。这有助于在发生纠纷时确定合适的法律程序和适用的法律。通常,建议选择对己方有利的管辖地和法律适用。

(6)保留法律意见与咨询。如有可能,建议在签订采购合同前咨询专业律师或法律顾问。他们可以提供法律意见,帮助识别潜在的法律风险,并提出相应的建议。

(7)持续更新法律知识。由于法律法规可能会随时间发生变化,因此要保持对最新法律动态的关注。定期参加法律培训、阅读相关法律法规的更新和解读,有助于及时发现并应对潜在的法律风险。

(8)建立合规审查机制。在企业内部建立合规审查机制,确保所有采购合同在签订前都经过法律合规性审查。这可以通过设立专门的法律事务部门或委托外部专业机构来实现。

总之,确保采购合同的法律合规性是避免合同无效或产生法律风险的关键。通过熟悉相关法律法规、审查合同内容、确保合同形式合规、确认管辖权与法律适用、保留法律意见与咨询以及持续更新法律知识等措施,可以大大提高采购合同的法律合规性,为企业的稳健发展保驾护航。

3. 明确违约责任

在商业活动中,采购合同是确保双方权益的重要文件。当合同中的某一方未能履行其义务时,明确违约责任和处理方式变得至关重要。以下是对如何在采购合同中明确违约责任和处理方式的详细具体讲解:

(1)定义违约责任。违约责任指的是当合同中的某一方未能按照合同条款履行其义务时,应承担的法律责任。在采购合同中,应明确列出各种可能的违约情况,例如供应商未能按时交货、买方未能按约定付款等。

(2)设定违约赔偿。对于每一种违约情况,应设定相应的违约赔偿。赔偿金额应合理,能够覆盖因违约造成的实际损失。同时,赔偿方式也应明确,如支付违约金、赔偿实际损失等。

(3)制定处理方式。除了赔偿外,还应制定违约后的处理方式。这可能包括:

①违约方应在一定期限内纠正违约行为;

②如果违约方无法纠正,另一方有权选择终止合同;

③对于严重违约,可以考虑通过法律途径追究责任。

(4)明确违约通知和证据。合同中应明确规定,在发现对方违约时,应及时发出违约通知,并保留相关证据。这有助于在后续处理中证明对方的违约行为。

(5)引入第三方调解。为了避免直接的法律冲突,可以考虑在合同中约定,在出现争议时,先尝试通过第三方调解来解决问题。这有助于维护双方的关系,同时也有助于更高效地解决争议。

(6)遵循相关法律法规。在设定违约责任和处理方式时,必须确保它们符合相关法律法规的要求。否则,这些条款可能会被视为无效。

(7)咨询专业人士。为了确保采购合同中的违约责任和处理方式条款的合法性和有效性,建议在制定合同前咨询法律专业人士或法律顾问。他们可以提供专业意见,帮助识别潜在的法律风险。

(8)定期审查和更新。随着业务的发展和法律法规的变化,定期审查和更新采购合同中的违约责任和处理方式条款是必要的。这有助于确保合同始终与当前的法律环境和业务需求保持一致。

总之,在采购合同中明确违约责任和处理方式对于保障双方的权益至关重要。通过定义违约责任、设定违约赔偿、制定处理方式、明确违约通知和证据、引入第三方调解、遵循相关法律法规、咨询专业人士以及定期审查和更新等措施,可以大大提高采购合同的法律效力和可执行性,为双方的合作提供坚实的法律保障。

4. 签署合同

在商业活动中,签署合同是一个至关重要的环节,它标志着双方就某项协议达成共识并承诺履行各自的责任。签署合同不仅是对双方权益的保障,也是商业交易合法性和有效性的重要证明。以下是关于如何签署合同的详细具体讲解:

(1)双方代表的身份确认。在签署合同之前,首先要确认双方代表的身份和授权。这

通常涉及到核实代表人的身份证明、职务证明以及公司或组织的授权文件。确保代表人有权代表其所属方签署合同,以避免后续的法律纠纷。

(2)合同文本的审阅。在签署合同之前,双方代表应仔细审阅合同文本,确保其中的条款内容明确、准确、完整,并且符合双方的意愿和利益。如果发现任何模糊或不明确的地方,应及时提出并协商解决。

(3)签署过程的见证。为了确保签署过程的透明和合法,双方代表可以选择在律师、公证人或其他第三方见证人的见证下签署合同。见证人可以提供独立的证明,确保签署过程的真实性和有效性。

(4)签署位置和方式。签署合同的具体位置和方式应根据实际情况来确定。通常情况下,双方代表可以在合同文本的相应位置签署自己的姓名,并注明签署日期。如果采用电子合同或远程签署,则需要遵循相关的电子签名法律法规,并确保签署过程的合法性和有效性。

(5)签署后的确认和保存。完成签署后,双方代表应各自保留一份签署后的合同副本,并妥善保管。同时,也可以将合同副本提交给相关部门或机构进行备案或公证,以进一步证明合同的合法性和有效性。

(6)签署的意义。签署合同不仅是对双方权益的保障,也是商业交易合法性和有效性的重要证明。通过签署合同,双方可以明确各自的权利和义务,规范交易行为,减少纠纷的发生。同时,签署合同也有助于建立和维护商业信誉和声誉,促进长期的商业合作关系。

(7)注意事项。在签署合同时,双方代表应注意以下几点:

①确保自己有权代表所属方签署合同;

②仔细审阅合同文本,确保条款内容明确、准确、完整;

③选择合适的签署位置和方式,确保签署过程的合法性和有效性;

④完成签署后妥善保管合同副本,并及时进行备案或公证;

⑤在签署过程中保持警惕,避免受到欺诈或胁迫。

总之,签署合同是商业交易中不可或缺的重要环节。通过遵循正确的签署程序和注意事项,可以确保合同的合法性和有效性,为双方的商业合作提供坚实的法律保障。

5. 存档管理

存档管理是组织和管理合同文档的重要环节,尤其是在采购流程中。正确的存档不仅可以保证合同的安全和完整,还能够在项目实施过程中提供快速、准确的查阅,从而有效地监督项目的进展。以下是关于采购合同存档管理的详细具体讲解:

(1)选择存档方式。

①纸质存档

- 将纸质合同放入专门的文件夹或档案盒中,按照日期或项目名称进行排序。
- 确保存档环境干燥、通风,避免潮湿和火灾风险。
- 定期进行纸质合同的整理和归档,确保易于查找。

②电子存档

- 使用电子文档管理系统(EDMS)或企业资源规划(ERP)系统来存储电子合同。
- 为每个合同分配一个唯一的标识符,方便检索。
- 确保电子存档系统具有备份和恢复功能,以防数据丢失。

（2）存档内容。

①采购合同正本：包括双方签署的原始合同文档。

②相关附件：如技术规范、报价单、交货时间表等。

③变更记录：如果在项目实施过程中有合同变更，应将这些变更记录也存档。

④相关通信记录：如电子邮件、传真等，这些可能涉及合同的解释或执行。

（3）访问权限和保密性。

①限制对存档合同的访问权限，只有授权人员才能查阅。

②对于包含敏感信息的合同，应采取加密或其他安全措施来保护数据安全。

（4）查阅和监督。

①在项目实施过程中，相关人员可以根据需要查阅存档合同，以了解合同条款和约定。

②通过定期查阅存档合同，可以监督项目的执行情况，确保各方按照合同要求履行责任。

（5）定期审查和更新。

①定期对存档合同进行审查，以确保其仍然有效和适用。

②如果发现合同有误、过期或不再适用，应及时更新或替换。

（6）存档期限。

①根据组织政策和法律法规，确定存档合同的保留期限。

②超过保留期限的合同可以进行归档或销毁，但应先确保不再需要查阅。

（7）灾难恢复计划。

①制定灾难恢复计划，以应对可能的数据丢失或损坏情况。

②定期进行数据备份和恢复测试，确保在紧急情况下能够迅速恢复存档数据。

（8）遵守法律法规。

①确保存档管理符合当地法律法规的要求，如数据保护法规、税法等。

②在处理涉及个人信息或敏感数据的合同时，应特别注意遵守相关法规。

通过有效的存档管理，组织可以确保采购合同的安全、完整和易于查阅。这不仅有助于项目的顺利实施和监督，还可以降低潜在的法律风险和数据丢失风险。

综上所述，采购谈判与合同签订是采购招标过程中的重要环节。通过有效的采购谈判和严谨的合同签订，可以确保采购项目的顺利进行，实现双方的共赢。

第四章 供应商管理

供应商管理是供应链管理中的核心环节,它直接关系到企业的生产、运营和盈利。一个优秀的供应商能够提供高质量的产品和服务,确保生产的连续性和稳定性,降低企业成本,提升企业竞争力。本章将深入探讨供应商管理的各个方面,帮助您建立起高效、稳定的供应商关系,为企业的可持续发展奠定坚实基础。

第一节 供应商关系管理策略

供应商关系管理是供应商管理的核心,它关乎企业与供应商之间的合作效果和共赢程度。在市场竞争日益激烈的今天,企业需要与供应商建立长期、稳定、互利共赢的关系,以共同应对市场挑战。本节将详细探讨供应商关系管理的策略,帮助您了解如何与供应商建立和维护良好的合作关系,实现共同发展。

本节将详细讲解供应商关系管理的核心策略,帮助您了解如何与供应商建立和维护良好的合作关系,实现共同发展。供应商关系管理是供应商管理的核心,它关乎企业与供应商之间的合作效果和共赢程度。在市场竞争日益激烈的今天,企业需要与供应商建立长期、稳定、互利共赢的关系,以共同应对市场挑战。

一、明确供应商关系管理的目标

供应商关系管理(SRM)是现代企业运营中的关键环节,它涉及与供应商建立、维护和优化合作关系的一系列活动。为了确保这些活动能够有效地支持企业的整体战略和目标,首先需要明确 SRM 的具体目标。这些目标应当与企业的长期和短期战略目标保持一致,为企业的整体发展贡献力量。

1. 提高采购效率

采购效率对于一个企业的运营至关重要。当企业能够高效地采购所需的物资或服务时,它可以减少成本、加速生产、提高产品质量,并增强市场竞争力。那么,如何提高采购效率呢?下面我们将通过具体的例子进行详细讲解。

(1)优化采购流程。

①明确采购需求:首先,企业需要明确自己的采购需求,包括所需物资或服务的数量、质量、价格、交货时间等。这有助于避免采购过程中的混乱和延误。

②精简流程:审查现有的采购流程,去除不必要的步骤和环节,使流程更加简洁、高效。

③引入审批和监控机制:建立审批和监控机制,确保采购流程中的每一步都经过适当的审查和监控,避免错误和舞弊。

【实例】 某制造企业原先的采购流程包括需求确认、供应商筛选、报价比较、合同签订、交货验收等多个环节。通过优化,企业将这些环节简化为需求确认、供应商选择、合同签订和交货验收四个主要步骤,并引入了电子化的审批和监控工具,大大提高了采购效率。

（2）引入自动化工具。

①电子采购系统：采用电子采购系统，实现采购需求的在线提交、供应商的在线报价、合同的在线签订等功能，减少纸质文档的使用，提高处理速度。

②数据分析工具：利用数据分析工具对采购数据进行深入分析，发现采购过程中的瓶颈和问题，为优化采购流程提供依据。

【实例】 一家大型零售商引入了电子采购系统，实现了采购需求的在线提交和审批。同时，利用数据分析工具对历史采购数据进行分析，发现某些商品的采购周期过长，于是与供应商协商调整了交货时间，进一步提高了采购效率。

（3）加强与供应商的信息沟通。

①建立信息共享平台：与供应商建立信息共享平台，实现采购订单、交货计划、库存状态等信息的实时共享，提高双方之间的协同效率。

②定期沟通会议：定期与供应商召开沟通会议，了解供应商的生产状况、交货能力等信息，确保采购计划的顺利实施。

【实例】 一家电子产品制造商与其主要供应商建立了一个信息共享平台，实现了采购订单、交货计划等信息的实时共享。同时，双方每月召开一次沟通会议，讨论生产计划、交货安排等问题。通过这些措施，制造商能够更准确地预测供应商的交货时间，从而提前调整生产计划，避免了因采购延误而造成的损失。

提高采购效率是企业降低成本、提高竞争力的关键之一。通过优化采购流程、引入自动化工具、加强与供应商的信息沟通等方式，企业可以显著提高采购活动的效率和准确性。当然，这需要企业不断地探索和实践，找到适合自己的最佳采购模式。

2.降低采购成本

采购成本是企业运营中的重要组成部分，直接影响到企业的盈利能力和竞争力。降低采购成本不仅可以减少企业的支出，还可以提高产品的毛利率，增强企业在市场上的竞争力。那么，如何降低采购成本呢？下面我们将通过具体的例子进行详细讲解。

（1）有效的供应商关系管理。

①供应商选择：选择合适的供应商是降低采购成本的关键。企业需要对供应商进行全面的评估，包括价格、质量、交货能力、售后服务等方面，选择性价比最优的供应商。

②建立长期合作关系：与供应商建立长期稳定的合作关系，可以获得更优惠的价格和更好的合同条款。通过签订长期合同，企业可以确保供应商的稳定供应，并享受较低的采购价格。

【实例】 一家家具制造企业通过与多家木材供应商进行比较评估，选择了一家性价比最优的供应商，并与其建立了长期合作关系。通过长期合作，企业获得了更优惠的木材价格，降低了采购成本，并确保了原材料的稳定供应。

（2）与供应商共同开展成本降低项目。

①价值分析：与供应商一起对产品和服务进行价值分析，找出可以降低成本的环节和改进点。

②联合研发：与供应商共同开展新产品或新材料的研发，通过技术创新降低生产成本。

【实例】 一家汽车制造企业与其零部件供应商共同开展了一个成本降低项目。通过对零部件的设计和生产过程进行优化，成功降低了零部件的成本。同时，企业还与供应商共同研发了一种新型材料，用于替代传统的高成本材料，进一步降低了采购成本。

（3）推动供应链优化。

①减少库存：通过优化库存管理，减少库存积压和浪费，降低库存成本。

②集中采购：通过集中采购，提高采购规模，获得更优惠的价格和更好的服务。

【实例】 一家电子产品零售商通过优化库存管理，实现了库存量的精准控制，减少了库存积压和浪费。同时，企业还采用了集中采购策略，将多个门店的采购需求汇总起来，与供应商进行谈判，获得了更优惠的采购价格。

降低采购成本是企业提高盈利能力和竞争力的重要手段。通过有效的供应商关系管理、与供应商共同开展成本降低项目以及推动供应链优化等方式，企业可以显著降低采购成本。然而，降低采购成本并不意味着牺牲产品质量和服务水平。企业需要在降低成本的同时，确保产品和服务的质量满足客户需求，以维护企业的声誉和品牌形象。

3.确保供应的稳定性和质量

供应的稳定性和质量对于企业的生产运营至关重要。一个可靠的供应商可以确保企业获得高质量的原材料和服务，从而保持生产的连续性和稳定性。反之，供应商的不稳定或质量问题可能导致生产中断、产品质量下降等风险，严重影响企业的运营和声誉。因此，如何确保供应的稳定性和质量成为企业供应链管理的重要任务。

（1）建立紧密的合作关系。

①信息共享：与供应商建立信息共享机制，确保双方能够及时获取关于生产、库存、市场需求等方面的信息。

②共同解决问题：当出现问题时，与供应商共同寻找解决方案，而不是简单地将责任归咎于对方。

【实例】 一家汽车制造企业与其核心零部件供应商建立了紧密的合作关系。双方通过定期的信息交流会议，分享生产进度、库存情况和市场需求等信息。当某一零部件出现质量问题时，企业立即与供应商沟通，并共同研究解决方案。通过共同努力，企业成功解决了质量问题，并保持了生产的稳定性。

（2）建立有效的供应商评估和监控机制。

①供应商评估：定期对供应商进行评估，包括质量、交货期、服务等方面。根据评估结果，对供应商进行分类和排序，优先选择表现优秀的供应商。

②质量监控：对供应商提供的物资或服务进行质量检查，确保其符合企业的要求。对于不合格的产品或服务，及时与供应商沟通并要求其整改。

【实例】 一家电子产品制造商对其供应商进行了严格的评估和监控。企业制定了一套详细的评估标准，定期对供应商进行评估，并根据评估结果进行供应商的优化和调整。同时，企业还建立了质量检查机制，对供应商提供的原材料进行严格的检验。一旦发现不合格产品，企业立即与供应商沟通并要求其进行整改。通过这些措施，企业确保了供应的稳定性和质量。

（3）多元化供应商策略。

为降低对单一供应商的依赖风险，企业可以采用多元化供应商策略。与多个供应商建立合作关系，确保在某一供应商出现问题时能够及时切换到其他供应商。

【实例】 一家食品生产企业为了确保原材料的稳定供应和质量，与多个农产品供应商建立了合作关系。企业与这些供应商签订了长期合同，并定期进行质量检查和评估。当某一供应商的产品出现质量问题或交货延迟时，企业可以迅速切换到其他供应商，确保生产

的连续性和稳定性。

确保供应的稳定性和质量是企业生产运营的重要保障。通过与供应商建立紧密的合作关系、建立有效的供应商评估和监控机制以及采用多元化供应商策略等措施,企业可以确保供应商能够按时、按质、按量地提供所需物资或服务。这不仅有助于保持企业的生产效率和产品质量,还能提高企业的竞争力和市场地位。

4. 制定相应的供应商关系管理策略

为了实现上述目标,企业需要制定具体的供应商关系管理策略。这些策略应包括供应商选择标准、合作方式、沟通机制、风险评估与应对等方面。企业需要根据自身的行业特点、业务需求和供应商状况等因素,制定符合自身实际情况的供应商关系管理策略。同时,企业还需要不断完善和优化这些策略,以适应市场变化和供应商关系的发展。

总之,明确供应商关系管理的目标并制定相应的策略是实现企业战略目标的关键环节。企业应根据自身的实际情况和需求,制定具有针对性和可操作性的供应商关系管理策略,并与供应商建立长期稳定的合作关系,共同推动企业的持续发展。。

二、企业需要建立有效的供应商评估体系

在供应商关系管理中,建立有效的供应商评估体系是至关重要的。这一体系不仅能够帮助企业全面、客观地了解供应商的实际状况,还能够为企业的供应商选择、合作及后续管理提供有力支持。以下是关于建立有效供应商评估体系的详细讲解:

1. 设定评估指标

评估指标是评估体系的核心,它决定了评估的准确性和有效性。一般来说,供应商评估指标可以分为以下几类:

(1)资质指标。包括供应商的注册资本、经营范围、行业资质等,这些指标能够反映供应商的基本实力和合规性。

(2)能力指标。如生产规模、技术水平、研发能力等,这些指标可以反映供应商的生产能力和技术实力。

(3)质量指标。包括产品质量、交货质量、售后服务质量等,这些指标直接关系到企业采购的物资或服务的质量和稳定性。

(4)价格指标。包括产品定价、成本控制能力等,这些指标影响企业的采购成本和经济效益。

2. 制定评估标准和方法

在制定供应商评估体系时,评估标准和方法的选择至关重要。它们决定了评估结果的准确性和公正性,从而影响了企业与供应商之间的合作关系。因此,企业需要根据自身的需求和实际情况,制定合理的评估标准和方法。

(1)评估标准的制定。

①明确评估指标:首先,企业需要明确要评估的指标,如价格、质量、交货期、服务等。这些指标应与企业的采购目标和战略相一致。

②确定指标权重:不同的指标对企业的重要性可能不同,因此需要根据实际情况为每个指标分配权重。权重的大小反映了该指标在评估中的重要程度。

【实例】 一家制造企业在进行供应商评估时,确定了以下指标:价格(权重30%)、质量(权重40%)、交货期(权重20%)、服务(权重10%)。这意味着在评估过程中,质量因素

将占据最大比重,而价格、交货期和服务则分别占据不同的比重。

（2）评估方法的选择。

①定性评估方法:包括问卷调查、实地考察等方式。这些方法可以深入了解供应商的运营情况、质量管理体系、生产能力等,从而对企业做出更全面的评价。

②定量评估方法:主要基于数据分析,如对比供应商的历史数据、行业数据等。通过数据分析,企业可以客观地评估供应商的性能和趋势。

【实例】 在上述制造企业的供应商评估中,他们采用了定性和定量相结合的评估方法。首先,通过问卷调查收集供应商的基本信息和自我评价;然后,实地考察供应商的工厂和生产线,了解其生产能力和质量管理体系;最后,对收集到的数据进行分析,计算各指标的得分和总分,从而得出评估结果。

（3）注意事项。

①公正性:评估过程中应确保公正性,避免主观偏见和利益冲突。

②灵活性:评估标准和方法应根据实际情况进行调整和优化,以适应企业发展和市场变化。

③持续改进:定期对评估体系进行审查和更新,确保其始终保持有效性和适用性。

制定评估标准和方法是供应商评估过程中的重要环节。通过明确评估指标、确定指标权重以及选择合适的评估方法,企业可以确保评估结果的准确性和公正性。这不仅有助于企业与供应商建立稳定的合作关系,还能提高企业的采购效率和降低成本。因此,企业在制定评估标准和方法时应充分考虑自身需求和实际情况,确保评估体系的有效性和适用性。

3.进行供应商评估

根据评估标准和方法,企业可以对潜在的供应商进行全面的评估。评估过程中,企业可以邀请多个部门参与,以确保评估结果的全面性和客观性。评估结果可以作为企业选择供应商的重要依据。

在供应商管理的整个流程中,进行供应商评估是非常关键的一步。通过评估,企业可以全面了解潜在供应商的能力、质量和信誉,从而为选择合适的供应商提供决策依据。

（1）评估前的准备。

①明确评估标准和方法:如前所述,评估标准应明确各个指标的重要性和权重,而评估方法则可以是定性的或定量的。

②组建评估团队:评估团队应由多个部门的人员组成,如采购、质量、生产、财务等。这样可以确保评估结果的全面性和客观性。

（2）评估过程。

①收集信息:企业可以通过问卷调查、实地考察、参考行业报告等方式,收集潜在供应商的相关信息。

②数据分析:根据收集到的数据,企业可以使用各种分析工具和方法,如 SWOT 分析、成本效益分析等,对供应商进行深入分析。

③现场考察:如果条件允许,企业还可以对潜在供应商进行实地考察,了解其生产设施、质量控制、管理水平等。

【实例】 一家电子产品制造企业计划选择一家新的零部件供应商。在评估过程中,他们首先明确了评估标准和方法,并组建了一个由采购、质量、生产等部门人员组成的评估团

队。然后,他们通过问卷调查和实地考察的方式,收集了多家潜在供应商的信息。在数据分析阶段,他们发现某家供应商在价格、质量、交货期等方面均表现出色,且实地考察也证实了这一点。因此,该企业最终选择了这家供应商作为合作伙伴。

（3）评估结果的应用。

评估结果不仅应作为选择供应商的依据,还应作为与现有供应商合作过程中的参考。企业可以根据评估结果对供应商进行分类管理,如优先合作、一般合作、待改进等。

（4）注意事项。

①公正性:评估过程中应确保公正性,避免受到主观偏见和利益冲突的影响。

②保密性:评估过程中涉及的信息和数据应妥善保管,避免泄露给无关人员或供应商。

③持续改进:企业应定期对评估标准和方法进行审查和更新,以适应市场变化和企业需求。

进行供应商评估是确保企业采购活动顺利进行的关键环节。通过明确评估标准和方法、组建评估团队、收集和分析信息以及进行现场考察等方式,企业可以对潜在供应商进行全面的评估。评估结果的应用可以帮助企业选择合适的供应商并进行有效的合作管理。同时,企业还应注意评估过程中的公正性、保密性和持续改进等方面的问题。

4.建立供应商绩效评价体系

在企业的采购项目管理中,与供应商建立长期稳定的合作关系是至关重要的。为了确保供应商能够持续提供高质量的产品和服务,除了初始的供应商评估外,企业还需要建立一套完善的供应商绩效评价体系。这一体系旨在对已经建立合作关系的供应商进行定期的性能评估,以确保供应商的持续合规和卓越表现。

（1）供应商绩效评价体系的重要性。

①监控供应商表现:通过定期评估供应商在交货时间、产品质量、服务水平、成本控制等方面的实际表现,企业可以及时了解供应商的运营状况,确保供应商能够按照合同要求履行义务。

②激励供应商改进:绩效评价体系可以为供应商提供明确的改进方向和目标,激励供应商不断提升自身的运营水平和服务质量,从而增强企业的竞争力。

③优化供应链管理:通过对供应商绩效的评估和分析,企业可以优化供应链管理,降低采购成本,提高采购效率,实现企业与供应商之间的共赢。

（2）建立供应商绩效评价体系的步骤。

①确定评价指标:根据企业的实际需求和采购目标,确定合适的评价指标。这些指标应涵盖交货时间、产品质量、服务水平、成本控制等方面,确保评估结果的全面性和客观性。

②设定绩效标准:为每个评价指标设定明确的绩效标准,这些标准应具有可衡量性、可达成性和挑战性。绩效标准可以根据企业的实际情况和市场水平进行调整。

③收集实际表现数据:通过定期收集供应商在各方面的实际表现数据,如交货准时率、产品合格率、服务水平满意度、成本控制情况等,为评估工作提供数据支持。

④进行对比分析:将收集到的实际表现数据与预设的绩效标准进行对比分析,评估供应商在各方面的表现水平,并识别出优势和不足。

⑤制定改进计划:针对供应商在评估中表现出的不足,制定具体的改进计划和措施,帮助供应商提升运营水平和服务质量。

⑥定期更新和调整:随着企业发展和市场环境的变化,供应商绩效评价体系也需要不

断更新和调整,以适应新的需求和挑战。

(3)供应商绩效评价体系的应用。

①作为供应商选择的依据:在选择新的供应商时,可以参考其过往的绩效评估结果,优先选择表现优秀的供应商进行合作。

②作为供应商激励的手段:通过向表现优秀的供应商提供奖励和优惠政策,激励其继续保持卓越表现,并鼓励其他供应商向其学习。

③作为供应链优化的依据:根据供应商绩效评估结果,优化供应链管理,调整采购策略,降低采购成本,提高采购效率。

建立供应商绩效评价体系是企业管理供应链的重要手段之一。通过确定评价指标、设定绩效标准、收集实际表现数据、进行对比分析、制定改进计划以及定期更新和调整等步骤,企业可以建立起一套科学、有效的供应商绩效评价体系。这一体系不仅有助于监控供应商表现、激励供应商改进,还有助于优化供应链管理,实现企业与供应商之间的共赢。

5.绩效反馈与改进

绩效评价的结果应及时反馈给供应商,并与其共同分析存在的问题,制定改进措施。这不仅可以提升供应商的性能,也有助于增强企业与供应商之间的合作关系。

在供应商绩效评价体系中,绩效反馈与改进是至关重要的一环。这一环节的核心在于将评价结果及时、准确地传达给供应商,并与供应商一起深入分析问题原因,共同制定改进措施。通过这一过程,企业可以促进供应商的性能提升,同时加强双方之间的合作关系。

(1)绩效反馈的重要性。

①透明度提升:及时将绩效评价结果反馈给供应商,可以增加整个采购过程的透明度,使供应商了解自己的表现水平。

②激励改进:反馈可以为供应商提供改进的动力,明确改进方向,促使其不断提升自身性能。

③合作加强:通过反馈与沟通,企业与供应商之间可以建立更加紧密的合作关系,共同应对市场变化和挑战。

(2)绩效反馈与改进的过程。

①准备反馈材料:企业应准备详细的绩效评价报告,包括评价指标、评价标准、实际表现数据以及对比分析等内容。

②正式反馈会议:组织正式的反馈会议,邀请供应商参与,并在会议上向供应商详细介绍评价结果。

③共同分析问题:与供应商一起深入分析问题原因,找出影响性能的关键因素。

④制定改进措施:根据问题原因,共同制定具体的改进措施和时间表,并明确责任人和执行方式。

⑤跟踪与评估:对改进措施的执行情况进行跟踪和评估,确保改进措施得到有效实施并取得预期效果。

【实例】　一家电子产品制造企业对其主要供应商进行了季度绩效评价。在反馈环节,企业向供应商提供了详细的绩效评价报告,并在反馈会议上指出了供应商在交货准时率和产品合格率方面存在的问题。双方共同分析了问题原因,发现主要是由于供应商的生产线调整不当和质量控制不严导致的。针对这些问题,企业与供应商共同制定了改进措施,包括优化生产线布局、加强质量检验等。在随后的跟踪评估中,企业发现供应商的交货准时

率和产品合格率得到了显著提升。

（3）实施建议。

①保持积极沟通：在与供应商沟通时,企业应保持积极、开放的态度,鼓励供应商提出自己的见解和建议。

②关注供应商需求：在制定改进措施时,企业应充分考虑供应商的实际需求和困难,提供必要的支持和帮助。

③定期评估进展：对改进措施的执行情况进行定期评估,确保改进措施按计划推进并取得预期效果。

绩效反馈与改进是供应商绩效评价体系中不可或缺的一环。通过及时、准确的反馈和深入的分析与沟通,企业可以促进供应商的性能提升,加强双方之间的合作关系。同时,企业也应注意保持积极沟通、关注供应商需求以及定期评估改进措施的进展。通过这些努力,企业可以与供应商共同实现采购活动的优化和持续改进。

6.动态调整评估体系

在当今快速变化的市场环境中,供应商的状况和整体市场环境都可能发生显著的变化。为了确保供应商评估体系始终与企业的战略目标和实际需求保持一致,企业需要不断地审查和调整其评估体系。这种动态调整不仅有助于企业及时应对市场变化,还可以确保评估结果的准确性和有效性。

（1）为什么需要动态调整评估体系。

①市场变化：市场需求、竞争态势、技术发展等因素都可能影响供应商的表现和企业的采购策略。

②供应商发展：供应商自身也可能经历技术升级、规模扩张、管理改进等变化,这些变化可能影响其与企业的合作方式和效果。

③企业战略目标调整：随着企业战略目标的调整,对供应商的要求也可能发生变化。

（2）如何动态调整评估体系。

①定期审查：企业应定期对供应商评估体系进行审查,确保评估指标、标准和方法仍然适用。

②收集反馈：向供应商、内部采购部门等利益相关者收集反馈,了解评估体系的实际效果和可能存在的问题。

③调整评估指标：根据市场变化和企业战略目标调整,对评估指标进行增减或修改。

④更新评估标准：根据供应商的实际表现和市场标准,更新评估标准,确保其与当前的市场环境和企业需求相匹配。

⑤优化评估流程：简化评估流程,减少不必要的环节,提高评估效率。

【实例】 一家大型制造企业,在过去几年中,随着市场的不断扩大和技术的持续升级,其对供应商的要求也在不断变化。为了确保供应商评估体系始终与企业的战略目标和实际需求保持一致,该企业采取了以下措施：

①定期审查：每年底,企业会组织一个由采购、质量、技术等部门组成的团队,对当前的供应商评估体系进行全面审查。

②收集反馈：在审查过程中,企业会向供应商发送问卷,收集他们对评估体系的看法和建议。同时,企业内部部门也会提供反馈,分享在实际使用评估体系中的经验和问题。

③调整评估指标：根据收集到的反馈和市场的变化,企业对其评估指标进行了调整。

例如,随着环保要求的提高,企业增加了对供应商环保管理水平的评估指标。

④更新评估标准:针对一些关键指标,企业会定期更新其评估标准,以确保其与当前的市场环境和企业需求相匹配。例如,对于交货准时率这一指标,企业会根据市场平均水平的变化,调整其评估标准。

⑤优化评估流程:为了简化评估流程,企业引入了自动化评估系统,减少了人工操作环节,提高了评估效率。

(3)实施建议。

①保持灵活性:在面对市场变化和供应商状况时,企业应保持评估体系的灵活性,随时准备进行调整。

②加强沟通:与供应商保持良好的沟通,确保他们了解评估体系的变化,并积极配合企业进行调整。

③持续改进:将动态调整评估体系视为一个持续改进的过程,不断寻求改进的机会和方法。

动态调整评估体系是确保供应商评估始终与企业战略目标和实际需求保持一致的关键。通过定期审查、收集反馈、调整评估指标和标准以及优化评估流程,企业可以确保评估体系的准确性和有效性,从而更好地与供应商合作,实现企业的战略目标。

综上所述,建立有效的供应商评估体系是一个持续的过程,需要企业不断地投入精力和资源。通过这一体系,企业可以更加科学、合理地选择和管理供应商,从而为企业的稳健发展奠定坚实基础。

三、企业需要与供应商建立互利共赢的合作关系

在现代商业环境中,企业与供应商之间的合作关系不再是简单的买卖关系,而是需要建立在互利共赢的基础上。这种合作关系不仅有助于提升企业的竞争力和效率,还能够促进供应商的持续发展和创新。以下是关于如何建立这种合作关系的详细讲解:

1. 相互信任与透明度

(1)相互信任。企业与供应商之间应建立基于诚信的合作关系。双方需要相信对方的承诺和意图,避免欺诈行为和隐瞒信息。通过长期的合作和良好的沟通,逐渐建立起深厚的信任基础。

(2)透明度。企业应要求供应商提供清晰、准确的信息,包括产品质量、生产成本、交货期等。同时,企业也应向供应商提供必要的信息,以便供应商更好地理解企业需求和市场状况。

2. 共同制定合作计划

(1)明确责任和义务。企业与供应商应共同制定明确的合作计划,明确双方的责任和义务。这有助于避免合作过程中的误解和冲突,确保合作顺利进行。

(2)满足企业需求。供应商应根据企业的需求和期望来调整其产品和服务。双方可以共同讨论并确定产品质量标准、交货期、售后服务等关键要素。

3. 建立有效的沟通机制

(1)定期沟通。企业应与供应商建立定期沟通机制,如定期召开供应商大会或供应商管理会议,以便及时了解供应商的状况和需求。

(2)问题解决。当合作中出现问题时,双方应积极沟通,共同寻找解决方案。企业应给

予供应商足够的支持和帮助,以确保问题得到及时解决。

4. 共同应对市场挑战

(1)市场分析。企业应与供应商共同分析市场趋势和竞争对手,以便制定更有效的市场策略。双方可以共享市场信息和资源,共同应对市场挑战。

(2)创新合作。企业与供应商可以共同开展研发和创新活动,开发新产品或改进现有产品。这种合作有助于提升企业的竞争力和市场份额。

5. 激励与长期合作

(1)激励机制。企业可以通过设立奖励机制,如优秀供应商评选、长期合作优惠等,来激励供应商提供更好的产品和服务。

(2)长期合作。企业应致力于与供应商建立长期合作关系,避免频繁更换供应商带来的成本和风险。通过长期合作,双方可以共同实现可持续发展和共赢。

综上所述,建立互利共赢的合作关系需要企业与供应商共同努力。通过相互信任、透明度、共同制定合作计划、建立有效沟通机制和共同应对市场挑战等方式,企业可以与供应商建立起稳固的合作关系,实现双方的共同发展和成功。

四、企业需要不断优化供应商关系管理策略

在商业环境中,供应商关系管理(SRM)是企业持续成功和竞争优势的关键因素。然而,随着市场环境的变化和企业自身的发展,这些策略必须不断地适应和优化。以下是关于如何不断优化供应商关系管理策略的详细讲解:

1. 定期审查策略的有效性

(1)评估现有策略:企业应定期评估其供应商关系管理策略的有效性。这包括分析供应商合作的效果、成本效益、交货准时率、产品质量等方面。

(2)识别问题和机会:通过评估,企业可以识别现有策略中的问题、不足和潜在改进机会。

2. 根据实际情况调整和改进

(1)灵活应对变化:随着市场条件和业务需求的变化,企业可能需要调整其供应商关系管理策略。例如,当需求增加时,可能需要增加供应商数量或寻找新的供应商。

(2)持续改进:企业应根据评估结果,对供应商关系管理策略进行持续改进。这可能包括改进供应商选择标准、加强供应商培训、优化合同条款等。

3. 探索新的管理方法和技术

(1)技术创新:随着技术的发展,企业应积极探索新的供应商关系管理方法和技术。例如,利用大数据和人工智能进行供应商分析和选择,提高决策的准确性和效率。

(2)学习最佳实践:企业可以向行业内的领先企业学习最佳实践,了解他们是如何成功管理供应商关系的。这有助于企业找到新的思路和方法,优化其供应商关系管理策略。

4. 持续优化供应链

(1)协同合作:企业应与其供应商建立协同合作的关系,共同优化供应链。通过共享信息、共担风险、共享收益,企业可以与其供应商建立更加紧密的合作关系,提高供应链的效率和竞争力。

(2)风险管理:企业还应关注供应商关系管理中的风险,如供应中断、价格波动等。通过建立风险预警机制、制定应急预案等方式,企业可以降低这些风险对企业运营的影响。

5. 培养专业团队

（1）专业培训。企业应为其供应商关系管理团队提供专业培训，提高他们的专业技能和知识水平。这有助于团队更好地执行供应商关系管理策略，提高管理效率和质量。

（2）激励与考核。企业还应建立合理的激励和考核机制，激励团队成员积极投入工作，提高工作效率。同时，通过定期考核和反馈，企业可以及时发现和解决团队工作中的问题。

综上所述，企业需要不断优化其供应商关系管理策略，以适应不断变化的市场环境和企业自身的发展需求。通过定期审查策略的有效性、根据实际情况调整和改进、探索新的管理方法和技术、持续优化供应链以及培养专业团队等方式，企业可以提高供应商管理的效率和质量，实现与供应商的共赢发展。

总之，供应商关系管理是供应商管理的核心，它关乎企业与供应商之间的合作效果和共赢程度。通过明确供应商关系管理的目标、建立有效的评估体系、与供应商建立互利共赢的合作关系以及不断优化供应商关系管理策略，企业可以更好地与供应商建立和维护良好的合作关系，实现共同发展。

第二节　供应商绩效评价与改进

在供应商关系管理中，对供应商的绩效进行评价与改进是至关重要的环节。本节将深入探讨如何有效地评估供应商的绩效，识别潜在的问题和改进点，以及如何与供应商共同协作，实现持续的绩效提升。通过科学的绩效评价与改进，企业可以确保与供应商的合作更为顺畅，共同创造更大的价值。

本节内容将详细探讨供应商绩效评价与改进的各个方面，帮助您在供应商关系管理中实现更高效的管理和更大的价值。

一、供应商绩效评价概述

供应商绩效评价是一个系统性的过程，它旨在全面、客观地评估供应商在一定时期内的整体表现。这种评估不仅涉及供应商的交货准时率、产品质量、价格水平等传统指标，还包括了供应商的创新能力、售后服务、可持续发展表现等新兴维度。通过这一评价过程，企业能够深入了解供应商的优势和不足，为进一步的合作提供决策依据。

1. 评估目的与意义

（1）识别优势与不足。通过绩效评价，企业可以清晰地了解供应商在哪些方面表现出色，以及在哪些方面需要改进。这有助于企业更好地利用供应商的优势，同时推动供应商进行必要的改进。

（2）建立长期合作关系。通过持续的绩效评价，企业可以与供应商建立更加紧密、稳定的合作关系。这种关系不仅有助于双方之间的信息共享和协同工作，还能够降低交易成本，提高整体竞争力。

（3）实现可持续发展。随着全球对可持续发展的日益关注，企业在选择供应商时也越来越注重其环保、社会责任等方面的表现。通过绩效评价，企业可以筛选出那些在可持续发展方面表现优秀的供应商，共同推动行业的绿色发展。

2. 评估范围与内容

（1）传统评估指标。包括交货准时率、产品质量、价格水平、售后服务等。这些指标直接关系到企业的运营效率和成本，因此一直是供应商绩效评价的重要组成部分。

（2）新兴评估维度。随着市场环境的变化，一些新的评估维度也逐渐受到重视。例如，供应商的创新能力、研发能力、供应链管理能力、财务状况等。这些维度不仅反映了供应商的综合实力，也预示着其未来的发展潜力。

（3）可持续发展表现。越来越多的企业在评估供应商时，开始关注其环保、社会责任等方面的表现。这包括供应商是否遵守环保法规、是否采取节能减排措施、是否关注员工福利等。这些方面的表现不仅关系到企业的社会形象，也对其长期竞争力产生深远影响。

3. 评估方法与流程

（1）设定评估标准。企业需要根据自身的需求和行业特点，设定一套合理、可操作的评估标准。这些标准应该既能够反映供应商的传统表现，又能够涵盖其新兴维度和可持续发展表现。

（2）收集数据与信息。企业需要收集供应商的相关数据和信息，包括历史交易记录、质量检测结果、客户反馈等。这些数据和信息应该真实、可靠，能够客观反映供应商的实际表现。

（3）分析与评价。企业需要对收集到的数据和信息进行深入分析，按照设定的评估标准对供应商的表现进行评价。这一过程需要客观、公正，避免主观偏见和人为干扰。

（4）反馈与改进。企业需要向供应商提供绩效评价结果，并与其进行沟通和反馈。这不仅有助于供应商了解自身的优势和不足，还能够推动其进行必要的改进和提升。

4. 评估的挑战与应对策略

（1）数据收集困难。有时企业可能难以获取完整、准确的供应商数据。为解决这一问题，企业可以与供应商建立数据共享机制，确保数据的及时性和准确性。

（2）评估标准不一致。不同的企业可能对供应商有不同的评估标准。为避免这种情况，企业可以参考行业内的最佳实践或制定统一的评估标准。

（3）主观偏见和人为干扰。在进行供应商绩效评价时，可能会出现主观偏见和人为干扰的情况。为减少这种影响，企业可以采用匿名评价、多人评价等方式，确保评价的客观性和公正性。

总之，供应商绩效评价是一个复杂而重要的过程。通过全面、客观地评估供应商的表现，企业可以更好地了解供应商的优势和不足，为进一步的合作提供决策依据。同时，企业也需要不断优化评估方法和流程，以应对市场环境的不断变化和企业自身的发展需求。

二、供应商绩效评价指标详解

1. 质量指标

质量指标是评估供应商所提供产品或服务质量水平的关键要素。它直接关联到企业的生产效率和客户满意度，因此，在供应商绩效评价中占据重要地位。

（1）合格率。这是衡量供应商产品质量的最基本指标。它表示供应商所提供的产品或服务中，符合质量要求的产品所占的比例。一般来说，合格率越高，说明供应商的产品质量越稳定，可靠性越高。

（2）退货率。这是反映供应商产品质量问题的另一个重要指标。退货率是指由于产品

质量问题导致客户退货的比例。退货率越低,说明供应商的产品质量越好,客户满意度越高。

(3)质量事故率。这一指标用于衡量供应商在生产过程中发生的质量事故的频率。质量事故可能包括产品缺陷、生产过程中的安全问题等。质量事故率越低,说明供应商的质量管理体系越完善,生产过程中的风险控制能力越强。

(4)不良品率。这是指供应商提供的产品中不良品的比例。不良品可能包括次品、废品等。不良品率越低,说明供应商的生产工艺和质量控制能力越强。

(5)质量稳定性。这一指标用于衡量供应商产品质量的稳定性。如果供应商的产品质量波动较大,那么即使其平均质量水平较高,也可能会对企业的生产效率和客户满意度产生负面影响。因此,企业在评估供应商时,应关注其产品质量的稳定性。

为了有效评估这些质量指标,企业通常需要与供应商建立明确的质量标准和检验流程。这包括定期的质量检查、抽样检测以及不良品的处理等方式。同时,企业还应与供应商保持紧密的沟通,及时了解产品质量问题并推动其进行改进。

总的来说,质量指标是评估供应商绩效的核心内容之一。通过全面、客观地评估供应商的产品质量,企业可以确保所采购的产品或服务符合质量要求,从而提高客户满意度和自身竞争力。

2. 交货期指标

交货期指标是用于评估供应商在交货时间方面表现的关键要素。供应商的交货准时率、交货周期等,直接关系到企业的生产计划和客户满意度。以下是关于交货期指标的详细解释:

(1)交货准时率。这一指标衡量的是供应商按时交付产品或服务的比例。准时交货对于企业的生产流程至关重要,因为任何延迟都可能导致生产中断、客户不满或额外的库存成本。交货准时率越高,说明供应商在时间管理上的能力越强,越能满足企业的生产需求。

(2)交货周期。交货周期指的是从订单确认到产品交付所需的时间。这个指标反映了供应商的生产效率和响应速度。较短的交货周期意味着供应商能够更快地满足市场需求,减少企业的等待时间和库存成本。

(3)订单履行率。这一指标用于衡量供应商在接收订单后实际履行的比例。有些供应商可能会接受订单但由于各种原因无法按时交付,导致订单履行率下降。高订单履行率意味着供应商在接受订单后能够高效地完成生产和交付任务。

(4)紧急订单响应能力。当企业面临突发情况或市场需求急剧增加时,可能需要向供应商提出紧急订单。紧急订单响应能力反映了供应商在面对突发情况时的应对能力。优秀的供应商应该能够快速调整生产计划,满足紧急订单的需求。

为了有效评估这些交货期指标,企业通常需要与供应商建立明确的交货期要求和考核机制。这包括与供应商协商合理的交货周期、定期监控供应商的交货准时率以及及时处理交货延误等问题。同时,企业还应与供应商建立紧密的沟通机制,确保在面临紧急情况时能够迅速响应和协调。

总的来说,交货期指标是评估供应商绩效的重要组成部分。通过全面、客观地评估供应商的交货准时率、交货周期等,企业可以确保供应商在时间管理上具备足够的能力,从而保障企业的生产效率和客户满意度。

3. 价格指标

价格指标是评估供应商绩效时不可忽视的一个重要方面。它涉及到供应商提供的产品或服务的成本效益以及价格水平,直接关系到企业的采购成本和整体经济效益。以下是关于价格指标的详细解释:

(1)价格水平。价格水平是指供应商所提供的产品或服务的市场价格定位。企业通常希望与价格水平合理、具有竞争力的供应商合作,以确保采购成本的可控性和市场竞争力。评估价格水平时,企业可以对比市场上的其他供应商价格,进行横向对比,从而判断该供应商的价格是否处于合理水平。

(2)成本效益。成本效益是指供应商在提供产品或服务时所发生的成本与企业所获得的价值之间的比例关系。优秀的供应商应该能够在保证质量的前提下,通过优化生产流程、降低原材料成本等方式,实现成本的有效控制,从而为企业提供更具成本效益的产品或服务。评估成本效益时,企业可以综合考虑供应商的报价、产品质量、交货期等因素,进行综合分析。

(3)价格稳定性。价格稳定性是指供应商在合作期间价格波动的幅度。价格的不稳定可能导致企业采购成本的不确定性,影响企业的财务规划和成本控制。因此,企业希望与价格稳定的供应商合作,以确保采购成本的稳定性。评估价格稳定性时,企业可以关注供应商的历史价格走势、价格调整频率以及价格调整的原因等因素。

(4)报价透明度。报价透明度是指供应商在报价过程中是否提供清晰、详细的成本构成和定价依据。透明的报价有助于企业了解供应商的成本结构和定价策略,从而做出更合理的采购决策。同时,透明的报价也有助于建立企业与供应商之间的信任关系,促进长期合作。

为了有效评估价格指标,企业可以采取以下措施:

①建立完善的供应商报价体系,要求供应商提供详细、透明的成本构成和定价依据;

②定期与供应商进行价格谈判和协商,确保采购成本的合理性和竞争力;

③建立供应商价格数据库,对供应商的历史价格进行记录和分析,以便及时发现价格异常;

④加强与供应商的成本分析和合作,共同寻求降低成本的途径和方法。

总之,价格指标是评估供应商绩效的重要方面之一。通过全面、客观地评估供应商的价格水平、成本效益、价格稳定性和报价透明度等因素,企业可以确保采购成本的合理性和可控性,从而提高整体经济效益和市场竞争力。

4. 服务指标

服务指标在评估供应商绩效时扮演着至关重要的角色。它不仅涉及到供应商在交易过程中的服务态度和专业能力,还直接关系到企业运营的顺畅性和客户满意度。以下是关于服务指标的详细解释:

(1)售后服务。售后服务是衡量供应商服务质量的重要标准之一。优秀的供应商应提供及时、专业的售后服务,包括产品安装、维修、退换货等。这有助于解决客户在使用过程中遇到的问题,提高客户满意度,并增强企业与供应商之间的合作关系。

(2)技术支持。技术支持是供应商服务质量的另一个关键方面。供应商应能提供高效、专业的技术支持,解决客户在使用产品或服务过程中遇到的技术难题。这有助于确保客户能够充分利用供应商的产品或服务,提高运营效率。

(3)响应速度。响应速度是指供应商在接到客户请求或问题时,能够迅速给予回应和处理的速度。快速的响应有助于减少客户的等待时间,提高客户满意度。企业应关注供应商在处理紧急问题时的反应速度和解决问题的能力。

(4)服务态度。服务态度是指供应商在服务过程中表现出的态度和行为。供应商应具备良好的服务意识和职业素养,以友好、耐心的态度对待客户,积极解决客户的问题和需求。

(5)定制化服务。根据企业的特殊需求,供应商是否能提供定制化的服务也是评估服务指标的一个重要方面。这包括根据企业的特定要求调整产品或服务,以及提供个性化的解决方案。

为了有效评估服务指标,企业可以采取以下措施:

①设定明确的服务标准和期望,与供应商进行充分的沟通,确保双方对服务要求有共同的理解;

②定期对供应商的服务质量进行评估和反馈,鼓励供应商不断改进和提高服务水平;

③建立有效的沟通渠道和机制,确保企业与供应商之间能够及时、顺畅地交流问题和需求;

④在合同中明确服务条款和违约责任,确保供应商在服务方面能够履行承诺。

综上所述,服务指标是评估供应商绩效时不可忽视的一个重要方面。通过全面、客观地评估供应商的售后服务、技术支持、响应速度、服务态度和定制化服务能力等因素,企业可以确保与供应商建立长期、稳定的合作关系,提高客户满意度和整体运营效率。

5. 创新能力

在快速变化的市场环境中,供应商的创新能力和技术水平对于企业的竞争力和长期发展至关重要。创新能力不仅反映了供应商对市场趋势的敏锐洞察,还体现了其技术实力和发展潜力。以下是关于创新能力指标的详细解释:

(1)研发投入:研发投入是衡量供应商创新能力的重要指标之一。企业应关注供应商在研发方面的投入力度,包括研发经费占比、研发人员数量及素质等。高研发投入通常意味供应商拥有更强的技术实力和创新能力。

(2)新产品开发:新产品开发能力是评估供应商创新能力的重要依据。企业应关注供应商是否能够根据市场需求和技术趋势,不断推出具有竞争力的新产品。这有助于企业保持市场领先地位,满足消费者不断变化的需求。

(3)技术更新速度:技术更新速度反映了供应商在技术领域的发展速度和适应能力。企业应关注供应商在技术更新方面的表现,包括技术升级周期、技术更新频率等。快速的技术更新有助于企业保持技术领先地位,应对激烈的市场竞争。

(4)知识产权保护:知识产权保护是评估供应商创新能力的另一个重要方面。企业应关注供应商在知识产权保护和成果转化方面的表现,包括专利申请数量、专利授权情况、技术成果转化能力等。这有助于确保企业的技术安全和市场竞争力。

(5)定制化解决方案:根据企业的特殊需求,供应商是否能提供定制化的解决方案也是评估创新能力的一个重要方面。这包括根据企业的特定要求研发新产品或改进现有产品,以及提供个性化的技术支持和服务。

为了有效评估供应商的创新能力,企业可以采取以下措施:

①与供应商建立长期稳定的合作关系,共同开展研发和技术创新活动;

②鼓励供应商加大研发投入,提高技术实力和创新能力;

③定期与供应商交流技术发展趋势和市场变化,共同探索新的合作机会;

④在合同中明确知识产权保护和技术保密条款,确保企业的技术安全;

⑤对供应商的新产品开发和技术更新进行定期评估,确保其符合企业的需求和期望。

综上所述,创新能力是评估供应商绩效时不可忽视的一个重要方面。通过全面、客观地评估供应商的研发投入、新产品开发、技术更新速度、知识产权保护以及定制化解决方案能力等因素,企业可以确保与具有创新能力和技术实力的供应商建立长期合作关系,共同应对不断变化的市场需求,保持竞争优势并实现可持续发展。

三、供应商绩效评价方法

1. 历史绩效评价

历史绩效评价是一种基于供应商过去一段时间的表现来进行评估的方法。它通过对供应商过去的行为、成绩和记录进行分析,以了解供应商的稳定性和可靠性,从而预测其未来的表现。历史绩效评价有助于企业在选择供应商时做出明智的决策,降低合作风险。

(1)在进行历史绩效评价时,企业可以关注以下几个方面。

①交货准时率。评估供应商在过去一段时间内交货的准时程度。交货准时率高的供应商通常具有良好的生产管理和协调能力,能够确保按时交付产品。

②产品质量合格率。分析供应商过去的产品质量合格率,了解其产品质量的稳定性和可靠性。高质量的产品有助于减少企业的售后成本和客户投诉。

③服务水平。评估供应商在售后服务、技术支持等方面的表现。良好的服务水平有助于提高客户满意度和忠诚度。

④价格稳定性。分析供应商过去的价格变动情况,了解其价格策略的合理性和稳定性。稳定的价格有助于企业控制成本并避免价格波动带来的风险。

(2)为了有效进行历史绩效评价,企业可以采取以下措施。

①收集历史数据。收集供应商过去一段时间内的交货记录、产品质量检测报告、服务反馈等信息,确保评价依据充分。

②建立评价标准。根据企业的需求和期望,制定明确的历史绩效评价标准和指标体系,以便对供应商的表现进行客观评估。

③定期更新数据。定期更新供应商的历史数据,确保评价依据的时效性和准确性。

④对比分析。将供应商的历史数据与行业标准、竞争对手的供应商数据等进行对比分析,以更全面地了解供应商的表现水平。

⑤持续改进。根据历史绩效评价结果,与供应商共同制定改进措施,提高其未来的表现水平。

需要注意的是,历史绩效评价虽然重要,但也不能完全依赖过去的表现来预测未来。市场环境、技术进步等因素都可能影响供应商的未来表现。因此,企业在进行供应商绩效评价时,还应结合其他方法,如现场考察、能力评估等,以更全面地了解供应商的实力和潜力。

综上所述,历史绩效评价是一种基于供应商过去表现进行评估的方法,通过对交货准时率、产品质量合格率、服务水平和价格稳定性等方面的分析,企业可以了解供应商的稳定性和可靠性,为选择合适的供应商提供重要参考依据。同时,企业也应结合其他评价方法,

确保全面、客观地评估供应商的表现。

2. 实时监控

实时监控是一种积极主动的供应商绩效评价方法,它要求企业对供应商的供货情况、质量数据等进行持续、实时的监测和分析。通过实时监控,企业可以及时发现潜在问题,并迅速采取措施进行纠正,从而确保供应链的稳定性和高效性。

（1）实时监控的主要优势包括：

①及时发现问题:通过对供应商供货情况、质量数据等进行实时监控,企业可以迅速发现任何异常情况或潜在问题,如交货延误、质量问题等。

②快速响应:一旦发现问题,企业可以立即与供应商沟通,并采取相应的措施进行纠正,避免问题进一步扩大或对企业运营造成不良影响。

③降低风险:实时监控可以帮助企业及时发现供应链中的风险点,并采取预防措施进行风险管理,降低潜在损失。

（2）在实施实时监控时,企业需要注意以下几点：

①明确监控指标:企业应根据自身需求和业务特点,明确需要监控的指标,如交货时间、产品质量合格率、库存水平等。

②建立监控机制:企业应建立有效的监控机制,包括数据采集、分析、报告等环节,确保监控数据的准确性和及时性。

③定期评估:企业应对实时监控的效果进行定期评估,分析监控数据的趋势和变化,以便及时调整监控策略。

④与供应商合作:实时监控需要供应商的配合和支持。企业应与供应商建立良好的沟通机制,共同制定监控方案,确保监控工作的顺利进行。

此外,随着技术的发展,企业可以利用先进的供应链管理软件和信息系统来实现实时监控。这些系统可以自动采集和分析供应商的数据,提供实时报告和预警功能,帮助企业更好地进行供应商绩效评价和风险管理。

总之,实时监控是一种有效的供应商绩效评价方法,它可以帮助企业及时发现问题、快速响应并降低风险。通过实施实时监控,企业可以确保供应链的稳定性和高效性,提高整体运营水平。同时,企业也需要与供应商建立良好的合作关系,共同推动供应链的优化和发展。

3. 定期评价

定期评价是一种结构化和系统性的方法,用于全面评估供应商的绩效。这种方法通常涉及对供应商在一定时期内的表现进行深入的审查和分析,以便发现潜在问题并寻求解决方案。定期评价有助于确保供应商始终符合企业的期望和标准,并为企业与供应商之间的持续合作提供基础。

（1）定期评价的主要优点包括以下几点。

①全面评估:通过定期评价,企业可以对供应商的各个方面进行全面的评估,包括产品质量、交货准时性、服务水平、价格竞争力等。

②问题识别:定期评价能够帮助企业及时发现供应商存在的问题,如生产流程中的瓶颈、质量问题、管理不善等。

③改进激励:定期评价的结果可以作为激励供应商改进的依据。通过向供应商提供反馈和建议,企业可以鼓励其进行必要的改进,提高整体绩效。

（2）在实施定期评价时，企业需要注意以下几点。

①制定评价标准：企业应制定明确的评价标准，确保评价过程客观、公正和可衡量。这些标准应基于企业的需求和期望，并与供应商共同确定。

②收集数据和信息：为了确保评价的准确性，企业需要收集全面、准确的数据和信息。这包括来自供应商的报告、交货记录、质量检验结果等。

③实施评价：企业应按照制定的评价标准和方法，对供应商进行全面的评价。评价过程应客观、公正，避免主观偏见。

④反馈与沟通：评价完成后，企业应及时向供应商提供反馈，明确指出存在的问题和改进方向。同时，企业应与供应商保持沟通，共同制定改进措施和时间表。

⑤持续改进：定期评价不应仅仅是一次性的活动，而应成为持续改进的过程。企业应定期对供应商进行再评价，以评估改进措施的有效性，并根据需要进行调整。

总之，定期评价是一种重要的供应商绩效评价方法，有助于企业全面了解供应商的绩效表现，及时发现并解决问题。通过实施定期评价，企业可以确保供应商始终符合企业的期望和标准，促进供应链的稳定性和高效性。同时，企业应与供应商保持良好的沟通和合作关系，共同推动持续改进和发展。

4. 综合评价

综合评价是一种全面、客观的供应商绩效评价方法，它不仅仅关注单一的性能指标，而是综合考虑多个因素，从而对供应商的整体表现进行更全面、更准确的评估。这种方法旨在为企业提供一个全面的视角，以了解供应商在不同领域的表现，从而做出更明智的决策。

（1）在综合评价中，企业通常会考虑以下因素。

①质量：包括产品质量、过程质量和质量控制能力等，以确保供应商能够提供高质量的产品和服务。

②成本：考虑供应商提供的产品或服务的价格，以确保其与企业的预算和成本目标相符。

③交货期：评估供应商的交货准时性和可靠性，以确保供应链的稳定运行。

④服务：考虑供应商在售后支持、问题解决和客户关系管理等方面的表现。

⑤技术能力和创新：评估供应商在技术研发、产品创新和生产工艺改进等方面的能力。

⑥可持续性：考虑供应商在环境保护、社会责任和可持续发展方面的表现。

（2）为了进行综合评价，企业可以采用以下方法。

①权重分配：根据各因素的重要性和影响程度，为它们分配不同的权重。这有助于确保评价结果的客观性和准确性。

②评分制度：为每个因素制定评分标准，以便对供应商的表现进行量化评估。这可以基于历史数据、行业标准和最佳实践等。

③数据收集和分析：收集有关供应商在各个因素方面的数据和信息，并进行深入分析。这可以通过问卷调查、实地考察、供应商报告等方式进行。

④结果解释和应用：根据综合评价结果，对供应商的整体表现进行解释和评估。这有助于企业了解供应商的优势和劣势，从而制定相应的策略和计划。

（3）实施综合评价时，企业需要注意以下几点。

①保持客观性：在评价过程中，企业应确保客观公正，避免主观偏见和情感因素。

②持续改进：综合评价不是一次性的活动，而应成为持续改进的过程。企业应根据评

价结果调整供应商选择和管理策略,并定期对供应商进行再评价。

③加强沟通与合作:综合评价结果应与供应商进行分享和沟通,以鼓励其改进和提高绩效。同时,企业应与供应商加强合作,共同实现供应链的优化和协同发展。

综上所述,综合评价是一种全面、客观的供应商绩效评价方法,它能够帮助企业全面了解供应商在不同领域的表现,并做出更明智的决策。通过实施综合评价,企业可以确保与优秀的供应商建立长期稳定的合作关系,促进供应链的持续发展和竞争优势的提升。

四、供应商绩效改进

1. 针对供应商存在的问题,提出改进意见和建议,并制定改进计划

供应商绩效改进是一个持续的过程,旨在识别和解决供应商存在的问题,以提高其整体绩效。这不仅有助于增强供应链的可靠性和效率,还可以促进企业与供应商之间的长期合作关系。以下是针对供应商绩效改进的具体步骤和建议:

(1)问题识别。

①对供应商绩效评价的结果进行深入分析,识别存在的关键问题,如质量问题、交货延迟、服务不佳等。

②通过与供应商沟通、实地考察或第三方审计等方式,进一步确认和了解问题的具体原因。

(2)提出改进意见和建议。

①根据问题识别的结果,结合行业经验和最佳实践,向供应商提出具体的改进意见和建议。

②改进意见可以包括改进生产流程、提升质量控制水平、加强员工培训、优化物流管理等方面。

③建议应具有可行性和可操作性,同时考虑到供应商的实际能力和资源限制。

(3)制定改进计划。

①与供应商共同制定详细的改进计划,包括改进目标、时间表、责任人、所需资源等。

②确保改进计划具有明确的时间节点和可衡量的指标,以便于跟踪和评估改进效果。

③计划中还应包括风险评估和应对措施,以应对可能出现的意外情况。

(4)实施与跟踪。

①监督供应商按照改进计划进行实施,确保各项改进措施得到有效执行。

②定期对改进计划的执行情况进行跟踪和评估,收集相关数据和信息,以便于了解改进效果。

(5)反馈与调整。

①根据跟踪评估的结果,及时向供应商提供反馈,指出存在的问题和不足。

②根据实际情况和需要,对改进计划进行调整和优化,以确保达到预期的改进目标。

(6)持续合作与支持。

①在改进过程中,企业应与供应商保持密切合作和沟通,共同解决问题和面对挑战。

②企业可以提供必要的技术支持、培训资源或市场信息等,帮助供应商提升其能力和绩效。

（7）定期再评价。

①在改进计划实施一段时间后，对供应商进行再次评价，以评估改进效果。

②根据再评价的结果，决定是否继续实施改进计划或调整改进策略。

通过以上步骤和建议，企业可以针对供应商存在的问题制定有效的改进计划，并推动供应商不断提升其绩效水平。这不仅有助于提升整个供应链的竞争力和稳定性，还可以促进企业与供应商之间的长期合作和共同发展。

2. 定期跟踪改进进度，确保改进措施得到有效执行

定期跟踪供应商的改进进度是确保改进措施得到有效执行的关键环节。这不仅有助于及时发现问题和偏差，还能促使供应商保持持续改进的动力。以下是关于如何定期跟踪改进进度的建议：

（1）设定明确的跟踪频率。根据改进计划的复杂性和紧迫性，设定合适的跟踪频率。对于紧急或重要的改进措施，可能需要更频繁的跟踪；而对于长期或不太紧急的改进措施，可以适当减少跟踪频率。

（2）建立有效的沟通机制。

①与供应商建立定期沟通机制，如月度或季度会议，以便双方能够及时分享改进进度、讨论遇到的问题和寻求解决方案。

②利用电子邮件、电话或视频会议等通信工具，确保沟通渠道的畅通无阻。

（3）制定详细的跟踪清单。

①根据改进计划，制定详细的跟踪清单，包括各项改进措施的具体执行情况、完成进度、遇到的问题等。

②通过跟踪清单，可以清晰地了解哪些措施已经得到有效执行，哪些措施还需要进一步关注和改进。

（4）实地考察与验证。当条件允许时，安排实地考察以验证供应商的改进进度和效果。这有助于发现可能存在的问题和偏差，并提供现场指导和支持。

（5）激励与约束相结合。

①对于在改进过程中表现出色的供应商，可以给予一定的激励，如订单增加、付款条款优惠等。这有助于激发供应商的改进动力。

②同时，对于未能按时或按质完成改进措施的供应商，可以采取一定的约束措施，如警告、罚款或暂停合作等。这有助于确保供应商认真对待改进措施。

（6）及时调整改进计划。在跟踪过程中，如果发现原计划存在不合理或不可行之处，应及时与供应商沟通并调整改进计划。这有助于确保改进措施更加符合实际情况和需求。

通过定期跟踪供应商的改进进度，企业可以及时发现并解决问题，确保改进措施得到有效执行。这有助于提升供应商的绩效水平，进而提升整个供应链的竞争力和稳定性。

3. 与供应商保持沟通，共同协作，促进持续改进

与供应商保持有效沟通并共同协作是实现供应商绩效持续改进的关键因素。通过积极的沟通和协作，可以建立互信关系，明确改进方向，共享资源，以及解决可能出现的问题。以下是促进与供应商沟通协作的具体措施：

（1）确立明确的沟通渠道。

①确定有效的沟通方式，如定期会议、电话、电子邮件或视频会议等，确保双方信息畅通。

②建立专门负责与供应商沟通的内部团队或指定专人,确保沟通的专业性和连续性。

(2)共享信息与期望。

①定期向供应商传达公司的战略目标和市场需求,使其了解公司的期望和要求。

②分享公司的业绩数据、市场趋势和竞争情况,帮助供应商更好地理解公司的挑战和机遇。

(3)共同制定改进目标。

①与供应商一起讨论并明确绩效改进的目标和具体指标,确保双方对改进方向有共同的理解。

②鼓励供应商提出改进建议,充分利用其专业知识和经验,共同制定改进措施。

(4)提供技术支持与培训。

①向供应商提供必要的技术支持和培训,帮助其提升产品质量、生产效率和创新能力。

②分享行业最佳实践和新技术应用,激发供应商的创新思维,推动持续改进。

(5)及时处理问题与反馈。

①建立有效的反馈机制,鼓励供应商及时报告问题和挑战,以便双方共同解决。

②对供应商提出的改进建议和反馈给予积极的回应,及时调整改进措施,确保持续改进的顺利进行。

(6)激励与认可。

①对于在改进过程中表现出色的供应商,给予明确的激励和认可,如订单增加、付款条款优惠或颁发奖项等。

②通过公开表彰和内部宣传,提升供应商持续改进的积极性和动力。

通过持续的沟通协作,企业与供应商可以建立稳固的合作关系,共同应对市场挑战,实现持续改进和共同成长。这有助于提升整个供应链的竞争力和可持续发展能力。

4.建立有效的激励机制,鼓励供应商主动改进,提高整体绩效水平

为了激发供应商主动改进并提高其整体绩效水平,建立有效的激励机制至关重要。这不仅可以增强供应商的合作意愿,还能促进供应链的整体优化和竞争力提升。以下是建立有效激励机制的关键步骤:

(1)明确绩效标准与期望。

①首先,与供应商明确绩效改进的具体标准和期望,包括质量、交货期、成本、服务等多个方面。

②确保双方对绩效目标有清晰、共同的理解,为后续的激励措施提供明确的依据。

(2)设计激励方案。

①根据供应商的绩效表现,设计相应的激励方案。这可以包括财务激励(如订单增加、付款条件优惠、奖金等)和非财务激励(如荣誉证书、公开表彰、业务合作机会等)。

②确保激励方案既具有吸引力,又能与供应商的改进目标紧密相关。

(3)公平、透明的评估与反馈。

①建立公平、透明的评估机制,定期对供应商的绩效进行评估,确保评估结果客观、公正。

②及时向供应商提供反馈,指出其优点和不足,并鼓励其持续改进。

(4)奖励与认可。

①对于在绩效改进方面取得显著成果的供应商,给予明确的奖励和认可。这可以激发

供应商的积极性和创新精神,进一步推动其主动改进。

②通过内部宣传、公开表彰等方式,提升供应商在行业内的声誉和影响力。

(5)持续沟通与协作。

①与供应商保持持续、深入的沟通,了解其需求和困难,共同制定改进措施。

②通过共享资源、技术支持和培训等方式,帮助供应商提高其能力和竞争力。

(6)动态调整与优化。

①根据市场变化和供应商的实际表现,动态调整激励机制和改进目标。

②不断优化激励方案,确保其始终与供应商的实际需求和期望保持一致。

通过建立有效的激励机制,企业可以激发供应商主动改进的动力,推动供应链整体绩效水平的提升。这有助于建立长期稳定的合作关系,实现供应链的优化和可持续发展。

5. 对供应商进行培训和辅导,提升其能力和水平,促进长期合作关系的建立和发展

为了促进供应商的长期合作和共同发展,对其进行培训和辅导是一项至关重要的任务。这不仅能够帮助供应商提升能力和水平,还能够加强双方之间的合作关系,实现互利共赢。以下是针对供应商培训和辅导的具体建议:

(1)识别培训需求。

①首先,深入了解供应商的具体情况和需求,包括其在生产、管理、技术等方面存在的短板和问题。

②通过与供应商沟通,共同确定培训的重点和目标,确保培训内容与实际需求紧密结合。

(2)设计培训计划。

①根据供应商的需求和实际情况,制定详细的培训计划,包括培训时间、地点、内容、方式等。

②培训内容应涵盖技术、管理、质量控制、安全生产等多个方面,帮助供应商全面提升其能力和水平。

(3)实施培训。

①安排经验丰富的专业人员进行培训,确保培训质量。

②采用多种培训方式,如现场指导、在线培训、研讨会等,以适应不同供应商的需求。

(4)跟踪辅导与评估。

①在培训结束后,对供应商进行定期的跟踪辅导,确保其能够真正掌握所学内容,并在实际工作中加以应用。

②定期对供应商的绩效进行评估,了解培训效果,并根据评估结果调整培训计划。

(5)建立长期合作关系。

①通过培训和辅导,帮助供应商逐步提高其能力和水平,增强其竞争力,从而促进长期合作关系的建立和发展。

②在合作过程中,保持与供应商的密切沟通,及时解决问题,共同应对市场变化和挑战。

总之,对供应商进行培训和辅导是促进长期合作关系建立和发展的关键措施。通过这一过程,不仅能够提升供应商的能力和水平,还能够加强双方之间的信任和合作,实现共赢发展。

第三节　供应商风险管理及应对措施

在供应商关系管理中,除了对供应商的绩效进行评价与改进,对供应商的风险进行有效的识别和管理同样至关重要。本节将深入探讨供应商风险管理的内涵、识别方法以及应对措施,帮助企业建立健全的供应商风险管理体系,降低潜在风险,确保供应链的稳定与安全。

一、供应商风险管理的内涵

供应商风险管理,作为供应商关系管理中的一个核心组成部分,其重要性不容忽视。它主要关注的是识别、评估和控制供应商可能给企业带来的各种潜在风险。这些风险可能来自多个方面,包括但不限于供应商的运营状况、供货能力、产品质量、价格波动等。

1. 风险识别

在供应链管理中,供应商风险管理是非常关键的一环。而风险识别则是这一管理过程的首要步骤。风险识别要求企业对供应商进行全面的分析,从而及时发现潜在的风险点,为后续的风险评估和控制打下基础。

(1)风险识别的定义与重要性。

风险识别是对供应链中潜在的风险因素进行识别、分类和定性的过程。它的重要性在于:

①预警作用:通过风险识别,企业可以在风险发生前进行预警,从而提前采取应对措施。

②决策支持:为企业的决策提供支持和依据,帮助企业制定更为合理的供应商选择和管理策略。

③风险控制:通过识别风险,企业可以更有效地控制风险,减少潜在损失。

(2)如何进行风险识别。

①资料收集:收集供应商的各类资料,如财务报表、技术文档、生产设施照片等。

②实地考察:对供应商的生产现场、质量控制环节等进行实地考察,了解其实际运营情况。

③沟通交流:与供应商的管理层、技术人员、生产人员等进行深入交流,了解他们的想法和看法。

④外部信息获取:通过行业协会、专业机构等渠道,获取关于供应商的外部评价、行业趋势等信息。

【实例】　某大型制造企业 A 在与其主要供应商 B 合作过程中,进行了风险识别。

①资料收集:A 企业收集了 B 供应商近三年的财务报表,发现其资产负债率逐年上升,流动性有所减弱。

②实地考察:A 企业派出了由采购、质量、技术等部门组成的团队对 B 供应商的生产现场进行了实地考察。发现部分生产设备老化,且质量控制环节存在不足。

③沟通交流:A 企业与 B 供应商的管理层和技术人员进行了深入交流。了解到 B 供应商近期正在面临资金压力和技术升级的挑战。

④外部信息获取:A 企业还通过行业协会了解到,B 供应商所处的行业正面临原材料价

格上涨、环保政策收紧等多重压力。

（3）风险识别结果。

经过上述的风险识别过程，A企业识别出B供应商存在以下潜在风险：

①财务风险：资产负债率上升，流动性减弱，可能面临资金压力。

②生产风险：部分生产设备老化，可能影响生产效率和产品质量。

③技术风险：B供应商面临技术升级的挑战，可能无法满足A企业未来的技术需求。

④行业风险：原材料价格上涨、环保政策收紧等行业变化可能对B供应商的经营造成不利影响。

（4）后续行动。

基于上述风险识别结果，A企业可以采取以下措施进行风险控制：

①加强财务监控：定期收集和分析B供应商的财务数据，确保其财务状况稳定。

②技术支持：为B供应商提供必要的技术支持，帮助其完成技术升级。

③合同条款调整：在采购合同中增加关于财务风险、生产风险等的应对条款，确保A企业的利益不受损害。

④多元化供应：考虑与其他供应商建立合作关系，以减少对B供应商的依赖。

风险识别是供应商风险管理的关键环节。通过深入了解供应商的实际情况，企业可以及时发现潜在的风险点，为后续的风险评估和控制打下基础。在实际操作中，企业应结合自身的业务特点和供应商的实际情况，灵活运用各种方法进行风险识别。

2. 风险评估

在供应商风险管理中，风险评估是一个至关重要的环节。它是在风险识别的基础上，对识别出的风险点进行深入分析，评估这些风险对企业运营和供应链稳定性的影响程度。通过风险评估，企业可以更加清晰地了解风险的性质、发生概率以及可能造成的损失，从而制定相应的风险应对措施。

（1）风险评估的定义与重要性。

风险评估是对已识别的风险进行量化和定性的过程，目的是确定风险的大小、发生的可能性和对企业的影响程度。其重要性在于：

①明确风险大小：通过评估，企业可以明确风险的大小和重要性，从而确定优先处理的风险。

②指导决策：评估结果可以为企业的决策提供数据支持，帮助企业制定更为合理的风险管理策略。

③风险预警：对于可能带来较大影响的风险，评估结果可以为企业提供预警，提前进行准备。

（2）如何进行风险评估。

①收集数据：收集与风险点相关的数据，包括历史数据、行业数据、专家意见等。

②定性分析：对风险点进行定性描述，如风险的性质、来源、影响范围等。

③定量分析：利用概率-影响分析、风险矩阵等方法，对风险的发生概率和影响程度进行量化评估。

④确定风险等级：结合定性和定量分析的结果，确定风险的大小和重要性，划分风险等级。

【实例】 继续沿用之前的供应商B的例子，A企业对其进行了风险评估。

①收集数据:A 企业收集了 B 供应商近三年的交货准时率、产品质量合格率、订单满足率等数据。同时,还收集了行业内的类似供应商的相关数据作为对比。

②定性分析:A 企业认为 B 供应商面临的主要风险包括财务风险、生产风险、技术风险和行业风险。其中,财务风险可能导致 B 供应商无法按时交货或提供高质量的产品;生产风险和技术风险可能影响 B 供应商的生产效率和产品质量;行业风险则可能对 B 供应商的整体经营造成不利影响。

③定量分析:A 企业利用风险矩阵对识别出的风险进行量化评估。具体来说,将风险的发生概率和影响程度分别划分为高、中、低三个等级,然后根据组合情况确定风险的大小和重要性。例如,对于财务风险,A 企业认为其发生概率较高,且一旦发生将对 A 企业造成较大影响,因此将其评估为高风险。

④确定风险等级:根据定性和定量分析的结果,A 企业确定了 B 供应商面临的风险等级。其中,财务风险和技术风险被评为高风险,生产风险被评为中风险,行业风险被评为低风险。

(3)风险评估结果。

经过上述的风险评估过程,A 企业得出以下结论:

①高风险:B 供应商的财务风险和技术风险较高,需要重点关注和应对。

②中风险:B 供应商的生产风险处于中等水平,需要采取一定的措施进行管理和控制。

③低风险:虽然行业风险存在,但对 B 供应商的整体经营影响较小,可以进行常规的监控和管理。

(4)后续行动。

基于上述风险评估结果,A 企业可以采取以下措施进行风险管理:

①加强财务监控:针对高风险的财务风险,A 企业可以加强对 B 供应商的财务监控,定期收集和分析其财务数据,确保其财务状况稳定。

②技术支持与合作:针对高风险的技术风险,A 企业可以为 B 供应商提供必要的技术支持,帮助其完成技术升级。同时,双方可以加强技术合作,共同研发新产品和技术。

③改进生产管理:针对中风险的生产风险,A 企业可以与 B 供应商共同制定改进生产管理的措施,如优化生产流程、提高生产效率等。

④行业趋势监控:虽然行业风险被评为低风险,但 A 企业仍需要保持对行业趋势的监控,以便及时调整供应链策略。

风险评估是供应商风险管理的关键环节。通过对识别出的风险点进行深入分析,企业可以评估这些风险对企业运营和供应链稳定性的影响程度。在实际操作中,企业应结合自身的业务特点和供应商的实际情况,灵活运用定性和定量相结合的方法进行风险评估,以确保评估结果的准确性和可靠性。同时,企业还需要根据评估结果制定相应的风险管理措施,以应对潜在的风险挑战。

3. 风险控制

风险控制是供应商风险管理的核心环节,它涉及到如何采取有效措施来降低、转移或避免已识别和评估的风险。风险控制的目标是在确保供应链稳定性和企业运营安全的前提下,最小化风险对企业的影响。

(1)风险控制的重要性。

①保障供应链稳定性:通过风险控制,企业可以确保供应链的顺畅运作,避免因供应商

风险导致的生产中断或延迟。

②维护企业声誉:及时控制供应商风险有助于维护企业的声誉和品牌形象,避免因产品质量问题或交货延迟而损害企业信誉。

③降低经济损失:通过有效的风险控制措施,企业可以降低因供应商风险导致的经济损失,如退货、赔偿等。

(2)风险控制措施。

①合同条款约束:与供应商签订更严格的合同条款,明确双方的权利和义务,约定违约责任和赔偿机制。例如,可以加入质量保证金条款,要求供应商在一定期限内提供质量保证金,以确保产品质量。

②质量管理与监督:建立严格的质量管理体系,对供应商的产品进行定期抽检和全面检测,确保产品质量符合企业要求。同时,加强对供应商生产过程的监督,确保其按照约定的标准和流程进行生产。

③多元化采购策略:避免过度依赖单一供应商,通过多元化采购策略降低供应链风险。与多个供应商建立合作关系,确保在某一供应商出现问题时能够及时切换到其他供应商。

④供应链协同管理:与供应商建立紧密的合作关系,共同应对市场变化和风险挑战。通过信息共享、协同研发等方式,提高供应链的灵活性和响应速度。

⑤应急预案制定:针对可能出现的供应商风险,制定详细的应急预案。包括备选供应商的选择、库存调配、生产计划调整等措施,确保在风险发生时能够及时应对。

【实例】 某电子产品制造企业 A 在其供应链中面临供应商 C 的交货不稳定风险。为了控制这一风险,A 企业采取了以下措施:

①合同条款约束:A 企业与 C 供应商在合同中明确约定了交货时间、质量标准和违约责任。同时,A 企业要求 C 供应商提供一定金额的质量保证金,以确保产品质量的稳定性。

②质量管理与监督:A 企业建立了严格的质量管理体系,对 C 供应商的产品进行定期抽检和全面检测。一旦发现质量问题,A 企业会及时与 C 供应商沟通并协助其进行整改。此外,A 企业还加强对 C 供应商生产过程的监督,确保其按照约定的标准和流程进行生产。

③多元化采购策略:为了降低对 C 供应商的依赖程度,A 企业开始与多家其他供应商建立合作关系。这些供应商在产品质量和交货稳定性方面都有良好的表现。通过与多家供应商的合作,A 企业能够更好地应对单一供应商出现的风险问题。

④供应链协同管理:A 企业与 C 供应商建立了紧密的合作关系,共同应对市场变化和风险挑战。双方定期召开沟通会议,分享市场信息和生产计划,确保供应链的顺畅运作。同时,A 企业还协助 C 供应商进行技术升级和生产流程优化,提高其生产效率和产品质量稳定性。

⑤应急预案制定:针对 C 供应商可能出现的交货不稳定风险,A 企业制定了详细的应急预案。包括备选供应商的选择、库存调配、生产计划调整等措施。一旦 C 供应商出现问题,A 企业能够迅速切换到备选供应商并调整生产计划,确保生产线的连续运作。

(3)风险控制效果评估。

实施风险控制措施后,企业需要对控制效果进行评估。这可以通过定期的风险评估、供应商绩效评估等方式进行。评估结果将为企业提供反馈,帮助企业了解风险控制措施的有效性,并根据实际情况进行调整和优化。

风险控制是供应商风险管理的关键环节。通过制定和实施有效的风险控制措施,企业

可以降低供应商风险对企业运营和供应链稳定性的影响。在实际操作中,企业应根据自身的业务特点和供应商的实际情况选择合适的控制措施,并持续优化和改进风险管理体系,以确保供应链的安全和稳定。

4. 风险监控与调整

风险监控与调整是供应商风险管理的持续过程,它要求企业在实施风险控制措施后,持续关注供应商的风险状况,并根据实际情况进行调整和优化。通过风险监控与调整,企业可以确保风险控制措施的有效性,并及时应对新出现的风险点。

(1)风险监控的重要性。

①及时发现风险:通过定期监控供应商的风险状况,企业可以及时发现潜在的风险点,避免风险扩大或转化为实际损失。

②评估风险控制效果:风险监控有助于企业评估已实施的风险控制措施的效果,了解风险控制措施是否达到预期目标。

③应对市场变化:市场环境的变化可能对供应商的风险状况产生影响。通过风险监控,企业可以及时捕捉这些变化,并采取相应的应对措施。

(2)风险监控与调整的方法。

①定期评估:企业应定期对供应商的风险状况进行评估,包括质量、交货期、价格等方面的风险。评估结果可以作为调整风险控制措施的依据。

②建立风险预警机制:通过建立风险预警机制,企业可以在风险达到一定程度时及时发出预警,提醒相关部门采取应对措施。

③信息共享与沟通:加强与供应商的信息共享和沟通,及时了解供应商的生产、质量、交货等方面的信息,以便及时发现和解决风险问题。

④灵活调整风险控制措施:根据市场环境和供应商实际情况的变化,企业需要灵活调整风险控制措施,确保其始终有效。

【实例】　某服装企业 B 在与供应商 D 合作过程中,实施了严格的风险控制措施。然而,随着市场需求的不断变化和供应商 D 自身状况的调整,B 企业发现原有的风险控制措施在某些方面已经不能很好地适应实际情况。为了应对这一问题,B 企业采取了以下措施进行风险监控与调整:

①定期评估:B 企业每季度对供应商 D 的风险状况进行评估,包括产品质量、交货期、价格等方面的风险。评估结果显示,供应商 D 在产品质量方面表现良好,但在交货期方面存在一定风险。

②建立风险预警机制:B 企业设立了交货期风险预警线,当供应商 D 的交货期连续两次超过约定时间时,预警机制会发出警告,提醒 B 企业及时与供应商 D 沟通并采取应对措施。

③信息共享与沟通:B 企业加强与供应商 D 的信息共享和沟通,定期召开供应商会议,了解供应商 D 的生产、质量、交货等方面的信息。通过这种方式,B 企业及时发现并解决了一些潜在的风险问题。

④灵活调整风险控制措施:针对供应商 D 在交货期方面的风险,B 企业与其协商并调整了交货计划和订单分配,以降低交货期风险。同时,B 企业还增加了对供应商 D 的库存检查频率,确保其库存水平符合约定要求。

（3）风险监控与调整的效果。

通过实施风险监控与调整措施，B企业成功降低了供应商D的风险对企业运营的影响。供应商D的交货期得到了有效改善，产品质量也保持稳定。同时，B企业还根据实际情况不断调整和优化风险控制措施，提高了风险管理的效率和效果。

风险监控与调整是供应商风险管理的关键环节。企业需要定期监控供应商的风险状况，及时发现和解决新出现的风险点，并根据市场环境和供应商实际情况的变化调整风险控制措施。通过持续的风险监控与调整，企业可以确保风险控制措施的有效性，降低供应商风险对企业运营的影响。

5. 风险管理的重要性

在当今全球化的经济环境中，企业与供应商之间的关系变得越来越紧密。一个有效的供应商风险管理策略不仅有助于企业降低潜在的经济损失，还能确保供应链的稳定性和可靠性，从而为企业带来长期的竞争优势。

（1）降低生产成本。

①避免生产延误：供应商的问题，如交货延迟或产品质量问题，可能导致企业的生产线停滞，从而产生额外的生产成本。通过有效的风险管理，企业可以预先识别并处理这些问题，确保生产计划的顺利执行。

②减少质量问题：供应商的产品质量直接影响企业的产品质量。通过风险管理，企业可以确保供应商遵循严格的质量标准，从而避免因质量问题导致的退货、维修等额外成本。

【实例】 一家电子产品制造商A与其主要供应商C合作多年，但由于缺乏有效的风险管理机制，曾多次遭受供应商C交货延迟和质量问题的困扰。这不仅导致A公司的生产计划被打乱，还增加了额外的生产成本。为了改变这一状况，A公司开始实施供应商风险管理策略，包括定期评估供应商C的绩效、建立风险预警机制等。经过一段时间的努力，A公司成功降低了生产成本，并确保了生产线的稳定运行。

（2）维护供应链的稳定性和可靠性。

①确保供应链连续性：供应商的风险事件，如破产、自然灾害等，可能导致供应链中断。通过风险管理，企业可以预测并应对这些风险，确保供应链的连续性和稳定性。

②提高客户满意度：稳定的供应链有助于企业按时交付高质量的产品，从而提高客户满意度和忠诚度。

【实例】 一家食品加工企业E依赖于多个供应商提供原材料。在过去，由于缺乏对供应商风险的有效管理，企业曾多次遭受原材料供应中断的困扰，导致产品缺货和客户满意度下降。为了改善这一状况，E企业开始实施全面的供应商风险管理策略，包括建立供应商风险评估体系、制定应急计划等。这些措施使E企业能够更好地应对供应商风险，确保供应链的稳定性，从而提高了客户满意度和市场竞争力。

（3）提升竞争力和市场地位。

①优化供应商选择：通过对供应商进行全面的风险评估，企业可以选择那些风险较低的供应商，从而优化供应链结构。

②改进管理流程：风险管理过程中积累的经验和知识可以帮助企业不断改进供应商选择和管理流程，提高企业的运营效率和市场响应速度。

【实例】 一家全球知名的汽车制造商F在面临供应商风险挑战时，积极采取风险管理措施。通过对供应商进行全面的风险评估和分类管理，F企业成功识别并降低了与高风险

供应商的合作风险。同时,F企业还利用风险管理过程中积累的数据和经验,优化了供应商选择标准和合作流程。这些举措使F企业在市场上保持了竞争优势,并赢得了消费者的信任和青睐。

有效的供应商风险管理对企业而言具有重要意义。它不仅可以降低生产成本、维护供应链的稳定性和可靠性,还有助于提升企业的竞争力和市场地位。因此,企业应该高度重视供应商风险管理,并不断完善和优化相关策略和流程。

总之,供应商风险管理是供应商关系管理中不可或缺的一环。它要求企业具备全面的风险识别、评估和控制能力,以确保供应链的稳定性和企业的持续发展。

二、供应商风险的识别方法

为了有效管理供应商风险,可以采取多种手段。首先,利用历史数据分析,比如交易和质量检测数据,来识别潜在风险。例如,高退货率可能暗示着供货质量问题。其次,市场调研也是关键,它能提供关于供应商市场地位、竞争状况及财务状况的深入信息,从而评估其稳定性和供货能力。最后,现场考察同样重要,它允许企业直接观察供应商的生产线和质量控制流程,从而更准确地评估其实际运营状况。这些措施共同构成了全面而有效的供应商风险管理策略。

1.历史数据分析

历史数据分析是一种有效的手段,用于评估供应商的潜在风险。这一过程涉及对过去一段时间内的交易数据、质量检测数据以及其他相关历史信息进行深入分析。这些数据可以提供关于供应商性能、产品质量和供货可靠性的宝贵信息。

以交易数据为例,分析这些数据可以揭示出供应商的交易历史、交货准时率、订单履行情况等信息。如果发现供应商的交货准时率经常低于行业平均水平,或者订单履行率持续偏低,这可能意味着该供应商在生产和物流方面存在问题,或者管理能力不足。这些问题都可能导致供货不稳定,进而给采购方带来风险。

质量检测数据同样重要。通过分析这些数据,可以了解供应商产品的合格率、退货率以及客户反馈等信息。如果发现某供应商的产品退货率持续走高,这可能意味着该供应商的产品存在质量问题,如性能不稳定、易损坏等。这种情况下,供应商可能面临供货质量的风险,需要采购方格外警惕。

除了交易数据和质量检测数据外,还可以分析其他历史信息,如供应商的服务态度、售后服务质量等。这些信息可以从侧面反映出供应商的企业文化和经营理念,从而帮助采购方更全面地了解供应商。

总之,通过对历史数据的分析,采购方可以更加准确地识别出供应商的潜在风险,为后续的供应商选择和风险管理提供有力支持。这一步骤在供应链管理中至关重要,有助于企业降低采购风险,提高供应链的稳定性和可靠性。

2.市场调研

市场调研是评估供应商稳定性和供货能力的重要步骤。通过市场调研,企业可以深入了解供应商在市场中的地位、竞争状况以及财务状况,从而为供应商的选择和风险管理提供重要依据。

(1)市场调研可以帮助企业了解供应商的市场地位。这包括供应商在所处行业中的知名度、品牌影响力以及市场份额等信息。一个在市场中具有较高地位和知名度的供应商,通常意味着其在行业中拥有一定的竞争优势,如技术实力、产品质量或服务水平等。这样的供应商往往更有可能保持供货的稳定性,并具备更强的供货能力。

(2)市场调研还可以揭示供应商的竞争状况。通过了解供应商所处的竞争环境,企业可以评估供应商的竞争优势和劣势,以及其在竞争中的地位。如果供应商面临激烈的市场竞争,但仍然能够保持市场份额和供货能力,这表明该供应商具有较强的竞争力和适应市场变化的能力。

(3)市场调研还需要关注供应商的财务状况。财务状况是评估供应商稳定性和供货能力的重要因素之一。通过了解供应商的财务报表、盈利能力、现金流状况以及债务情况等,企业可以评估供应商的经济实力和抗风险能力。一个财务状况良好的供应商通常更有能力应对市场波动和突发事件,从而保持供货的稳定性和持续性。

在进行市场调研时,企业可以采用多种方法,如问卷调查、访谈、竞争对手分析等。这些方法可以帮助企业收集关于供应商的全面信息,为后续的供应商选择和风险管理提供有力支持。

总之,市场调研是评估供应商稳定性和供货能力的重要手段。通过深入了解供应商的市场地位、竞争状况以及财务状况等信息,企业可以更加准确地判断供应商的稳定性和供货能力,从而为供应链的稳定性和可靠性提供保障。

3. 现场考察在供应商管理中的重要性及其实际应用

在供应商管理过程中,仅仅依赖于文件、数据和报告来了解供应商的情况往往是不够的。现场考察作为一种直接、深入的了解方式,能够为企业提供关于供应商实际运营状况的宝贵信息。通过实地考察供应商的生产线、质量控制流程等,企业可以更加直观、全面地评估供应商的能力和可靠性。

(1)现场考察的重要性。

①直观了解生产线状况:通过现场考察,企业可以亲眼看到供应商的生产线运行情况,包括设备状况、工艺流程、员工操作等。这有助于企业判断供应商的生产能力是否满足需求,并发现潜在的生产风险。

②深入了解质量控制流程:现场考察可以让企业更加深入地了解供应商的质量控制流程和方法。通过观察实际操作,企业可以评估供应商的质量控制水平,确保产品质量的稳定性和可靠性。

③建立信任与沟通:现场考察不仅是一个评估过程,也是一个建立信任和沟通的机会。通过实地考察,企业可以与供应商面对面交流,解决潜在的问题和疑虑,为未来的合作打下良好的基础。

(2)现场考察的实际应用。

以一家电子产品制造商 G 为例,为了评估其潜在供应商 H 的生产能力和质量控制水平,G 公司决定进行现场考察。

①生产线考察:G 公司的考察团队首先参观了 H 公司的生产线。他们详细观察了生产设备的状况、工艺流程的布局以及员工的操作情况。通过实地考察,G 公司发现 H 公司的生产线设备先进、工艺流程合理,员工操作规范,具备稳定的生产能力。

②质量控制流程考察:接下来,G 公司的考察团队重点了解了 H 公司的质量控制流程。他们观察了 H 公司如何进行原材料检验、生产过程监控以及成品检测等环节。通过深入了解,G 公司认为 H 公司的质量控制流程严谨、有效,能够确保产品质量的稳定性和可靠性。

③建立信任与沟通:在现场考察过程中,G公司的考察团队还与H公司的管理层和技术人员进行了深入的交流和沟通。双方就未来的合作意向、合作模式以及潜在的风险和挑战等问题进行了充分的讨论。通过这次现场考察,G公司与H公司建立了良好的信任和沟通基础,为后续的合作奠定了坚实的基础。

现场考察作为供应商管理中的一种重要手段,能够为企业提供直观、全面的供应商信息。通过实地考察供应商的生产线、质量控制流程等,企业可以更加准确地评估供应商的能力和可靠性,建立信任和沟通基础,为未来的合作提供有力的支持。因此,在供应商管理过程中,企业应该重视现场考察这一环节,充分发挥其在供应商评估和选择中的作用。

三、供应商风险的应对措施

供应商风险管理是供应链管理中的重要环节。只有建立健全的供应商风险管理体系,并采取有效的应对措施,才能确保供应链的稳定与安全,为企业的发展保驾护航。

1. 建立风险评估机制

建立风险评估机制是应对供应商风险的关键步骤之一。这一机制旨在系统地识别和评估供应商可能存在的风险,从而及时采取应对措施,保障供应链的稳定性和可靠性。以下是建立风险评估机制的关键要素和步骤:

(1)制定风险评估标准。首先,需要制定一套明确的风险评估标准,这些标准应该涵盖供应商的各个方面,如财务状况、供货能力、质量控制、技术实力、合同履行能力、合规性以及企业声誉等。这些标准将作为评估供应商风险的依据。

(2)定期风险评估。建立定期的风险评估流程,确保对供应商的风险进行持续监控。这可以包括年度评估、季度评估或根据需要进行的临时评估。定期风险评估有助于及时发现潜在风险,并在风险变为实际问题之前采取措施。

(3)数据收集与分析。在风险评估过程中,需要收集供应商的相关数据和信息,包括财务报表、市场报告、供应商自评报告、客户反馈等。对这些数据进行分析,以识别潜在的风险点和薄弱环节。

(4)风险分类与优先级排序。根据收集到的数据和信息,对供应商风险进行分类,如财务风险、供应链风险、合规风险等。同时,根据风险的严重性和可能性,对风险进行优先级排序,确定哪些风险需要优先处理。

(5)制定风险应对措施。针对识别出的风险,制定具体的应对措施。这些措施可能包括与供应商进行谈判以改善合同条款、寻求替代供应商、加强质量控制和供应链管理、提高供应商合规性等。

(6)监控与调整。建立风险监控机制,定期对供应商的风险进行评估和监控。如果发现新的风险或现有风险发生变化,及时调整应对措施,确保供应链的稳定性和可靠性。

(7)培训与沟通。确保供应链团队和相关人员了解风险评估机制的重要性,并接受相关培训。同时,与供应商保持沟通,共同应对潜在风险,促进双方的合作与共赢。

总之,建立风险评估机制是应对供应商风险的重要措施之一。通过定期评估、数据收集与分析、风险分类与优先级排序以及制定应对措施等步骤,企业可以及时发现潜在风险,并采取相应措施,确保供应链的稳定性和可靠性。

2. 多元化供应策略

多元化供应策略是一种有效的风险应对措施,旨在降低对单一供应商的依赖,并通过

分散采购来源来减少潜在风险。以下是实施多元化供应策略的关键步骤和考虑因素：

（1）识别与评估现有供应商。首先，对现有供应商进行全面评估，了解其供应能力、质量、交货期、价格以及服务水平等方面的情况。这有助于确定哪些供应商可以作为多元化供应策略的一部分。

（2）寻找替代供应商。积极寻找和评估潜在的替代供应商，以确保在现有供应商出现问题时能够及时切换到其他可靠的供应商。可以通过市场调查、参加行业展会、参考同行的供应链网络等方式来发现和评估新的供应商。

（3）分散采购来源。将采购需求分散到多个供应商，避免将所有订单都集中在一个供应商手中。这可以通过与多个供应商建立合作关系，以及制定灵活的采购计划来实现。

（4）建立供应商合作伙伴关系。与多个供应商建立长期稳定的合作伙伴关系，促进互信和合作。这有助于确保在紧急情况下，供应商能够提供必要的支持和协助。

（5）管理和维护供应商关系。建立有效的供应商管理系统，定期评估供应商的表现，并根据评估结果进行调整和优化。同时，保持与供应商的沟通，及时解决潜在问题，确保供应链的稳定运行。

（6）应对潜在风险。虽然多元化供应策略可以降低风险，但仍然需要关注潜在风险。因此，需要制定应对措施，如备选供应商计划、紧急采购策略等，以应对突发事件或供应商问题。

总之，多元化供应策略是一种有效的风险应对措施，可以降低对单一供应商的依赖，减少潜在风险。通过识别与评估现有供应商、寻找替代供应商、分散采购来源、建立供应商合作伙伴关系以及管理和维护供应商关系等步骤，企业可以实施这一策略，提高供应链的可靠性和稳定性。

3. 合同约束与激励机制

合同约束与激励机制是供应商风险管理中的重要手段，通过明确双方的权利与义务，并在合同中设立相应的奖惩机制，可以有效引导供应商行为，降低风险，并促进供应链的整体优化。

（1）合同约束机制。

①明确质量标准：合同中应详细列明产品或服务的质量标准、规格、检验方法等，确保供应商明确知道需达到的质量水平。

②交货期与违约责任：规定明确的交货期限，并明确延迟交货或未达到质量标准时的违约责任，如罚款、违约金等。

③知识产权保护：在合同中明确知识产权的归属、使用范围及保密要求，防止供应商侵犯知识产权或泄露敏感信息。

④合规性要求：要求供应商遵守相关法律法规和行业标准，并在合同中明确违反这些规定的后果。

（2）激励机制。

①价格与付款条款：通过合理的定价策略和灵活的付款条款，激励供应商提供更具竞争力的价格和更优质的服务。

②长期合作承诺：向供应商承诺长期合作，并提供稳定的订单量，以换取供应商的信任和投入。

③业绩奖励：根据供应商的供货质量、交货期、服务水平等设立业绩奖励，如提供额外

的订单、支付奖金等。

④技术支持与合作：与供应商分享技术和管理经验，帮助供应商提高生产效率和产品质量，实现双方共赢。

⑤信息共享：与供应商分享市场信息和需求预测，帮助供应商更好地安排生产和库存，提高供应链的响应速度。

通过合同约束与激励机制的综合运用，企业可以引导供应商提高供货质量、降低成本，增强供应链的稳定性和竞争力。同时，也有助于建立长期稳定的合作关系，实现供应链的持续优化和协同发展。

4. 建立快速响应机制

建立快速响应机制是供应商风险管理中的关键步骤，它旨在确保企业在面对供应商风险时能够迅速、有效地作出反应，以最小化风险对企业运营和供应链稳定性的影响。以下是建立快速响应机制的关键要素和步骤：

（1）风险识别与评估。

①定期审查供应商的表现，识别潜在风险。

②评估风险的严重性和可能性，确定优先级。

（2）制定应急预案。

①针对不同类型的供应商风险（如质量问题、交货延误、供应中断等），制定具体的应急预案。

②预案应包括紧急采购策略、替代供应商选择、库存调配等内容。

（3）建立快速反应团队。

①组建由采购、生产、质量、物流等关键部门人员组成的快速反应团队。

②对团队成员进行培训和模拟演练，确保他们熟悉应急预案和响应流程。

（4）实时监控与预警系统。

①建立实时监控系统，持续跟踪供应商的表现和潜在风险。

②设置预警指标和阈值，当供应商表现低于预设标准时，及时触发预警。

（5）信息沟通与协调。

①确保企业内部各部门之间以及企业与供应商之间的信息沟通畅通。

②定期组织供应商会议，分享风险信息，共同制定应对策略。

（6）资源储备与调配。

①提前储备关键原材料和零部件，以应对供应中断的风险。

②根据需要，灵活调配内部资源，确保生产线的稳定运行。

（7）风险后评估与总结。

①在风险事件处理结束后，进行风险后评估，分析原因和教训。

②总结经验教训，完善风险应对机制和应急预案。

通过建立快速响应机制，企业可以在面临供应商风险时迅速采取行动，减少风险对企业运营的影响，保障供应链的稳定性和连续性。同时，这也能够增强企业的风险应对能力，提高企业的竞争力和市场适应性。

5. 持续的培训与沟通

持续的培训与沟通是供应商风险管理中的关键活动，旨在提高企业与供应商之间的合作效率，降低因信息不对称带来的风险。以下是如何实施这一措施的具体步骤：

（1）建立定期沟通机制。

①确定与供应商沟通的频率和方式，如季度会议、电话会议或电子邮件沟通。

②确保沟通内容涵盖订单状态、产品质量、交货期、库存情况等重要信息。

（2）开展供应商培训。

①根据供应商的具体需求和业务情况，制定培训计划。

②培训内容包括但不限于产品质量控制、交货期管理、企业政策和流程等。

③可以邀请行业专家或企业内部人员来进行培训。

（3）分享最佳实践与案例。

①向供应商分享企业在供应链管理、生产运营等方面的最佳实践。

②通过案例分享，让供应商了解其他成功企业的做法，激发其改进的动力。

（4）建立信息共享平台。

①利用现代技术，如供应链管理系统（SCM）、企业资源规划（ERP）等，建立信息共享平台。

②通过平台，实现订单、库存、生产进度等信息的实时更新和共享。

（5）鼓励供应商反馈。

①鼓励供应商提出改进意见和建议，促进双向沟通。

②及时响应供应商的反馈，共同解决问题，提高合作效率。

（6）培养信任关系。

①通过持续的沟通与培训，增进企业与供应商之间的了解与信任。

②建立长期合作关系，降低因信息不对称带来的风险。

通过持续的培训与沟通，企业可以优化与供应商的合作过程，提高合作效率，降低风险。这也有助于建立稳定、可靠的供应链，为企业的长期发展奠定坚实基础。

第五章 采购合同管理

采购合同管理是供应链中的关键环节,它关乎企业的生产运作、成本控制以及市场竞争力。在当今全球化的商业环境中,如何有效地管理采购合同,确保双方的权益,降低潜在风险,并实现供应链的协同效应,已成为企业面临的重要挑战。本章将深入探讨采购合同管理的各个方面,帮助企业建立健全的采购合同管理体系,实现高效的供应链运营。

第一节 采购合同的基本要素和类型

在商业世界中,采购合同扮演着至关重要的角色。它不仅明确了买卖双方的权利和义务,还为双方的合作提供了法律保障。了解采购合同的基本要素和类型,对于任何商业人士来说,都是不可或缺的知识。本节将带您深入探讨采购合同的奥秘,助您在商业合作中更加得心应手。

一、采购合同的基本要素

1. 供应商和购买方

明确供应商和购买方的身份和责任是供应商风险管理中的基础措施。通过详细规定合同条款、明确双方责任和义务以及加强法律合规性,可以有效降低供应商风险,提高采购活动的效率和安全性。

在供应商风险管理中,明确供应商和购买方之间的身份和责任是至关重要的。以下是关于这一应对措施的详细解释:

(1)供应商和购买方的明确身份。

①供应商身份:供应商是提供商品或服务的组织或个人。在采购合同中,需要详细记录供应商的名称、地址、联系方式以及营业执照等相关信息,确保供应商的身份真实可靠。

②购买方身份:购买方是采购商品或服务的组织或个人。同样,在合同中应明确购买方的全称、地址、联系方式和法定代表人等信息。

(2)双方的责任和义务。

①供应商责任:供应商需要按照合同约定的质量、数量、时间等要求提供商品或服务。同时,供应商还负责确保商品或服务的合法性、安全性,并承担因供应问题导致的损失。

②购买方责任:购买方有义务按照合同约定支付款项,并确保提供准确的采购需求和指示。此外,购买方还有责任对供应商提供的商品或服务进行验收,并及时反馈质量问题。

(3)合同条款的详细规定。

①商品或服务描述:合同中应详细描述所采购的商品或服务的名称、规格、数量、质量标准等信息,以确保双方对交易内容有明确的了解。

②交付和支付条款:合同应明确商品或服务的交付时间、地点和方式,以及支付方式、时间和条件等。

③违约责任和争议解决:合同应规定双方违约时的责任承担方式,以及争议解决的方

式和程序,如仲裁或诉讼等。

（4）风险管理和法律合规。

①风险管理:通过明确供应商和购买方的身份和责任,可以降低供应商风险,如质量不达标、交货延误等。同时,这也有助于提高采购活动的透明度和可追溯性。

②法律合规:遵循相关法律法规和行业标准,确保采购合同的合法性和有效性。这有助于维护双方的合法权益,减少因合同问题导致的法律纠纷。

2. 商品或服务描述在采购合同中,商品或服务的描述是非常核心的部分。这部分内容详细说明了供需双方之间交易的具体内容,确保了双方在交易过程中的明确共识,避免了因理解不清或描述模糊而可能引发的纠纷。以下是对商品或服务描述部分的详细解释:

（1）种类。明确采购的商品或服务的具体类型。这涉及到产品的分类、服务的性质等。对于商品,需要指出是原材料、零部件、成品还是其他类型;对于服务,需要说明是咨询服务、维修服务、培训服务还是其他。

（2）质量。详细规定商品或服务的质量要求。这包括产品的性能指标、合格率、耐用性、安全性等,以及服务的专业水平、响应时间、问题解决能力等。质量要求是确保采购的商品或服务能够满足采购方需求的关键。

（3）数量。明确采购的商品或服务的数量。对于商品,需要指定具体的数量单位(如件、公斤、立方米等)和总数量;对于服务,可能需要指定服务次数、时长或覆盖范围等。数量的准确描述有助于确保供需双方对交易规模有清晰的了解。

（4）规格。详细描述商品或服务的具体规格。这包括产品的尺寸、颜色、材质、包装等,以及服务的具体内容、执行标准、验收标准等。规格的描述有助于确保供需双方对商品或服务的具体要求有共同的理解。

（5）交付时间。明确规定商品或服务的交付时间。这包括具体的交货日期、服务开始和结束的时间等。交付时间的明确有助于确保供应链或服务的顺畅进行,避免因时间延误而导致的生产中断或其他问题。

在采购合同中,商品或服务描述部分的作用不容忽视。它不仅是供需双方对交易内容的共同认可,也是确保交易顺利进行的基础。因此,在编制采购合同时,务必对商品或服务的描述部分进行充分的考虑和明确,确保双方对交易内容有清晰、准确的理解。

3. 价格与付款方式

在采购合同中,价格与付款方式是至关重要的部分,它们直接关系到交易的经济利益和双方的权益保障。明确的价格和付款方式能够确保供需双方对交易的经济责任有清晰的认识,避免因经济纠纷而影响合同的履行。

（1）价格。价格是采购合同中的核心要素之一。它反映了商品或服务的价值,并直接决定了采购方需要支付的成本。合同中应明确商品或服务的单价、总价以及任何可能的价格调整机制。价格的确定应当基于市场行情、产品质量、服务水平等因素,确保公平合理。

（2）付款方式。付款方式是采购合同中另一个关键要素。它规定了付款的时间、地点和方式,直接影响到采购方的资金流动和供应商的收款权益。合同中应明确付款方式,如一次性付款、分期付款、货到付款等,并规定具体的付款期限和付款地点。此外,还应明确支付方式,如现金、银行转账、电子支付等。

（3）付款时间。付款时间是采购合同中非常重要的一环。它关系到供应商的收款效率和采购方的资金安排。合同中应明确规定付款的具体日期或期限,以确保双方对付款时间

有明确的预期。同时,还应考虑可能的付款延迟情况,并明确相应的违约责任和解决办法。

(4)付款地点。付款地点也是采购合同中需要明确的内容之一。它关系到支付的便利性和安全性。合同中应指定具体的付款地点,如银行柜台、网上银行、第三方支付平台等。选择适当的付款地点可以确保支付过程的顺利进行,并降低支付风险。

价格与付款方式是采购合同中最为关键的部分之一。它们直接关系到交易的经济利益和双方的权益保障。因此,在采购合同中必须明确商品或服务的价格以及付款的时间、地点和方式。通过明确的价格和付款方式,可以确保供需双方对交易的经济责任有清晰的认识,避免因经济纠纷而影响合同的履行。同时,合理的价格和付款方式也有助于促进交易的顺利进行,实现双方的共赢。

4. 交付与验收

在采购合同中,交付与验收是两个至关重要的环节,它们确保了供应商能够按时、按质、按量地交付商品,并且采购方能够对其进行有效验收,从而保障双方的经济利益和合同的顺利履行。

(1)交付方式。交付方式是指供应商将商品传递给采购方的具体途径和方法。合同中应明确交付方式,如陆运、海运、空运等,并考虑到商品的特性、运输成本、运输时间等因素,选择最合适的交付方式。

(2)交付时间。交付时间是供应商按照合同规定将商品交付给采购方的具体日期或期限。合同中应明确规定交付时间,并考虑到生产周期、物流时间等因素,确保供应商能够按时交付商品。

(3)交付地点。交付地点是供应商将商品交付给采购方的具体地点。合同中应明确交付地点,如仓库、码头、机场等,并考虑到交通便利性、安全性等因素,选择最合适的交付地点。

(4)验收标准和方法。验收标准和方法是采购方对供应商交付的商品进行检验、核实和确认是否符合合同要求的具体依据和步骤。合同中应明确验收标准和方法,如质量、数量、规格、包装等要求,以及验收的程序、时间、地点等。同时,还应考虑到商品的特性、验收成本等因素,选择最合适的验收方式。

(5)违约责任。在交付与验收过程中,如果供应商未能按时、按质、按量地交付商品,或者采购方未能按照合同规定进行验收,双方应承担相应的违约责任。合同中应明确规定违约责任的种类、范围和承担方式,以确保双方能够明确自身的权利和义务,避免因违约而引发的经济纠纷。

交付与验收是采购合同中至关重要的环节,它们直接关系到供应商是否能够按时、按质、按量地交付商品,以及采购方是否能够对其进行有效验收。因此,在采购合同中必须明确规定商品的交付方式、时间和地点,以及验收的标准和方法。通过明确的交付与验收条款,可以确保双方对交易的责任和权益有清晰的认识,避免因交付和验收问题而引发的经济纠纷。同时,合理的交付与验收安排也有助于提高交易效率和质量,促进双方的长期合作和发展。

5. 质量保证与售后服务

在采购合同中,质量保证与售后服务是至关重要的环节。这两个要素直接关系到购买方对所购商品的质量和售后支持的信心与期望。因此,在合同中明确供应商在这两方面的承诺和责任,对于保障购买方的权益至关重要。

（1）质量保证。

质量保证是供应商对所提供的商品在质量方面做出的明确承诺。在采购合同中，应明确规定商品的质量标准、检测方法和验收流程。供应商应保证所交付的商品符合合同中约定的质量标准，并承担相应的质量责任。同时，合同中还应规定商品的质量保证期限，以及在质量保证期限内出现质量问题时的处理方式。

（2）售后服务。

售后服务是供应商在商品销售后为消费者提供的服务，包括但不限于商品安装、调试、维修、退换货等。在采购合同中，应明确供应商提供的售后服务内容、服务期限、服务响应时间和服务标准等。供应商应保证在售后服务期限内，按照合同约定的服务标准，为消费者提供及时、有效的售后服务，解决商品使用过程中遇到的问题。

（3）违约责任。

如果供应商在质量保证或售后服务方面未能履行合同约定的责任，应承担相应的违约责任。合同中应明确规定违约责任的种类、范围和承担方式，以确保购买方在权益受到损害时能够得到合理的赔偿或补偿。

在采购合同中明确质量保证与售后服务的内容，有助于保障购买方的权益，增强购买方对供应商的信心。同时，合理的质量保证和售后服务安排也有助于提高商品的质量和使用效果，促进双方的长期合作和发展。因此，在采购合同中务必重视这两个要素，确保合同内容全面、准确、合理。

6. 违约责任与解决争议

在采购合同中，违约责任与解决争议是两个至关重要的条款。它们为可能出现的合同纠纷提供了明确的解决方案，确保双方权益得到合理保护。

（1）违约责任。

违约责任部分详细说明了当合同中的任何一方未能履行其义务时，应承担的法律后果。这包括但不限于：

①供应商未能按时交付货物或提供的货物不符合约定的质量标准。

②购买方未能按照合同规定的时间和方式支付货款。

当这些情况发生时，违约方通常需要支付违约金、赔偿损失或采取其他补救措施。采购合同应明确列出这些违约情形及相应的责任，以便在出现问题时能够快速、公正地处理。

（2）解决争议。

尽管我们希望合同能够顺利执行，但争议总是难以完全避免。因此，采购合同中应包含解决争议的条款，明确双方应采取的解决方式和地点。常见的解决争议方式包括：

①友好协商：首先尝试通过双方友好协商来解决争议。

②调解：如果协商无果，可以寻求第三方调解机构的帮助，以促进双方达成和解。

③仲裁：当协商和调解均未能解决问题时，合同中应规定提交仲裁的具体程序、仲裁机构的选择以及仲裁结果的执行方式。

④诉讼：作为最后的解决手段，合同中也可以约定在特定情况下，任何一方有权将争议提交至人民法院进行诉讼。

此外，合同还应明确解决争议的地点，这通常是合同签订地、履行地或双方协商确定的其他地点。

违约责任与解决争议是采购合同中不可或缺的部分增强，它们为可能出现的合同纠纷

提供了解决方案。通过明确违约责任和解决争议的方式及地点,采购合同能够双方的合作信心,减少不必要的纠纷,确保合同能够顺利执行。因此,在起草和审查采购合同时,务必重视这两个要素,确保合同条款的完整性和有效性。

二、采购合同的类型

1. 固定价格合同

固定价格合同,也称为总价合同或一口价合同,是一种在采购领域中常见的合同类型。这种合同的特点在于,买卖双方事先约定好产品或服务的价格,无论后续成本如何变动,买方都只需按照约定价格支付费用。

（1）固定价格合同的特点。

①价格固定:合同一旦签订,价格即锁定,不会因市场波动、成本增减等因素而变化。

②风险分配:这种合同类型将大部分市场风险转移给了卖方。如果成本上升,卖方需要自行承担;如果成本下降,卖方也无法获得额外收益。

③简单明了:固定价格合同条款清晰,易于理解和执行,对于非专业人士来说也比较容易接受。

（2）固定价格合同的适用场景。

①需求明确且稳定:当采购方对所需产品或服务的需求非常明确,且预计不会有大的变动时,适合采用固定价格合同。

②卖方承担风险能力强:卖方通常有足够的能力和资源来应对潜在的成本风险,例如通过有效的成本控制和供应链管理。

③市场竞争激烈:在市场竞争激烈的情况下,卖方可能会为了获得合同而愿意接受固定价格,以换取稳定的市场份额。

（3）固定价格合同的优缺点。

优点:

①对于买方来说,价格确定性高,风险小。

②合同执行过程中,双方沟通成本较低。

③有利于预算控制和成本分析。

缺点:

①卖方可能面临较大的成本风险,尤其是在成本上升的情况下。

②如果需求发生变化,可能导致合同无法顺利执行或需要额外的谈判。

③固定价格可能抑制卖方的创新和改进动力。

（4）固定价格合同的注意事项。

①明确约定:合同中应明确约定产品或服务的规格、数量、质量等细节,避免后续产生歧义。

②风险分配:双方应合理分担风险,避免将全部风险转嫁给一方。

③变更条款:应制定明确的变更条款,规定在需求或市场环境发生变化时,双方应如何协商调整合同。

固定价格合同是一种在采购中常见的合同类型,其特点在于价格固定、风险分配明确。这种合同适用于需求明确且稳定、卖方承担风险能力强以及市场竞争激烈的情况。然而,使用固定价格合同时也需要注意风险分配、明确约定和变更条款等问题,以确保合同的顺利执行和双方的权益得到保障。

2. 成本加酬金合同

成本加酬金合同是一种采购合同类型,在这种合同中,买方支付给供应商的费用是基于供应商的实际成本加上一定的酬金或费用。这种合同类型与固定价格合同有所不同,因为它允许供应商的成本变动直接影响最终支付给供应商的总金额。

(1)成本加酬金合同的特点。

①成本为基础:合同支付的基础是供应商的实际成本,这包括直接成本(如材料、劳动力和其他资源)以及间接成本(如管理费用、税收和利润)。

②酬金作为激励:除了实际成本外,买方还向供应商支付一定比例的酬金或费用,作为对供应商工作的一种激励或补偿。

③风险分配不均:在成本加酬金合同中,大部分风险由买方承担,因为无论供应商的效率如何,买方都需要支付其实际成本。

(2)成本加酬金合同的适用场景。

①需求不明确:当采购方对所需产品或服务的需求不够明确,或者需求可能会在合同执行过程中发生变化时,成本加酬金合同是一种合适的选择。

②供应商承担风险能力弱:如果供应商没有足够的资源和能力来承担成本风险,或者供应商处于市场弱势地位,成本加酬金合同可以为其提供一定的保障。

③鼓励创新和改进:成本加酬金合同可以激励供应商在提供产品或服务时进行创新和改进,因为供应商可以通过降低成本来提高自己的利润。

(3)成本加酬金合同的优缺点。

①优点:

• 灵活性高:成本加酬金合同允许供应商根据实际成本进行调整,因此具有较高的灵活性。

• 鼓励创新:由于酬金的存在,供应商有动力在提供产品或服务时进行创新和改进。

• 适应性强:这种合同类型适用于需求不明确或可能发生变化的情况。

②缺点:

• 买方风险大:买方需要承担供应商的实际成本,无论产品或服务的质量如何,这增加了买方的风险。

• 成本控制困难:由于成本加酬金合同以实际成本为基础,买方可能难以有效控制成本。

• 供应商激励问题:如果酬金设置不合理,可能无法有效激励供应商提供高质量的产品或服务。

(4)成本加酬金合同的注意事项。

①明确成本构成:合同中应明确规定成本的构成和计算方法,以避免后续争议。

②合理设置酬金:酬金的设置应合理,既能激励供应商提供高质量的产品或服务,又不会使买方承担过高的成本。

③严格成本控制:买方应建立有效的成本控制机制,以确保供应商不会虚报成本或故意增加不必要的支出。

成本加酬金合同是一种风险较高的采购合同类型,因为它以供应商的实际成本为基础进行支付。这种合同类型适用于需求不明确、供应商承担风险能力弱或需要鼓励创新和改

进的情况。然而,使用成本加酬金合同时也需要注意明确成本构成、合理设置酬金以及严格成本控制等问题,以确保合同的顺利执行和买方的权益得到保障。

3. 单价合同

单价合同是一种采购合同类型,在这种合同中,买方按照约定的单位价格支付货物或服务的费用。单位价格通常基于预定的数量或范围来确定,并且在整个合同期间保持不变。单价合同为买卖双方提供了相对较小的风险,并且具有一定的灵活性。

(1)单价合同的特点。

①单位价格固定:在单价合同中,单位价格是事先确定的,并且在整个合同期间保持不变。这意味着买方和供应商都清楚每单位货物或服务的价格,从而方便进行成本控制和预算管理。

②数量或范围灵活:单价合同通常基于预定的数量或范围来确定单位价格。这意味着买方可以根据实际需求在合同期间内调整购买数量或范围,而不需要重新谈判合同或调整价格。

③风险较低:由于单位价格是事先确定的,并且在整个合同期间保持不变,因此买卖双方面临的风险相对较小。买方不必担心供应商在合同履行过程中提高价格,而供应商也不必担心买方突然减少购买数量导致亏损。

(2)单价合同的适用场景。

①需求波动较大:当买方的需求波动较大,难以准确预测具体数量时,单价合同是一种合适的选择。通过单位价格的固定性,买方可以根据实际需求灵活调整购买数量,而不需要承担额外的价格风险。

②长期合作关系:单价合同适用于买卖双方希望建立长期合作关系的场景。由于单位价格在整个合同期间保持不变,这有助于维护双方的信任和合作关系,促进长期稳定的业务往来。

③价格波动较小:当货物或服务的价格相对稳定,波动较小时,单价合同也是一种理想的选择。在这种情况下,单位价格的固定性不会对买卖双方造成太大的经济压力或风险。

(3)单价合同的优缺点

①优点:

• 风险较小:单价合同为买卖双方提供了相对较小的风险,因为单位价格是事先确定的并且在整个合同期间保持不变。

• 灵活性高:买方可以根据实际需求灵活调整购买数量或范围,而不需要重新谈判合同或调整价格。

• 成本控制:买方可以通过单位价格的固定性更好地控制成本和预算,避免因为价格波动而带来的经济压力。

②缺点:

• 潜在浪费:由于买方可以根据实际需求灵活调整购买数量或范围,这可能导致潜在的浪费现象。例如,买方可能过度购买或过度使用货物或服务,从而增加不必要的成本。

• 激励不足:单价合同可能不足以激励供应商提高生产效率或降低成本。因为单位价格是固定的,供应商没有动力去寻求更高效的解决方案或降低成本。

(4)单价合同的注意事项。

①明确单位价格:合同中应明确单位价格的具体数值和计算方式,以避免后续争议。

②约定数量或范围：合同中应约定预定的数量或范围，并明确单位价格适用的范围。

③调整机制：如果实际需求超出了预定的数量或范围，合同中应约定相应的调整机制，如调整单位价格或重新谈判合同。

单价合同是一种风险较小、灵活性较高的采购合同类型。它适用于需求波动较大、长期合作关系以及价格波动较小的场景。通过单位价格的固定性，单价合同为买卖双方提供了一定的灵活性和成本控制能力。然而，在使用单价合同时，也需要注意明确单位价格、约定数量或范围以及设定相应的调整机制，以确保合同的顺利执行和双方利益的保障。

4. 交钥匙合同

交钥匙合同是一种特殊的采购合同类型，其中供应商承担从设计到施工、维护等整个项目或合同的执行责任。买方通常只为最终的产品或服务支付费用，而不需要关心中间的具体执行过程。这种合同模式在某些大型、复杂的项目中非常常见，例如建筑工程、设备采购与安装、软件开发等。

（1）交钥匙合同的特点。

①全面责任：供应商在交钥匙合同中承担整个项目的全面责任，从设计、选材、施工到最终的调试和维护。这意味着买方不需要担心项目的具体执行细节，只需要关注最终的结果。

②风险较高：由于供应商承担了整个项目的执行责任，因此交钥匙合同对买方来说风险较高。如果供应商在执行过程中出现问题或失误，可能会导致项目延期、质量不达标等后果，给买方带来损失。

③高度信任：由于交钥匙合同的特殊性，买方需要对供应商有高度的信任。在选择供应商时，买方需要对其技术实力、项目管理能力、信誉等方面进行全面评估。

（2）交钥匙合同的适用场景。

①大型复杂项目：交钥匙合同适用于大型、复杂的项目，这些项目通常需要专业的技术和管理能力来确保项目的顺利进行。例如，大型建筑工程、石油化工项目、软件开发等。

②缺乏专业能力：当买方缺乏相关的专业能力或经验时，交钥匙合同是一个很好的选择。通过将整个项目委托给专业的供应商来执行，买方可以确保项目的质量和进度。

③时间紧迫：在某些时间紧迫的情况下，买方可能希望将整个项目委托给有经验的供应商来执行，以确保项目能够按时完成。交钥匙合同正好满足了这种需求。

（3）交钥匙合同的优缺点。

①优点：

• 简化管理：买方只需要与供应商签订合同并支付费用，无需关心项目的具体执行过程。这大大简化了买方的项目管理工作。

• 专业执行：供应商通常具有丰富的经验和专业的技术实力，能够确保项目的质量和进度。

• 风险转移：通过将整个项目委托给供应商执行，买方可以将部分风险转移给供应商。

②缺点：

• 风险较高：如果供应商在执行过程中出现问题或失误，可能会给买方带来较大的损失。

• 依赖性强：买方对供应商的依赖较强，需要选择可靠的供应商并建立长期合作关系。

• 成本可能较高：由于供应商承担了整个项目的执行责任，因此其报价可能会较高。

买方需要仔细评估成本效益。

（4）交钥匙合同的注意事项。

①选择合适的供应商：在选择供应商时，买方需要全面评估其技术实力、项目管理能力、信誉等方面，确保选择到可靠的合作伙伴。

②明确责任与义务：合同中应明确双方的责任与义务，包括设计、选材、施工、调试、维护等各个环节的具体要求和时间节点。

③风险控制：买方需要采取有效的风险控制措施，如定期检查项目进度、确保供应商按照合同要求执行等，以降低潜在的风险。

④合同条款清晰：合同条款应清晰明确，避免歧义和误解。对于关键条款如付款方式、质量标准、违约责任等，需要特别注明并达成共识。

交钥匙合同是一种由供应商承担整个项目或合同执行责任的特殊采购合同类型。它具有全面责任、风险较高和高度信任等特点，适用于大型复杂项目、缺乏专业能力以及时间紧迫的场景。使用交钥匙合同时，买方需要选择合适的供应商、明确责任与义务、采取风险控制措施并确保合同条款清晰明确。只有这样，才能确保项目的顺利进行并降低潜在的风险。

5. 租赁合同

租赁合同是一种特殊的合同类型，它涉及到产品或服务的短期使用权，而不是所有权。在这种合同中，买方（或称为承租人）支付租金以获得对特定资产的使用权，而卖方（或称为出租人）则保留资产的所有权。这种合同类型对于只需要短期使用产品或服务的人来说非常有吸引力。

（1）租赁合同的特点。

①使用权而非所有权：在租赁合同中，买方获得的是对资产的使用权，而不是所有权。这意味着买方可以在合同规定的期限内使用资产，但无权对其进行修改或处置。

②定期支付租金：买方通常需要按月或按年向卖方支付租金。租金的数额和支付方式通常在合同中明确规定。

③短期性质：租赁合同通常具有短期性质，这意味着它们通常覆盖较短的时间段，如几个月或几年。

（2）租赁合同的适用场景。

①临时需求：当买方只需要临时使用某个产品或服务时，租赁合同是一个很好的选择。例如，一家公司可能需要临时租用一台设备来完成某个项目，而不是购买该设备。

②资金限制：对于那些资金有限的公司或个人来说，租赁合同允许他们获得所需的产品或服务，而无需一次性支付高额的费用。

③避免资产折旧：通过租赁，买方可以避免因资产折旧而产生的长期成本。

（3）租赁合同的优缺点。

①优点：

• 灵活性：租赁合同提供了灵活性，允许买方根据实际需求调整租期。

• 节省资金：对于需要大量资金购买昂贵资产的公司或个人来说，租赁可以帮助他们节省资金。

• 降低风险：租赁可以降低因技术过时或市场变化而产生的风险，因为买方只需支付短期租金。

②缺点：

- 高昂的租金：在某些情况下，租金可能会非常高，甚至超过购买资产的成本。
- 限制条款：租赁合同中可能包含一些限制条款，如使用范围、维修责任等。
- 依赖出租人：买方需要依赖出租人提供的资产，如果出租人出现问题或违约，买方可能会受到影响。

（4）租赁合同的注意事项。

①明确租期：合同中应明确租期的开始和结束日期，并规定租期届满后的处理方式（如续租、退还资产等）。

②租金和支付方式：合同中应明确规定租金的数额、支付方式以及支付时间。

③资产状况和维护责任：合同中应明确资产的状况、维护责任以及维修费用的承担方。

④违约条款：合同中应包含违约条款，规定当一方违约时应承担的责任和处罚措施。

租赁合同是一种允许买方获得产品或服务短期使用权的合同类型。它具有灵活性高、节省资金、降低风险等优点，适用于临时需求、资金限制和避免资产折旧等场景。然而，租赁合同也可能存在高昂的租金、限制条款和依赖出租人等缺点。因此，在使用租赁合同时，买方需要仔细评估自己的需求和风险，并确保合同条款清晰明确。

第二节　采购合同的履行与监控

在商业合作中，采购合同的履行与监控是至关重要的环节。合同一旦签署，双方就必须严格按照约定履行各自的义务。为了确保合同的顺利执行，监控环节也是必不可少的。本节将深入探讨采购合同的履行与监控，帮助您更好地掌握这一关键环节，为商业合作保驾护航。

一、采购合同的重要性

采购合同是商业合作中的重要法律文件，它规定了双方的权利和义务，保障了双方的利益。在采购过程中，合同的履行和监控是确保合作顺利进行的关键环节。

1. 采购合同履行的重要性

采购合同在商业合作中扮演着至关重要的角色，它不仅是商业交易的法律文件，更是确保双方权益得到保障的关键所在。深入理解和重视采购合同的履行，对于维护商业合作关系的稳定、促进长期合作的发展具有重要意义。

（1）明确双方权利和义务。采购合同是一份详尽的法律文件，其中明确规定了买方和卖方在交易过程中的权利和义务。这些条款是双方共同认可的，具有法律约束力。通过采购合同，买方和卖方能够清晰地了解自己在交易中所扮演的角色和应承担的责任，从而确保交易的顺利进行。

（2）为合作提供法律保障。采购合同作为法律文件，为商业合作提供了坚实的法律保障。在合同履行过程中，如果出现争议或纠纷，双方可以依据合同条款进行协商和解决。如果协商无果，还可以寻求法律途径来维护自己的权益。这种法律保障有助于减少合作风险，增强双方的合作信心。

（3）确保合作顺利进行。采购合同的履行是确保合作顺利进行的关键。在合同履行过程中，双方需要严格遵守合同条款，确保交易的顺利进行。如果一方未能按照合同约定履

行义务,另一方有权要求其承担相应的违约责任。这种约束机制有助于确保双方都能够按照约定履行义务,从而保证合作的顺利进行。

(4)维护双方利益。采购合同的履行有助于维护双方的利益。通过明确权利和义务、提供法律保障以及确保合作顺利进行,采购合同能够平衡双方的利益关系。在合同履行过程中,双方可以依据合同条款来维护自己的合法权益,避免因合同履行不当而造成的损失。

(5)增强信任,促进长期合作关系的发展。采购合同的履行还能够增强双方之间的信任,促进长期合作关系的发展。在合同履行过程中,双方需要相互协作、共同努力,确保交易的顺利完成。这种协作过程有助于增进双方之间的了解和信任,为未来的合作奠定坚实的基础。通过长期稳定的合作关系,双方可以共同实现商业目标,实现共赢发展。

综上所述,采购合同的履行在商业合作中具有重要意义。它不仅是明确双方权利和义务的法律文件,更是为合作提供法律保障、确保合作顺利进行、维护双方利益以及促进长期合作关系发展的关键所在。因此,在商业合作中,双方应充分重视采购合同的履行,确保合同得到严格遵守和执行。

2. 采购合同的履行

(1)按照约定供应商品或服务。供应商应按照采购合同的约定,按时、按质、按量提供商品或服务。任何关于供应的变动,都应提前与采购方进行沟通,达成一致意见。

(2)货款支付。采购方应根据合同约定的时间和方式,及时支付货款。如有任何关于付款的疑问或问题,应及时与供应商进行沟通解决。

(3)质量保证。供应商应保证所供应的商品或服务的质量符合采购合同的要求。如出现质量问题,供应商应负责解决,并承担相应的责任。

(4)提供必要的技术支持和文档。根据采购合同的约定,供应商可能需要提供必要的技术支持和文档,以确保采购方能够正确使用商品或服务。

3. 采购合同的监控

(1)定期检查与评估。采购方应定期对合同的履行情况进行检查和评估,以确保供应商按照合同约定履行其义务。

(2)及时解决争议。如发现供应商未按照合同约定履行其义务,采购方应及时与供应商进行沟通,寻求解决方案,并确保争议得到及时解决。

(3)持续改进。根据合作中的经验和市场变化,双方应持续改进和优化采购合同,以更好地满足合作需求和适应市场变化。

(4)记录与审计。所有的合同履行情况和监控结果都应进行记录和审计,以确保数据的准确性和完整性,为决策提供有力支持。

4. 加强合同履行与监控的措施

(1)建立有效的沟通机制。双方应建立有效的沟通机制,确保信息畅通,及时反馈合作中的问题和变化。

(2)加强培训与教育。对采购人员和供应商进行培训和教育,提高他们的合同意识和履行能力。

(3)建立激励机制。对表现优秀的供应商给予一定的激励,如提供更好的合作条件或给予额外奖励。

(4)引入第三方监管。如有需要,可以考虑引入第三方监管机构对合同的履行和监控进行独立的监督和评估。

二、采购合同的履行

采购合同的履行是商业合作中至关重要的环节,它涉及供应商和采购方之间的合作与责任分配。采购合同的履行是商业合作中至关重要的环节,它涉及供应商和采购方之间的合作与责任分配。下面将详细讲解采购合同履行过程中供应商和采购方的责任。

1. 供应商的责任

供应商应按照合同约定的质量、数量、价格、交货期等要求,提供符合要求的商品或服务。供应商应保证所提供的商品或服务的品质、性能、安全性等方面符合相关法律法规和行业标准。

(1)质量要求。

供应商的首要责任是按照合同约定的质量标准提供商品或服务。这意味着供应商必须确保所供应的产品或服务达到合同中明确规定的质量标准,包括但不限于产品的性能、耐用性、安全性等。供应商应遵守所有相关的质量管理和控制程序,确保产品质量的稳定性和可靠性。

(2)数量要求。

供应商需要按照合同约定的数量提供商品或服务。这意味着供应商必须准确理解合同中的数量要求,并在约定的交货期内提供正确数量的产品。如果供应商无法按照合同要求提供足够的数量,应及时通知采购方,以避免因数量不足而导致的合作问题。

(3)价格要求。

供应商有责任按照合同约定的价格提供商品或服务。合同中的价格通常是经过双方协商达成的,供应商应确保所提供的产品或服务的价格与合同约定一致。如果市场价格发生变化,供应商应及时与采购方沟通,以避免因价格问题引起的合作纠纷。

(4)交货期要求。

供应商必须按照合同约定的交货期提供商品或服务。交货期的准确性对于采购方来说至关重要,因为它直接影响到采购方的生产和销售计划。供应商应合理安排生产和发货计划,确保按时交货,避免因延误而导致的合作问题。

(5)售后服务与保修。

供应商通常还需要提供一定的售后服务和保修服务。这意味着供应商在产品销售后需要承担一定的责任,包括解答客户疑问、处理产品故障等。供应商应建立完善的售后服务体系,确保客户在使用产品或服务过程中遇到的问题能够得到及时解决。

(6)遵守法律法规和行业标准。

供应商在履行采购合同时,还应遵守所有相关的法律法规和行业标准。这意味着供应商必须确保其提供的商品或服务符合法律法规的要求,并符合所在行业的标准和规范。供应商应定期更新其生产和质量管理体系,以确保符合最新的法律法规和行业标准。

总之,供应商在采购合同履行过程中承担着重要的责任。他们需要按照合同约定的质量、数量、价格、交货期等要求提供商品或服务,并遵守相关的法律法规和行业标准。通过履行这些责任,供应商可以确保与采购方之间的合作顺利进行,并促进长期合作关系的发展。

2. 采购方的责任

采购方应按照合同约定的支付方式、支付时间和金额等要求,及时支付货款。采购方

应负责商品的验收、保管、运输等工作,并保证货物的安全、完整。

在采购合同中,采购方同样承担着一系列的责任,这些责任确保了采购过程的顺利进行以及供应商权益的保障。以下是采购方在合同履行中的主要责任:

(1)支付责任。采购方应按照合同约定的支付方式、支付时间和金额等要求,及时支付货款。这意味着采购方需要确保资金流的稳定性和可靠性,以支持供应商的经营活动。

①支付方式:采购方需要明确合同中规定的支付方式,如现金、转账、信用证等,并确保自己具备相应的支付能力。

②支付时间:采购方应严格遵守合同约定的支付时间,避免延迟支付给供应商带来不必要的困扰和损失。

③支付金额:采购方应确保支付的金额与合同约定的金额一致,避免因金额错误而导致的合作问题。

(2)商品验收。采购方负责商品的验收工作,确保所购买的商品符合合同约定的质量、数量、规格等要求。

①质量检查:采购方应对商品进行质量检查,确保商品符合合同约定的质量标准,并符合相关法律法规和行业标准。

②数量核对:采购方应核对商品的数量,确保收到的商品数量与合同约定的数量一致。

③规格检查:采购方还应检查商品的规格、型号等是否与合同要求相符。

(3)保管和运输。采购方负责商品的保管和运输工作,确保商品在存储和运输过程中的安全、完整。

①妥善保管:采购方应采取合理的保管措施,确保商品在存储期间不受损坏、变质或丢失。

②运输安排:采购方应负责安排商品的运输,选择可靠的运输方式和运输公司,确保商品能够按时、安全地到达目的地。

(4)风险管理。采购方还应负责风险管理,包括预测和应对可能出现的供应中断、价格波动等风险。

①供应商风险评估:采购方应对供应商进行风险评估,了解其生产能力和信誉状况,以降低供应中断的风险。

②价格波动管理:采购方应关注市场价格动态,采取合理的采购策略,应对价格波动带来的影响。

(5)合同履行监督。采购方应监督合同的履行情况,确保供应商按照合同约定的要求提供商品或服务。

①定期检查:采购方可以定期对供应商的履约情况进行检查,以确保供应商按照合同要求进行操作。

②问题解决:如发现供应商存在违约行为或问题,采购方应及时与供应商沟通,寻求解决方案,确保合同能够顺利履行。

总之,采购方在采购合同的履行过程中承担着重要的责任。他们需要按照合同约定的支付方式、支付时间和金额等要求及时支付货款,并负责商品的验收、保管、运输等工作,确保货物的安全、完整。通过履行这些责任,采购方可以确保采购过程的顺利进行,维护自己的权益,并与供应商建立长期稳定的合作关系。

三、采购合同的监控

1. 监控的作用

监控在采购合同的履行过程中起着至关重要的作用。它不仅仅是一个简单的观察或检查过程,而是一种系统的、持续性的管理活动,旨在确保采购合同从始至终都能够按照双方约定的条款和条件进行执行。以下是监控的主要作用:

(1)问题发现与解决。

①通过监控,可以及时发现合作过程中的问题,无论是供应方的问题还是采购方的问题,都能得到迅速的反应。

②发现问题后,监控机制可以促使双方及时沟通,共同寻找问题的解决方案,确保问题不会进一步扩大或导致更严重的后果。

(2)风险预测与防范。

①在合作过程中,可能会出现各种预料之外的风险,如供应商的生产能力下降、市场价格波动等。通过监控,可以及时发现这些风险的前兆,从而提前做好准备,避免或减少风险对合作的影响。

②监控还能帮助双方及时调整合作策略,以应对不断变化的市场环境和需求。

(3)合作效果评估。

①通过监控,可以对采购合同的执行情况进行定期的评估,了解双方合作的进度和效果。

②这些评估结果可以作为双方后续合作的参考,帮助双方改进合作方式,提高合作效率。

(4)合作信任建立与维护。

①监控机制能够确保双方在合作过程中的行为都符合合同的约定,这有助于建立和维护双方之间的信任关系。

②当双方都能够遵守合同、履行自己的责任时,合作的稳定性和持久性就会得到增强。

(5)法律合规性保障。在某些情况下,采购合同可能涉及复杂的法律条款和规定。通过监控,可以确保双方在合作过程中都遵守相关的法律法规,避免产生法律纠纷。

总之,监控是确保采购合同顺利履行、维护双方利益、降低合作风险的重要手段。通过有效的监控机制,可以及时发现和解决问题、预测和防范风险、评估合作效果、建立和维护信任关系,以及保障法律合规性。这对于长期稳定的合作关系来说,具有非常重要的意义。

2. 监控的方式

(1)定期报告。供应商和采购方应定期向对方报告合同执行情况,包括生产进度、交货时间、质量检测等方面的情况。

(2)现场检查。采购方可以派员到供应商的生产现场进行检查,了解生产过程、质量保证等情况,以确保供应商按照合同要求进行生产。

(3)第三方审计。采购方可以委托第三方机构对供应商进行审计,以评估供应商的生产能力、质量保证等情况。

(4)合同条款监控。双方在合同中应明确约定违约责任、解约条件等条款,以便在合作过程中对合同进行监控。

四、常见问题与解决措施

1. 交货期延误

交货期延误是采购合作中常见的问题之一。这种情况可能由多种原因导致,如供应商生产能力不足、原材料供应问题、运输延误等。为了有效应对这一问题,以下是一些具体的解决措施:

(1)提前沟通与计划。

①供应商在接收订单后,应尽早与采购方进行沟通,了解采购方的具体需求和期望的交货时间。

②根据采购方的要求,供应商应制定合理的生产计划,包括原材料采购、生产排程、质量控制等各个环节。

③计划制定过程中,供应商应考虑各种潜在的风险因素,并制定相应的应急预案。

(2)定期更新进度。

①在生产过程中,供应商应定期向采购方更新生产进度,确保采购方能够及时了解订单的执行情况。

②如遇到任何可能导致交货延误的问题,供应商应及时通知采购方,并共同商讨解决方案。

(3)交货延误处理。

①如果确实出现了交货延误的情况,供应商应立即通知采购方,并说明原因和预计的延误时间。

②同时,供应商应提供补救措施,如优先发货、部分交货、支付违约金等,以减轻采购方的损失。

③双方应共同协商,找到最佳的解决方案,确保合作关系不受影响。

(4)后续跟进与改进。

①在解决交货延误问题后,供应商应对此次事件进行总结和反思,找出导致问题的根本原因。

②针对这些原因,供应商应制定相应的改进措施,防止类似问题再次发生。

③同时,供应商应与采购方保持沟通,了解采购方的反馈和建议,以持续优化生产和服务流程。

通过以上措施,供应商和采购方可以共同应对交货期延误问题,确保采购合同的顺利执行。这不仅有助于维护双方的合作关系,也有助于提高整个供应链的稳定性和效率。

2. 质量不符合要求

质量不符合要求是采购过程中另一个常见且严重的问题。当供应商提供的产品或服务未能达到合同约定的质量标准时,这不仅可能影响到采购方的正常运营,还可能给其带来经济损失和声誉损害。因此,解决这一问题至关重要。以下是一些具体的解决措施:

(1)严格遵守合同标准。

①在签订采购合同时,供应商和采购方应明确约定产品的质量标准和检验方法。

②供应商在生产过程中应严格按照合同约定的质量标准进行生产,确保每一个环节都符合质量要求。

③在产品出厂前,供应商应进行严格的质量检验,确保产品符合合同要求。

（2）定期质量检查与评估。

①采购方可以定期对供应商的产品进行质量检查和评估，以确保产品始终符合约定的质量标准。

②如发现质量问题，采购方应及时通知供应商，并要求其进行整改。

（3）质量问题处理。

①如果发现供应商提供的产品存在质量问题，采购方应立即停止使用该产品，并与供应商联系协商解决。

②供应商应迅速响应采购方的反馈，查明原因，并提出改进措施。

③双方应共同协商，确定解决方案，如退货、换货、降价等，以减轻采购方的损失。

（4）持续改进与预防。

①供应商应对此次质量问题进行深入分析，找出根本原因，并制定针对性的改进措施。

②为了预防类似问题再次发生，供应商应建立健全质量管理体系，加强质量控制和生产流程管理。

③同时，供应商应加强与采购方的沟通与合作，定期分享质量管理经验和做法，共同提高产品质量水平。

（5）质量保证金与惩罚机制。

①在采购合同中，可以约定一定的质量保证金条款。如供应商的产品出现质量问题，采购方可以扣除相应的质量保证金作为赔偿。

②此外，还可以建立惩罚机制，对多次出现质量问题的供应商进行一定的处罚，如降低采购量、暂停合作等。这可以促使供应商更加重视产品质量。

通过以上措施的实施，供应商和采购方可以有效应对质量不符合要求的问题。这不仅有助于维护双方的合作关系和采购方的利益，也有助于提升供应商的产品质量和服务水平。同时，这也促进了整个供应链的可持续发展和竞争力提升。

3. 货款支付问题

货款支付问题是采购过程中经常遇到的一个关键问题。采购方和供应商之间的货款支付需要按照合同约定的支付方式和时间进行，以确保交易的顺利进行。然而，在实际操作中，由于各种原因，可能会出现货款支付问题，影响双方的合作关系。因此，解决货款支付问题至关重要。以下是一些具体的解决措施：

（1）明确合同条款。

①在采购合同中，采购方和供应商应明确约定货款的支付方式（如现金、银行转账等）、支付时间（如货到付款、月结等）以及支付条件（如预付款、尾款等）。

②合同条款应清晰明确，避免歧义，确保双方对货款支付有共同的理解和预期。

（2）确保资金准备。

①采购方应提前做好资金准备，确保在约定的支付时间能够按时支付货款。

②如遇到资金紧张或其他特殊情况，采购方应及时与供应商沟通，说明情况并寻求解决方案。

（3）及时沟通解决。

①如出现货款支付问题，采购方应立即与供应商沟通，了解具体情况，并共同寻找解决方案。

②双方应保持积极、开放的态度，相互理解、支持，共同解决问题。

（4）建立信任与合作关系。

①采购方和供应商应建立长期稳定的合作关系,相互信任,共同维护合作关系的稳定和持续发展。

②双方可以定期交流、沟通,分享市场信息和业务动态,加强合作,共同应对市场变化和挑战。

（5）备用方案与风险控制。

①采购方和供应商可以协商制定备用支付方案,以应对突发情况或意外事件导致的货款支付问题。

②双方还可以考虑引入第三方支付机构或银行担保等风险控制措施,降低货款支付风险。

（6）法律途径解决纠纷。

①如经沟通协商仍无法解决货款支付问题,双方可以考虑通过法律途径解决纠纷。

②在此过程中,双方应保留相关证据,如合同、付款记录、沟通记录等,以便在必要时向法院或仲裁机构提供证据。

通过以上措施的实施,采购方和供应商可以有效应对货款支付问题,维护合作关系的稳定和持续发展。同时,这也促进了双方的信任和合作,为未来的合作奠定了良好的基础。

4. 合作沟通不畅

在合作过程中,沟通是确保双方顺畅合作、避免误解和冲突的关键环节。然而,由于各种原因,合作双方可能会出现沟通不畅的情况,导致合作进程受阻或产生误解。为了有效解决合作沟通不畅的问题,以下是一些具体的措施和建议:

（1）建立明确的沟通机制。

①双方应事先约定沟通的频率、方式和渠道,如定期会议、电子邮件、即时通讯工具等。

②明确沟通的责任人和参与人员,确保信息能够准确、及时地传递。

（2）确保信息清晰准确。

①在沟通过程中,双方应使用明确、简洁的语言,避免使用模糊或含糊不清的表达方式。

②对于重要的信息或协议,双方可以通过书面形式进行确认,以避免口头传达中的误解。

（3）积极倾听与反馈。

①在沟通过程中,双方应积极倾听对方的意见和建议,尊重对方的观点。

②对于对方的反馈或问题,应及时给予回应,并解释清楚自己的观点和立场。

（4）处理冲突与分歧。

①当出现冲突或分歧时,双方应保持冷静、理性,避免情绪化的回应。

②可以寻求双方都能接受的解决方案,或者通过协商达成妥协。

（5）引入第三方协调机构。

①如果合作双方经过多次沟通仍无法解决问题,可以考虑引入第三方协调机构,如调解机构、律师事务所等。

②第三方协调机构可以提供中立的意见和建议,帮助双方找到解决问题的最佳途径。

（6）持续改进与提升。

①合作双方可以定期对沟通机制进行评估和改进,以适应合作过程中的变化和需求。

②双方可以分享沟通的经验和教训,共同提升沟通效率和合作质量。

通过以上措施的实施,合作双方可以有效地解决沟通不畅的问题,确保合作顺利进行。同时,这也有助于增进双方的理解和信任,为未来的合作奠定良好的基础。

第三节　采购合同的变更与终止

在商业合作中,采购合同的变更与终止是常见的环节。合同一旦签署,并不意味着双方的关系就此固定不变。随着市场环境的变化、业务需求调整或合作中的问题,合同可能需要进行适当的变更或终止。本节将详细探讨采购合同的变更与终止,帮助您了解这一关键环节,以便更好地应对合作中的变化,维护商业关系的动态平衡。

一、采购合同变更

1. 市场环境变化

市场环境的变化是采购合同变更的一个常见原因。在采购合同中,许多条款和条件是基于签订合同时的市场状况来设定的。然而,市场状况是不断变化的,这些变化可能会影响到采购合同的执行和效果。

(1)原材料价格波动。原材料价格的大幅波动是市场环境变化的一个显著例子。如果原材料的价格在合同执行期间发生了显著变化,这可能会使得原有的固定价格合同变得不公平。例如,如果原材料价格上涨,供应商可能会面临成本增加,而买方则可能不愿意按照原价购买,因为市场上的价格已经发生了变化。

在这种情况下,采购合同可能需要变更以反映新的市场价格。这可能包括重新谈判价格条款,或者调整合同中的其他相关条款,如交货期、数量等。

(2)需求变化。市场环境的变化还可能涉及到需求的变化。例如,如果买方的需求突然减少,那么原有的采购合同可能不再适用。同样,如果买方的需求增加,那么原有的合同可能无法满足其需求。

在这种情况下,采购合同可能需要变更以满足新的需求。这可能包括修改合同中的数量条款,或者重新协商交货期等。

(3)政策和法规变化。政策和法规的变化也可能导致采购合同需要变更。例如,如果政府出台了新的贸易政策或法规,这可能会影响到采购合同的执行。

在这种情况下,采购合同可能需要变更以符合新的政策和法规。这可能包括修改合同中的条款,以确保合同符合新的政策或法规要求。

(4)技术进步。技术进步也是市场环境变化的一个方面。随着新技术的出现和应用,原有的采购合同可能不再适用。例如,如果供应商开发出了新的生产技术,这可能会提高生产效率和质量,但同时也可能需要调整合同中的相关条款。

市场环境的变化对采购合同的影响是多方面的,包括原材料价格、需求、政策和法规以及技术进步等。因此,在采购合同执行过程中,双方应密切关注市场环境的变化,并及时调整合同以适应新的市场状况。这有助于确保采购合同的公平性和有效性,同时也能够维护双方的利益。

2. 业务需求调整

业务需求调整是采购合同变更的另一个重要原因。企业的业务策略或产品线经常需

要根据市场状况、技术发展、消费者需求等因素进行调整。这些调整往往会直接影响到采购需求,导致采购合同需要相应地变更。

(1)扩大生产规模。当企业决定扩大生产规模时,通常需要增加原材料的采购量。这意味着原有的采购合同可能无法满足新的需求。在这种情况下,企业可能需要与供应商重新协商采购合同,包括增加采购量、调整交货时间等。

(2)产品线调整。企业可能会根据市场需求或技术发展趋势调整产品线。例如,企业可能会决定停止生产某些产品,转而生产更具市场潜力的新产品。这种调整可能会导致原有的采购合同不再适用,因为新产品可能需要不同的原材料或不同的采购量。因此,企业可能需要与供应商协商修改或终止原有的采购合同,并签订新的合同以满足新产品的采购需求。

(3)业务策略变更。企业的业务策略变更也可能导致采购合同需要变更。例如,企业可能会决定从成本领先战略转向差异化战略,这意味着企业可能更注重产品的质量和创新,而不是成本。这种策略变更可能会导致企业对原材料的质量要求提高,从而需要与供应商协商修改原有的采购合同,以确保供应商能够提供符合新策略要求的原材料。

(4)供应链优化。为了提高效率和降低成本,企业可能会决定优化供应链。这可能包括更换供应商、调整交货地点或方式等。这些变更都可能导致原有的采购合同不再适用,需要企业与新的供应商或现有的供应商重新协商和签订新的采购合同。

业务需求调整是采购合同变更的常见原因之一。企业的业务策略、产品线、供应链等方面的调整都可能导致采购需求发生变化。因此,在采购合同执行过程中,企业应密切关注自身业务的变化,并及时与供应商协商变更合同以满足新的采购需求。这有助于确保企业的业务顺利进行,并维持与供应商的良好合作关系。同时,企业也应建立完善的采购合同管理制度和风险评估机制,以应对可能出现的合同变更风险。

3.合作问题解决

在采购合同的执行过程中,合作双方可能会遇到各种问题,这些问题可能是由于供应商的原因,也可能是由于企业自身的原因造成的。当这些问题出现时,为了维护合作关系和解决实际问题,双方可能需要对采购合同进行相应的变更。

(1)供货不及时。供货不及时是一种常见的合作问题。供应商可能因为生产能力不足、原材料短缺、运输延误等原因,导致无法按照合同约定的时间交货。在这种情况下,企业可能需要与供应商协商调整交货时间、增加违约金条款等,以确保供应链的稳定性和企业的正常运营。

(2)质量不稳定。如果供应商提供的产品质量不稳定,可能会给企业带来质量风险和经济损失。例如,产品在使用过程中频繁出现故障,导致企业需要投入更多的维修和更换成本。为了解决这一问题,企业可能需要与供应商协商调整质量标准、加强质量监控等,以确保采购的产品符合企业的质量要求。

(3)价格变动。在采购合同执行过程中,市场价格的变动可能会给双方带来影响。如果原材料价格上涨,供应商可能会要求提高供货价格,而企业可能希望维持原有的价格水平。在这种情况下,双方需要进行价格谈判,并可能需要对采购合同中的价格条款进行变更。

(4)服务支持不足。除了产品质量和交货时间外,供应商的服务支持也是合作过程中需要考虑的重要因素。如果供应商在售后服务、技术支持等方面表现不佳,企业可能需要

与供应商协商加强服务支持,如增加技术支持人员、提高售后服务响应速度等。这些变更通常需要以书面形式记录在采购合同中,以确保双方权益得到保障。

(5)法律法规变化。在合作过程中,可能会遇到法律法规的变化,这些变化可能影响到采购合同的执行。例如,新的环保法规可能要求供应商采取更环保的生产方式,或者新的税收政策可能影响采购成本等。在这种情况下,双方需要及时了解相关法律法规的变化,并协商对采购合同进行相应的调整。

合作过程中出现的问题是采购合同变更的重要原因之一。当遇到供货不及时、质量不稳定等合作问题时,企业应与供应商积极沟通协商,通过变更合同条款来解决问题。这有助于维护合作关系的稳定性和持续性,同时也能够保障企业的利益和权益。在变更合同条款时,双方应确保变更内容明确、具体,并以书面形式记录在采购合同中。此外,企业还应建立完善的采购合同管理制度和风险评估机制,以应对可能出现的合作问题和风险。

4. 法律与合规要求

在采购合同的生命周期中,法律与合规要求的变化是非常关键的因素,它们可能直接影响合同的执行和双方的权益。因此,当法律或合规要求发生变化时,采购合同可能需要相应地进行调整,以确保合同条款与新的法律或合规要求保持一致。

(1)法律法规更新。各国政府会定期更新其法律法规,以适应社会、经济和技术的发展。这些更新可能涉及产品质量标准、环保要求、税收政策、贸易政策等多个方面。例如,如果新的环保法规要求供应商在生产过程中减少污染排放,那么采购合同中关于环保的条款可能需要调整,以反映这些新的要求。

(2)国际贸易规则变化。对于跨国采购,国际贸易规则的变化也是一个重要的考虑因素。例如,新的贸易协定、关税调整或出口限制等都可能影响采购合同的执行。在这种情况下,双方可能需要调整合同条款,如价格、交货地点、支付方式等,以适应新的贸易环境。

(3)合规性审查。为确保采购活动符合相关法规,企业可能需要对供应商进行合规性审查。如果发现供应商存在合规问题,如违反劳动法、知识产权法等,企业可能需要与供应商协商调整合同条款,以确保供应链的合规性。

(4)合同审查与修订。为应对法律与合规要求的变化,企业应对现有的采购合同进行定期审查。如果发现合同条款与新的法律或合规要求不符,应及时与供应商协商修订合同。修订合同的过程中,双方应充分沟通,确保修订后的条款符合双方利益且符合法律要求。

(5)风险管理与合规培训。为降低因法律与合规要求变化带来的风险,企业应加强风险管理和合规培训。通过定期培训,提高采购团队对法律与合规要求的认识和理解,确保在采购过程中能够及时发现并应对潜在的法律风险。

法律与合规要求的变化是采购合同变更的重要原因之一。为确保采购活动符合相关法规,并维护双方的利益,企业应及时关注法律与合规要求的变化,对采购合同进行定期审查与修订。同时,加强风险管理和合规培训也是降低潜在风险的关键措施。通过这些措施,企业可以确保采购合同的合规性,保障供应链的稳定性和企业的可持续发展。

二、采购合同终止

1. 合作目标改变

合作目标改变是导致采购合同终止的一个常见原因。这种情况通常发生在企业战略

调整或业务方向转变时,导致与现有供应商的合作目标不再一致。以下是对这一原因的详细具体讲解:

(1)企业战略调整。企业战略调整是企业为了应对市场变化、提高竞争力或实现长期发展而对其内部运营、产品或服务定位、市场策略等进行的一系列改变。这些调整可能涉及企业的生产规模、产品线、市场定位等方面。当企业战略调整后,原有的采购合同可能不再符合新的企业战略需求,因此需要考虑终止合同。

(2)业务方向转变。随着市场的发展和消费者需求的变化,企业可能需要调整其业务方向,转向更具市场前景或更符合消费者需求的领域。这种业务方向的转变可能导致原有的供应商无法提供所需的产品或服务,或者双方的合作不再具有经济价值。在这种情况下,企业可能需要与供应商协商终止合同,以便与新的供应商建立合作关系,满足新的业务需求。

(3)合作目标不一致。即使在企业战略和业务方向未发生明显变化的情况下,随着时间的推移和市场环境的变化,双方的合作目标也可能出现不一致的情况。例如,供应商可能无法跟上市场趋势,无法提供满足企业需求的产品或服务;或者双方的成本和收益结构发生变化,导致合作不再具有盈利性。在这种情况下,企业可能需要考虑终止合同,以寻找更符合其当前合作目标的供应商。

(4)终止合同的程序。当合作目标改变导致需要终止合同时,企业应按照合同中约定的程序进行。通常,合同中会规定双方终止合同的权利和义务,包括通知期限、违约责任、合同解除条件等。企业应按照这些规定与供应商协商终止合同的事宜,并确保双方在终止过程中遵守合同条款和法律法规。

合作目标改变是导致采购合同终止的重要原因之一。在企业战略调整、业务方向转变或合作目标不一致的情况下,企业可能需要考虑终止与现有供应商的合同。在终止合同的过程中,企业应按照合同中约定的程序进行,并与供应商协商达成一致,以确保双方权益的保障和业务的顺利过渡。

2.严重违约

在采购合同中,供应商和企业之间都承担着特定的责任和义务。当供应商出现严重违约行为时,企业通常有权考虑终止合同。严重违约不仅可能对企业造成直接的经济损失,还可能对企业的声誉、客户关系和市场地位产生长期影响。以下是对严重违约导致采购合同终止的详细具体讲解:

(1)长期供货不及时。供应商长期供货不及时是采购合同中最常见的严重违约行为之一。这种违约可能导致企业无法按时完成生产计划,影响销售和客户满意度,甚至可能引发连锁反应,导致企业面临更大的经济损失。在这种情况下,企业通常有权根据采购合同的违约条款,要求供应商承担相应的违约责任,并考虑终止合同。

(2)质量问题导致重大损失。供应商提供的产品或服务存在质量问题,且这种质量问题导致企业遭受重大损失,也是一种严重的违约行为。质量问题可能涉及产品的安全性、功能性、耐用性等方面,如果这些问题导致企业面临退货、赔偿、维修等额外成本,或者损害企业的声誉和客户关系,企业通常会考虑终止合同,以避免进一步的损失。

(3)其他严重违约行为。除了长期供货不及时和质量问题外,供应商还可能存在其他严重违约行为,如违反保密义务、未经授权使用企业的知识产权、违反合同约定的付款条件等。这些违约行为都可能对企业造成重大损害,因此企业在面临这些违约行为时,通常也

会考虑终止合同。

（4）终止合同的法律后果。当供应商出现严重违约行为导致企业考虑终止合同时，企业应当首先查阅采购合同中的违约条款和终止条款，了解自身的权利和义务。通常，采购合同中会规定违约责任的承担方式、终止合同的通知期限以及合同解除的条件等。企业应当严格按照合同约定进行操作，并保留相关证据，以便在必要时通过法律途径维护自身权益。

严重违约是导致采购合同终止的另一个重要原因。当供应商出现长期供货不及时、质量问题导致重大损失等严重违约行为时，企业通常需要评估违约行为的严重程度和自身的利益受损情况，并考虑是否终止合同。在终止合同的过程中，企业应遵守采购合同中的约定和法律法规，确保自身权益的保障和业务的顺利过渡。同时，企业也应加强供应商管理和风险控制，以降低未来合作中可能出现违约风险的可能性。

3. 不可抗力因素

不可抗力因素是指那些无法预见、无法避免且无法克服的外部事件，这些事件导致合同的任何一方无法按照原先的约定履行其义务。当不可抗力因素出现时，采购合同可能无法继续执行，因此需要考虑终止合同。以下是关于因不可抗力因素导致采购合同终止的详细具体讲解：

（1）自然灾害。自然灾害是常见的不可抗力因素之一，如地震、洪水、台风、火灾等。这些灾害可能导致供应商的生产设施遭受严重破坏，无法继续供货；或者导致企业的运输和存储设施受到影响，无法接收或处理货物。在这种情况下，由于灾害的突发性和不可抗性，供应商或企业可能无法按照合同约定履行其义务，因此可能需要终止合同。

（2）政治风险。政治风险也是一种常见的不可抗力因素，包括战争、政变、恐怖袭击、贸易禁运、汇率波动等。这些风险可能导致供应商的生产和销售环境发生剧烈变化，无法继续履行合同；或者导致企业的进口和出口业务受到限制，无法正常进行采购活动。在这种情况下，合同双方可能需要协商终止合同，以避免进一步的损失。

（3）法律法规变化。法律法规的变化也可能构成不可抗力因素。例如，政府突然修改或废止与采购合同相关的法律法规，导致合同无法继续执行。或者，国际政治环境的变化导致贸易协定失效或贸易壁垒设立，使得跨境采购变得困难或不可能。

（4）处理不可抗力因素导致的合同终止。当不可抗力因素导致采购合同无法继续执行时，合同双方通常应首先查看采购合同中关于不可抗力条款的规定。这些条款通常会明确不可抗力事件的定义、通知义务、证明责任以及合同终止后的处理方式。一般来说，不可抗力因素导致的合同终止通常不需要支付违约金或赔偿金，但双方应根据合同约定和实际情况协商处理善后事宜。

不可抗力因素是采购合同终止的另一个重要原因。当自然灾害、政治风险或法律法规变化等不可抗力因素导致合同无法继续执行时，合同双方应根据合同约定和实际情况协商处理。在处理过程中，双方应保持沟通和合作，以尽量减少损失并维护各自的利益。同时，企业和供应商也应加强风险管理和预警机制建设，以降低未来合作中可能遭遇不可抗力因素的风险。

4. 成本与效益分析

成本与效益分析是企业在运营过程中的核心决策依据。当面对采购合同时，如果通过详细的分析认为继续执行合同不再符合企业的整体利益，企业可能会选择终止合同。以下

是对这一决策过程的详细具体讲解：

（1）成本分析。

①直接成本：这包括与合同直接相关的所有费用，如货物或服务的价格、运输费用、关税、税费等。如果这些成本因市场变化、供应商提价或其他原因而显著增加，企业可能需要重新评估合同的经济性。

②间接成本：这些是与合同执行相关的但不易直接量化的费用，如管理成本、仓储费用、库存积压成本、机会成本等。这些成本可能会随着合同执行时间的延长而增加。

（2）效益分析。

①经济效益：企业需要考虑从合同中获得的经济效益是否达到预期。如果由于市场变化、需求下降或其他原因，继续执行合同无法带来预期的收益，企业可能会考虑终止合同。

②战略效益：除了直接的经济效益外，企业还需要考虑合同是否与其长期战略相符。如果合同不再符合企业的战略发展方向，终止合同可能是明智的选择。

（3）风险与不确定性。

①市场风险：市场变化可能导致供应商或企业的经济状况发生变化，从而影响合同的执行。例如，供应商可能面临破产风险，或企业可能因市场需求下降而面临库存积压的风险。

②法律与合规风险：如果合同中存在法律漏洞或合规问题，继续执行合同可能会给企业带来法律风险。在这种情况下，终止合同可能是为了避免潜在的法律纠纷。

（4）决策过程。在进行成本与效益分析时，企业需要组建一个由相关部门组成的团队，如采购、财务、法务、市场等。这个团队需要全面评估合同的经济性、战略符合性、风险与不确定性等因素。

决策过程应该基于数据分析和专家意见，同时考虑到企业的整体利益。如果分析结果显示继续执行合同不再符合企业的利益，企业应按照合同约定和法律要求，与供应商进行协商并妥善处理合同终止事宜。

成本与效益分析是企业在考虑是否终止采购合同时的重要决策依据。通过详细分析合同的直接和间接成本以及经济效益和战略效益等因素，企业可以做出更明智的决策。在决策过程中，企业应充分考虑风险与不确定性并遵循合同约定和法律要求。

三、合同变更与终止的程序

1. 协商

协商是合同变更与终止程序中的第一步，也是至关重要的一步。在考虑变更或终止合同时，企业应与供应商进行充分、透明和诚实的协商，以寻求双方都能接受的解决方案。以下是协商过程的详细具体讲解：

（1）明确变更或终止的原因。在与供应商协商之前，企业应首先明确想要变更或终止合同的具体原因。这可能是由于市场变化、企业战略调整、供应商问题或其他原因导致的。明确原因有助于企业在协商过程中更有针对性地与供应商沟通。

（2）准备协商材料。在协商之前，企业应准备好相关的材料和证据，以支持其变更或终止合同的请求。这可能包括市场分析报告、企业战略规划、供应商绩效评估报告等。这些材料有助于向供应商展示变更或终止合同的合理性和必要性。

（3）选择合适的协商时机和方式。企业应选择一个合适的时机和方式与供应商进行协

商。这可能需要考虑供应商的业务繁忙程度、双方的时间安排以及沟通渠道的便利性等因素。一般来说,面对面的会议或电话会议可能更适合深入讨论和解决问题,而电子邮件或书面函件则更适合用于初步沟通和确认协议。

(4)充分听取供应商的意见和建议。在协商过程中,企业应充分听取供应商的意见和建议,尊重其立场和利益。这有助于建立互信和合作的基础,促进双方达成共识。同时,企业也应向供应商解释自己的立场和需求,寻求双方都能接受的解决方案。

(5)记录协商过程和结果。为了确保协商过程和结果的透明性和可追溯性,企业应详细记录协商的每一步进展和达成的协议。这可以作为未来处理任何争议或纠纷的依据。

(6)遵循合同和法律规定。在协商过程中,企业应始终遵循合同和法律规定,确保变更或终止合同的程序符合法律要求。如果协商无法达成一致或遇到法律障碍,企业可能需要寻求专业法律意见或采取其他合法途径来解决问题。

总之,协商是合同变更与终止程序中的关键步骤。通过充分、透明和诚实的协商,企业可以与供应商建立互信和合作的基础,促进双方达成共识并达成满意的解决方案。

2. 书面通知

(1)通知的重要性。书面通知是合同变更与终止程序中至关重要的一环。通过书面通知,双方可以明确地了解对方的意图和决定,避免口头传达可能产生的误解或遗漏。此外,书面通知也是法律要求的一种形式,有助于确保双方的权益得到保障。

(2)通知的内容。书面通知应包含以下内容:

①决定的内容:明确说明是合同变更还是终止,以及具体的变更内容或终止原因。

②生效日期:明确合同变更或终止的生效日期,以便双方做好准备。

③影响分析:简要分析合同变更或终止可能对双方产生的影响,特别是对受影响方的影响。

④解决方案:提出针对受影响方的解决方案或补偿措施,以减轻其损失。

(3)通知的形式。书面通知可以采取多种形式,如正式的信件、电子邮件或传真等。无论选择哪种形式,都应确保通知内容清晰、准确并易于理解。同时,还应确保通知能够送达对方,并在必要时要求对方确认收到通知。

(4)法律要求。在某些国家或地区,合同变更或终止的书面通知可能需要遵循特定的法律要求或格式。因此,在发出通知之前,企业应咨询专业律师或法律顾问,以确保通知符合法律要求。

(5)与协商的衔接。书面通知应与之前的协商过程相衔接。在发出通知之前,企业应确保已经与供应商进行了充分的协商,并达成了共识。如果协商未能达成一致,企业应在通知中说明原因,并提出自己的立场和解决方案。

(6)保留证据。企业应妥善保留书面通知的副本和相关证据,以备将来可能出现的争议或纠纷。这些证据可以用于证明企业在合同变更或终止过程中的合规性和合理性。

总之,书面通知是合同变更与终止程序中不可或缺的一环。通过明确、准确和合规的书面通知,企业可以确保双方的权益得到保障,并为未来的合作奠定良好的基础。

3. 法律咨询

在变更或终止合同之前,寻求法律专业人士的意见是一个至关重要的步骤。这个过程不仅确保了企业所有操作都在法律允许的范围内,而且还为企业提供了合法性和合规性的保障,有助于避免因违反法律规定而引发的潜在风险。

（1）法律专业人士的角色。法律专业人士,如律师或法律顾问,具有深厚的法律知识和经验。他们可以就合同变更或终止涉及的具体法律问题为企业提供指导,包括合同条款的合法性、变更或终止的正当性、可能的法律后果等。

（2）法律咨询的重要性。

①确保合法性:法律专业人士可以帮助企业确保合同变更或终止的决定符合相关法律法规的要求,避免因违反法律而导致的无效合同或法律责任。

②评估风险:法律专业人士可以评估合同变更或终止可能带来的法律风险,包括与对方当事人的纠纷、赔偿责任等,从而为企业做出明智的决策提供依据。

③提供解决方案:针对合同变更或终止过程中可能出现的法律问题,法律专业人士可以提供专业的解决方案和建议,帮助企业有效应对各种挑战。

（3）法律咨询的流程。

①明确咨询问题:企业应明确需要咨询的法律问题,如合同变更的合法性、终止合同的程序等。

②选择合适的法律专业人士:根据问题的复杂性和专业性,企业应选择合适的法律专业人士进行咨询。

③提供必要的信息:企业应向法律专业人士提供与咨询问题相关的所有必要信息,如合同条款、背景情况等。

④获取专业意见:法律专业人士根据提供的信息进行分析和研究,给出专业的法律意见。

⑤实施建议:企业应根据法律专业人士的建议,依法合规地进行合同变更或终止操作。

（4）与合同谈判的衔接。在合同变更或终止的过程中,法律咨询与合同谈判是相辅相成的。法律专业人士的意见可以为企业在谈判中提供有力的支持,确保企业的利益得到最大程度的保护。同时,谈判的结果也需要经过法律专业人士的审核,以确保其合法性和合规性。

（5）持续的法律支持。合同变更或终止后,企业可能还需要面临一些后续的法律问题。因此,建立与法律专业人士的长期合作关系,为企业提供持续的法律支持是非常必要的。这可以帮助企业更好地应对可能出现的法律挑战,确保企业的运营稳定和安全。

总之,在变更或终止合同之前寻求法律专业人士的意见是一个不可或缺的步骤。这不仅可以确保企业的操作符合法律要求,还可以为企业提供专业的法律支持和保障,为企业的稳健发展奠定坚实的基础。

4. 审计与交接

当合同终止时,审计与交接是两个至关重要的步骤,它们确保了合同双方在合作期间的财务和实物资产得到妥善处理,避免了潜在的纠纷和损失。

（1）审计。审计是对合同终止前双方财务往来的详细核查和确认。这个过程通常由专业的审计团队或第三方审计机构来执行,目的是确保所有财务数据的真实性和准确性。

①审计的主要内容和目的:

● 核实财务数据:审计团队会核实合同期间的所有收入、支出、成本等财务数据,确保它们的真实性和准确性。

● 检查合规性:审计还会检查合同双方是否遵守了相关的财务规定和法律法规,如税务、反洗钱等。

- 识别潜在风险:通过审计,可以及时发现和解决潜在的财务风险和问题,避免在合同终止后出现纠纷。

②审计的流程:

- 制定审计计划:明确审计的目标、范围、时间等。
- 收集资料:收集合同期间的所有财务数据和相关资料。
- 现场审计:对合同双方的财务进行实地核查。
- 编制审计报告:根据审计结果,编制详细的审计报告,列出发现的问题和建议。

(2)交接。交接是在合同终止后,将合同涉及的所有实物资产、文档、知识产权等从一方转移到另一方的过程。这个过程需要确保所有资产都得到妥善处理和保护,避免丢失或损坏。

①交接的主要内容:

- 实物资产:如设备、库存、办公用品等。
- 文档资料:如合同文件、会议记录、财务报告等。
- 知识产权:如专利、商标、著作权等。
- 其他相关事项:如员工交接、客户关系维护等。

②交接的流程:

- 制定交接清单:列出所有需要交接的资产和文档。
- 核实资产和文档:确保所有资产和文档都齐全、准确。
- 执行交接:按照交接清单,逐项进行资产和文档的交接。
- 签署交接文件:交接完成后,双方签署交接文件,确认交接的完成和资产的所有权转移。

(3)注意事项。

①确保审计的独立性:审计应由独立的第三方进行,以确保其公正性和客观性。

②及时处理问题:在审计和交接过程中发现的问题,应及时处理和解决,避免留下后患。

③保持沟通:审计和交接过程中,双方应保持良好的沟通和合作,确保过程的顺利进行。

总之,审计与交接是合同终止后的重要步骤,它们确保了合同双方在合作期间的财务和实物资产得到妥善处理,避免了潜在的纠纷和损失。企业应高度重视这两个步骤,确保它们的有效执行。

四、合同变更与终止的影响

1. 供应链稳定性

供应链的稳定性对于任何企业都至关重要,因为它关系到企业的运营效率、成本控制以及客户满意度。合同作为供应链中各方之间合作的基础和保障,其变更或终止往往会对供应链稳定性产生直接或间接的影响。

(1)影响原因。

①合作关系的变动:合同的变更或终止意味着供应链中的合作伙伴关系发生了调整。这种调整可能导致供应链中的信息流、物流、资金流出现中断或延迟,影响供应链的正常运作。

②预期的不确定性:合同变更或终止往往伴随着商业环境的变化,如市场需求的波动、政策调整等。这些不确定性可能导致供应链各方对未来的预期产生变化,从而影响供应链的稳定。

(2)具体影响。

①库存管理问题:合同变更或终止可能导致供应链中的库存积压或短缺。例如,当合同终止时,供应商可能无法及时找到新的买家,导致库存积压;同时,需求方也可能因为供应链中断而面临产品短缺的问题。

②运输和物流问题:合同变更可能导致运输和物流计划的调整。这可能需要重新安排运输路线、更换运输工具或调整运输时间,从而增加额外的管理成本和风险。

③生产和研发问题:如果合同变更或终止涉及到关键原材料或技术的供应,可能会对企业的生产和研发计划产生影响。这可能导致生产延迟、产品质量问题或技术创新的受阻。

(3)管理策略。

①加强供应链合作:通过加强与供应链各方的合作,建立长期稳定的合作关系,可以减少合同变更或终止对供应链稳定性的影响。

②优化库存管理:通过优化库存管理策略,如采用精益库存管理方法,可以降低库存积压或缺货的风险。

③完善物流体系:建立完善的物流体系,包括多样化的运输方式、灵活的物流计划和强大的物流管理能力,可以应对合同变更或终止带来的物流问题。

④增强风险管理能力:通过建立完善的风险管理机制,预测和应对潜在的合同变更或终止风险,可以减少其对供应链稳定性的影响。

总之,合同的变更与终止对供应链稳定性有重要影响。企业需要认识到这些影响,并采取有效的管理策略来应对,以确保供应链的持续稳定运行。

2.财务影响

合同变更或终止不仅涉及到业务运营和供应链管理的层面,更重要的是,它会对企业的财务状况产生深远影响。合同中的财务条款,如价格、付款方式、保证金、违约金等,都是企业在签订合同时基于当时的市场环境、企业预期和风险评估而确定的。因此,任何关于这些条款的变更或终止都可能对企业的现金流、利润、资产负债表等关键财务指标产生直接或间接的影响。

(1)收入与成本。

①价格调整:合同变更可能涉及产品或服务价格的调整。如果价格下调,企业的收入将减少;如果价格上调,可能导致客户流失或市场反应不佳,进而影响收入。同时,价格的调整也会影响企业的成本结构,尤其是当涉及到原材料、劳动力等关键资源的采购时。

②付款方式的改变:合同终止或变更可能意味着付款方式的调整,如从预付款变为货到付款,或从月结变为现金交易。这会影响企业的现金流和资金运作效率。

(2)资产与负债。

①保证金与违约金:合同变更或终止可能涉及保证金的退还或违约金的支付。这将直接影响企业的现金流和资产负债表。例如,如果企业需要支付违约金,可能会导致短期内的资金紧张或利润下降。

②长期资产的影响:对于涉及长期项目的合同,其变更或终止可能对企业的长期资产,

如设备、生产线、研发投资等产生影响。企业可能需要重新评估这些资产的价值和使用效率。

（3）信用与融资。

①影响企业信用：频繁的合同变更或终止可能损害企业的商业信誉，进而影响其与金融机构的关系和融资能力。

②融资难度增加：财务状况的不稳定可能导致金融机构对企业的贷款和融资申请持谨慎态度，从而增加企业的融资难度和成本。

（4）风险管理。

①财务风险的评估与应对：企业需要定期对合同的财务条款进行风险评估，以预测和应对潜在的财务风险。这可能包括市场风险、信用风险、流动性风险等。

②财务稳健性的维护：在面对合同变更或终止时，企业应注重维护其财务稳健性，确保在任何情况下都能保持足够的现金流和盈利能力。

（5）财务策略建议。

①详细分析与谈判：在面对合同变更或终止时，企业应详细分析合同中的财务条款，并与对方进行充分的谈判，以争取最有利的财务条件。

②建立财务风险管理机制：企业应建立完善的财务风险管理机制，包括定期的风险评估、财务预警系统等，以应对潜在的财务风险。

③优化现金流管理：企业可以通过优化现金流管理，如提高应收账款周转率、降低存货周转率等，来应对合同变更或终止对现金流的影响。

总之，合同变更与终止对企业财务状况的影响是多方面的。企业需要充分认识到这些影响，并采取有效的财务策略来应对，以确保企业的财务稳健和可持续发展。

3. 关系管理

合同的变更或终止不仅仅是一个法律或商业决策过程，它更是一次与供应商关系管理上的重大调整。这种调整涉及到了信任、沟通、合作以及共同利益等多个方面。妥善处理这一过程，不仅有助于维护与供应商的良好关系，还可以为未来的合作打下坚实的基础。

（1）信任关系的维护。

①透明沟通：在合同变更或终止的过程中，企业应与供应商保持透明和坦诚的沟通。解释变更或终止的原因，听取供应商的意见和建议，共同寻找解决方案。

②公平对待：在处理合同变更或终止时，企业应确保对供应商公平对待，避免单方面损害供应商的利益。这有助于维护双方的信任关系。

（2）沟通机制的建立与完善。

①定期沟通：企业应建立与供应商的定期沟通机制，及时了解和解决合作过程中的问题和矛盾。

②信息共享：通过信息共享，企业和供应商可以更好地了解彼此的需求和期望，为未来的合作提供指导。

（3）合作关系的深化与拓展。

①共同利益：在合同变更或终止的过程中，企业和供应商应共同寻找合作的新机会和共同利益点，以推动双方的合作向更深层次发展。

②长期合作：通过妥善处理合同变更或终止的过程，企业可以为与供应商建立长期稳定的合作关系打下基础。

（4）冲突解决与预防。

①冲突解决机制：在合同变更或终止过程中，如果出现争议或冲突，企业应建立有效的冲突解决机制，如协商、调解或仲裁等，以避免矛盾升级。

②预防措施：为了预防未来可能出现的类似问题，企业应与供应商共同制定预防措施，如完善合同条款、加强风险管理等。

（5）关系管理的长期价值。

①供应链稳定性：良好的供应商关系有助于确保供应链的稳定性，降低因供应商问题导致的业务风险。

②成本优化：与供应商建立长期合作关系有助于实现成本优化，提高采购效率和产品质量。

③创新与合作：通过与供应商的深度合作，企业可以获取更多的创新资源和市场机会，推动业务持续发展。

总之，合同变更与终止对供应商关系的影响是深远的。企业应以积极的态度和有效的方法来处理这一过程，以维护或改善与供应商的关系，为未来的合作打下坚实的基础。这不仅有助于企业的短期业务运营，更具有长远的战略价值。

4.法律风险

在合同的生命周期中，无论是变更还是终止，都必须谨慎处理，因为不当的操作可能会引发一系列的法律风险。这些风险包括但不限于合同违约、赔偿责任、声誉损失以及可能的法律诉讼。因此，确保所有合同变更与终止的操作都严格遵循法律法规的要求是至关重要的。

（1）合同违约风险。

①违反合同条款：如果合同变更或终止没有遵循合同中规定的程序或条件，可能会被视为违约行为。这可能导致对方有权要求赔偿或采取其他法律行动。

②违反法律规定：在某些情况下，合同变更或终止可能违反了相关的法律法规，如反垄断法、消费者权益保护法等。这可能会导致法律制裁或罚款。

（2）赔偿责任风险。

①经济损失赔偿：如果合同变更或终止导致了对方的经济损失，可能需要承担赔偿责任。这包括直接损失和可能的间接损失，如利润损失、业务中断等。

②声誉损害赔偿：在某些情况下，合同变更或终止可能会对对方的声誉造成损害。这可能需要支付声誉损害赔偿金。

（3）法律诉讼风险。

①合同争议：如果合同变更或终止引发了争议，可能需要通过法律途径解决。这可能导致长时间的法律诉讼和不确定的法律结果。

②执行难题：即使法律判决了赔偿或其他救济措施，执行也可能面临困难。例如，对方可能没有足够的资产来支付赔偿。

（4）避免法律风险的策略。

①充分了解法律法规：在进行合同变更或终止之前，应充分了解相关的法律法规，确保所有操作都符合法律规定。

②遵循合同条款：在变更或终止合同时，应严格遵循合同中规定的程序和条件，避免违反合同条款。

③与对方充分沟通:在进行合同变更或终止时,应与对方进行充分的沟通,解释原因和目的,争取对方的理解和支持。

④寻求专业法律建议:在涉及合同变更或终止的决策过程中,应寻求专业法律人士的建议,确保操作的合法性和合规性。

总之,不当的合同变更或终止可能引发一系列的法律风险,给企业带来严重的经济损失和声誉损害。因此,在进行合同变更或终止时,企业应充分了解法律法规,遵循合同条款,与对方充分沟通,并寻求专业法律建议,确保所有操作都符合法律法规的要求。

第六章 采购成本控制

采购成本控制是企业经营管理中的重要环节,它直接影响到企业的盈利能力和市场竞争力。在激烈的市场竞争中,如何有效地控制采购成本,提高企业的盈利能力,已成为企业必须面对和解决的紧迫问题。本章将深入探讨采购成本控制的策略和方法,帮助企业优化采购流程,降低采购成本,提高企业的经济效益和市场竞争力。

第一节 采购成本构成与影响因素

在企业的日常运营中,采购成本构成了企业运营成本的重要部分。理解采购成本的构成以及影响采购成本的因素,是优化企业运营、提高经济效益的关键。在本节中,我们将深入探讨采购成本的构成,以及影响采购成本的各种内外因素,帮助您更好地理解并控制采购成本,提升企业的竞争力。

一、采购成本的构成

采购成本是企业在进行采购活动时所产生的各种费用的总和。这些成本直接关系到企业的运营效率和经济效益。采购成本的构成可以分为直接成本和间接成本。

1. 直接成本

直接成本是与采购的商品或服务直接相关的成本,主要包括以下几个方面:

(1)商品价格。这是采购成本中最直接的部分,即企业购买商品或服务的实际支付金额。商品价格会受到市场供需关系、季节性因素、品质差异等多种因素的影响。

(2)运费。运费是指将商品从供应商处运输到企业所支付的费用。运费的多少取决于运输距离、运输方式(如陆运、海运、空运)、货物重量和体积等因素。

(3)保险费。对于一些价值较高或易损的商品,企业可能需要购买运输保险,以确保在运输过程中发生的损失能够得到赔偿。保险费用通常根据货物的价值和保险条款来确定。

2. 间接成本

间接成本则是指与采购活动间接相关的费用,包括以下几个方面:

(1)采购订单费用。这是指企业在下达采购订单时所产生的费用,如订单处理费、订单传输费等。这些费用通常与订单的数量和频率有关。

(2)采购计划制订人员的管理费用。这是指负责采购计划制订的工作人员所产生的费用,如工资、福利、培训费用等。这些费用是企业为了保持采购活动的正常进行而必须支付的。

(3)采购人员管理费用。这是指负责实际采购工作的人员所产生的费用,如工资、差旅费、通讯费等。这些费用随着采购活动的频繁程度而增加。

(4)其他相关费用。除了上述费用外,还可能包括一些与采购活动相关的其他费用,如采购咨询费、采购代理费、质量检验费等。这些费用根据企业的实际情况和采购需求而有所不同。

综上所述,采购成本的构成相对复杂,包括直接成本和间接成本两部分。企业在进行采购活动时,需要全面考虑各种成本因素,以制定合理的采购策略和控制采购成本。通过有效的成本控制和管理,企业可以提高采购效率、降低运营成本、增强市场竞争力。

2.间接成本

采购成本是企业为获取商品或服务而发生的所有费用的总和。间接成本作为采购成本的一个重要组成部分,虽然不直接关联到商品或服务的购买价格,但它们同样对企业的财务健康和运营效率产生重要影响。下面,我们将详细具体地讲解间接成本中的一些关键要素,如处理发票、付款和索赔的费用。

(1)处理发票的费用。处理发票的费用涉及从接收、验证、录入到归档发票的一系列活动。这些活动需要专门的员工来执行,他们需要花费时间核对发票上的信息是否准确,如商品描述、数量、价格、税率等,以确保与采购订单和收货记录一致。此外,处理发票还包括与供应商沟通解决任何差异或问题,以及确保发票及时录入企业的财务系统。

(2)付款费用。付款费用包括与支付供应商款项相关的所有成本。这包括但不限于:

①支付处理费:如果使用第三方支付处理器,企业需要支付一定的处理费用。这些费用通常是基于交易金额的一定百分比。

②银行手续费:通过银行转账支付供应商款项时,银行可能会收取一定的手续费。这些费用可能因银行的不同和交易的性质(如国内或国际转账)而有所差异。

③利息费用:如果企业选择使用信用工具(如信用证或赊账),则可能需要支付额外的利息费用。这些费用取决于信用工具的条款和条件,以及企业的信用评级。

(3)索赔费用。索赔费用涉及因商品损坏、质量问题或与合同不符而导致的退货、换货或退款等活动的成本。这些费用包括与供应商沟通、协调退换货的流程,以及处理任何相关的文件工作。在某些情况下,企业可能还需要聘请第三方专家或律师来协助处理索赔事宜。

(4)其他间接成本。除了上述费用外,还可能存在其他与采购过程间接相关的成本,如:

①采购系统维护费:如果企业使用电子采购系统或软件来管理采购流程,则需要支付系统的维护和升级费用。

②培训费:为了提高员工的采购技能和知识,企业可能需要定期为员工提供培训。这些培训活动会产生相应的成本。

③审计费:为确保采购过程的合规性和透明度,企业可能需要进行内部或外部审计。这些审计活动会产生一定的费用。

间接成本虽然不如直接成本那样直观和易于计算,但它们对采购活动的总体成本和企业的财务状况有着重要影响。因此,企业在制定采购策略和成本控制措施时,应充分考虑并合理控制这些间接成本。通过优化采购流程、提高员工效率、选择合适的支付和索赔处理方式等手段,企业可以有效降低间接成本,从而提高整体采购效率和经济效益。3.行政成本:涉及采购部门日常运营的开支,如员工工资、办公用品等。

4.机会成本

机会成本是一个经济学概念,它表示在做出某个选择时,放弃的其他最佳选择所带来的潜在收益。在采购过程中,机会成本同样存在。当企业决定投入资源进行采购时,它可能会放弃其他可能带来收益的机会。因此,了解和评估机会成本对于采购决策至关重要。

（1）机会成本的定义。机会成本是指为了得到某种东西而所要放弃另一些东西的最大价值。在采购上下文中，机会成本指的是由于将资源（如资金、时间、人力等）投入到采购过程中，而可能放弃的其他潜在收益或投资机会。

（2）机会成本在采购过程中的体现。

①资金的机会成本：当企业决定将资金用于采购时，这些资金就不能用于其他可能带来收益的投资项目。这些潜在的收益就是资金的机会成本。例如，企业原本计划将 100 万元用于研发新项目，但由于采购需求，决定将这笔资金用于购买原材料。如果新项目的预期收益为年回报率 10%，则这 100 万元的机会成本就是每年 10 万元的潜在收益。

②时间的机会成本：采购过程往往需要花费一定的时间，这段时间内企业可能无法开展其他有价值的活动。这些活动可能带来额外的收益或节省成本。因此，时间的机会成本也是采购过程中需要考虑的重要因素。

③人力资源的机会成本：在采购过程中，企业需要投入人力资源进行市场调研、供应商谈判、合同签订等工作。这些人力资源可能无法同时用于其他重要的业务活动，导致潜在收益的损失。

（3）如何评估和管理机会成本。

①进行全面的成本效益分析：在采购决策之前，企业应进行全面的成本效益分析，评估采购活动的预期收益与可能的机会成本之间的关系。只有当预期收益大于机会成本时，采购决策才是合理的。

②灵活调整采购策略：企业应根据市场变化和企业需求灵活调整采购策略，以降低机会成本。例如，通过优化采购流程、缩短采购周期、提高采购效率等方式来减少时间和人力资源的浪费。

③加强供应链管理：通过加强供应链管理，企业可以更好地协调供应商、生产、销售等各个环节，提高整体运营效率，从而降低机会成本。

机会成本是采购过程中不可忽视的重要因素。企业应充分了解并评估机会成本，通过全面的成本效益分析、灵活调整采购策略以及加强供应链管理等方式来降低机会成本，提高采购决策的合理性和有效性。

二、影响采购成本的因素

1. 市场供需关系

供应市场的竞争程度以及供应商的数量，直接影响商品的定价以及企业的议价能力。市场供需关系是经济学中的一个核心概念，它描述了市场上商品或服务的供应方和需求方之间的相互作用。供应市场的竞争程度以及供应商的数量是市场供需关系的重要组成部分，它们直接影响着商品的定价以及企业的议价能力。下面，我们将通过一个具体的例子来详细讲解这一点。

（1）案例背景。假设在一个城市中，有两家主要的供应商 A 和 B 提供同一种电子产品。这家城市的需求相对稳定，每年需要大约 1 万台这种电子产品。

（2）供应市场竞争程度的影响。

①低竞争程度：如果 A 和 B 两家公司在市场上占据主导地位，且没有其他明显的竞争者，那么市场上的竞争程度相对较低。在这种情况下，A 和 B 可能会联合起来，通过限制产量、提高价格等手段来获取更高的利润。这意味着商品的定价可能会偏高，而企业（即购买

这种电子产品的商家或消费者)的议价能力相对较弱。

②高竞争程度：然而,如果市场上出现了多家新的供应商,如 C、D 和 E,那么竞争程度就会增加。为了争夺市场份额,各家供应商可能会降低价格、提高产品质量或提供更好的服务。这种情况下,商品的定价可能会更加合理,而企业会有更多的选择和更强的议价能力。

（3）供应商数量的影响。

①供应商数量少：如果市场上只有 A 和 B 两家供应商,那么企业的选择就相对有限。这可能导致供应商在定价和谈判过程中占据主导地位,企业的议价能力受到限制。

②供应商数量多：相反,如果市场上有多家供应商,企业就可以根据自己的需求和预算选择最合适的供应商。这种竞争环境使得企业拥有更强的议价能力,能够在保证质量的前提下争取到更优惠的价格和服务。

通过以上例子可以看出,供应市场的竞争程度和供应商的数量对商品的定价以及企业的议价能力有着直接的影响。在竞争激烈的市场中,企业通常拥有更多的选择和更强的议价能力；而在竞争程度较低或供应商数量较少的市场中,企业可能面临较高的价格和较弱的议价能力。因此,企业在采购过程中需要密切关注市场供需关系的变化,以便在谈判和采购决策中占据有利地位。

2. 商品质量

商品质量是指商品满足规定要求和潜在需求的特征和特性的总和。当消费者或企业购买商品时,除了价格外,商品的质量也是一个重要的考虑因素。虽然高质量的商品通常伴随着高成本,但从长期来看,质量好的商品可以降低维护和替换成本。下面,我们将通过一个具体的例子来详细讲解这一点。

（1）案例背景。假设有两家汽车制造商,A 公司和 B 公司。A 公司注重汽车的质量,采用了先进的生产技术和高质量的材料来制造汽车。而 B 公司则更注重成本控制,采用了较为传统的技术和较低成本的材料。

（2）高质量商品的高成本。A 公司由于采用了先进的技术和高质量的材料,其生产的汽车成本相对较高。这导致 A 公司的汽车售价也相对较高。在短期内,消费者可能会因为价格原因而更倾向于选择 B 公司的汽车。

（3）质量好的商品降低维护和替换成本。然而,从长期来看,A 公司的汽车由于其高质量,在耐用性、燃油效率和安全性等方面表现更优秀。这意味着 A 公司的汽车在使用过程中需要更少的维修和保养,同时也减少了因质量问题而导致的频繁更换。相比之下,B 公司的汽车虽然初期价格较低,但由于其质量和性能相对较差,可能需要更多的维修和更换,从而增加了长期成本。

（4）总成本比较。当考虑到整个使用寿命周期内的总成本时,A 公司的汽车可能会因为较低的维护和替换成本而更具竞争力。虽然初期购买成本较高,但从长期来看,消费者可能会发现 A 公司的汽车更加物有所值。

通过这个例子可以看出,虽然高质量的商品通常伴随着高成本,但从长期来看,质量好的商品可以降低维护和替换成本,从而为消费者或企业带来更高的成本效益。因此,在购买商品时,除了考虑价格因素外,还应综合考虑商品的质量、性能和长期成本等因素,以做出更加明智的决策。

3. 运输和物流

运输和物流是采购过程中不可忽视的环节,它们直接影响到采购成本。运输距离、运输方式的选择以及物流效率是决定采购成本高低的关键因素。下面,我们将通过一个具体的例子来详细讲解这些影响。

(1)案例背景。假设一家电子产品制造商需要从两个不同的供应商处采购原材料。供应商 A 位于本国的一个城市,而供应商 B 位于另一个遥远的国家。

(2)运输距离的影响。从供应商 A 采购原材料时,由于距离较近,运输成本相对较低。而从供应商 B 采购原材料时,由于跨越了国界和海洋,运输距离显著增加,因此运输成本也相应地更高。这增加了采购成本,降低了采购效益。

(3)运输方式的选择。除了运输距离外,运输方式的选择也会对采购成本产生影响。例如,从供应商 A 采购时,制造商可以选择陆路运输,如卡车或火车,这些运输方式通常成本较低,但速度较慢。而从供应商 B 采购时,由于距离较远,制造商可能需要选择航空运输或海运。航空运输速度较快,但成本较高;而海运虽然成本较低,但运输时间较长,可能会增加库存成本。

(4)物流效率的影响。物流效率也是影响采购成本的重要因素。高效的物流系统可以缩短运输时间,减少库存成本,并降低其他与物流相关的费用。例如,如果制造商与供应商 A 建立了紧密的合作关系,实现了供应链的协同管理,那么物流效率将得到提高,从而有助于降低采购成本。

(5)总采购成本比较。综合考虑运输距离、运输方式以及物流效率等因素,制造商需要对从供应商 A 和供应商 B 采购的原材料进行总成本比较。虽然从供应商 B 采购的原材料可能具有更低的价格,但由于运输距离远、运输成本高以及物流效率较低,最终的总采购成本可能会超过从供应商 A 采购的成本。

通过这个例子可以看出,运输距离、运输方式的选择以及物流效率对采购成本具有重要影响。在进行采购决策时,制造商需要综合考虑这些因素,以选择最合适的供应商和运输方式,从而实现采购成本的最小化。这有助于提高采购效益,增强企业的竞争力。

4. 供应商选择与关系管理

供应商选择与关系管理对于采购成本有着至关重要的影响。与供应商建立长期合作关系不仅可能获得更好的价格和付款条件,还有助于提高采购过程的稳定性和效率。下面,我们将通过一个具体的例子来详细讲解这些影响。

(1)案例背景。假设一家家具制造商需要采购高质量的木材作为原材料。市场上有多家供应商可供选择,包括本地的小规模供应商和国际大型供应商。

(2)供应商选择的影响。首先,在家具制造商选择供应商时,需要考虑多个因素,如供应商的信誉、产品质量、交货能力、价格和服务等。经过评估,家具制造商发现本地的小规模供应商虽然价格略高,但能够提供稳定且高质量的木材,并且交货速度快,服务周到。而国际大型供应商虽然价格较低,但交货时间较长,且存在一定的质量风险。

(3)长期合作关系的建立。基于以上评估,家具制造商决定与本地的小规模供应商建立长期合作关系。通过长期合作,双方逐渐建立起信任和默契,供应商愿意为家具制造商提供更优惠的价格和更灵活的付款条件。同时,家具制造商也能够更好地了解供应商的生产能力和库存情况,从而更准确地预测交货时间和需求量。

(4)长期合作关系的优势。与供应商建立长期合作关系后,家具制造商在采购成本方

面获得了显著的优势。首先,由于长期合作带来的信任和规模效应,供应商能够提供更具有竞争力的价格。其次,灵活的付款条件有助于家具制造商更好地管理现金流和运营成本。最后,稳定的供应链关系降低了采购过程中的不确定性和风险,提高了采购效率。

通过这个例子可以看出,供应商选择与关系管理对采购成本具有重要影响。与供应商建立长期合作关系不仅能够获得更好的价格和付款条件,还有助于提高采购过程的稳定性和效率。因此,企业在采购过程中应重视供应商的选择和关系管理,努力与优质供应商建立长期稳定的合作关系,从而实现采购成本的最小化和采购效益的最大化。

5. 企业规模与采购规模

企业规模与采购规模之间存在着紧密的联系。规模效应是一个重要的经济原理,它表明随着生产或采购规模的扩大,单位成本往往会下降。这种规模效应使得大企业在采购中通常具有更大的议价能力。下面,我们将通过一个具体的例子来详细讲解这种关系。

(1)案例背景。假设有两家制造企业,一家是小型企业,另一家是大型企业。这两家企业都需要采购同一种原材料,如钢材。市场上的钢材供应商通常会根据采购量的大小来设定价格。

(2)采购规模与议价能力。由于大型企业的生产规模更大,其对原材料的需求也相应更大。因此,当大型企业与供应商谈判时,其采购量通常远远超过小型企业。这种采购规模上的差异使得大型企业在谈判中具有更强的议价能力。

(3)规模效应的体现。当大型企业承诺以更高的采购量作为合作条件时,供应商往往愿意提供更为优惠的价格。这是因为对于供应商来说,虽然单位产品的利润可能略有下降,但由于总采购量的增加,其总体利润水平仍然会得到提升。此外,大型企业通常具有更高的信誉和支付能力,这也为供应商提供了更多的保障。

(4)大型企业的优势。因此,在采购过程中,大型企业往往能够利用其规模效应和议价能力获得更为优惠的价格和更好的付款条件。这不仅有助于降低采购成本,提高盈利能力,还有助于稳定供应链关系,确保生产活动的顺利进行。

(5)小型企业的挑战与策略。相比之下,小型企业在采购中通常处于弱势地位。为了应对这一挑战,小型企业可以考虑通过与其他小型企业合作进行联合采购,从而增加采购量并提升议价能力。此外,小型企业还可以积极寻求与供应商建立长期合作关系,通过提高信誉和支付能力来增强自身的议价筹码。

综上所述,企业规模与采购规模之间存在着密切的关系。规模效应使得大企业在采购中具有更大的议价能力。因此,大型企业在采购过程中通常能够获得更为优惠的价格和付款条件。而小型企业则需要通过策略性的合作和关系管理来提升自己的议价能力并降低采购成本。

6. 信息管理

在当今的商业环境中,信息是企业运营的核心。有效的信息管理不仅可以提高运营效率,还可以帮助企业做出更明智的决策。特别是在采购领域,一个完善的信息系统可以大大优化库存管理和需求预测,从而降低不必要的采购。

(1)案例背景。假设有一家服装零售企业,名为"时尚之都"。该公司拥有多个实体店面和在线商店,销售各种款式的服装。为了更好地管理库存和预测需求,该公司决定投资建立一个先进的信息系统。

（2）信息系统的作用。

①库存管理：信息系统可以实时跟踪库存情况，包括每种服装的库存量、销售速度、季节性需求变化等。这使得公司可以准确地了解哪些产品受欢迎，哪些产品滞销，从而及时调整采购策略。

②需求预测：通过收集和分析历史销售数据、市场趋势、消费者行为等信息，信息系统可以预测未来的需求。这种预测可以帮助公司提前准备库存，避免断货或积压过多库存。

（3）降低不必要的采购。通过有效的信息管理，时尚之都成功降低了不必要的采购。具体来说，该公司能够：

①避免过度采购：由于信息系统可以准确预测需求，公司不再需要大量采购可能滞销的产品，从而避免了资金占用和库存积压。

②减少缺货情况：通过实时跟踪库存和销售情况，公司可以及时补货，确保产品始终保持在货架上，满足消费者的需求。

（4）其他优势。除了降低不必要的采购外，有效的信息系统还带来了其他好处：

①提高决策效率：基于准确的数据和分析，公司可以更快地做出采购、定价、促销等决策。

②优化供应链：通过与供应商共享信息，公司可以更好地协调生产和物流，提高供应链的效率和灵活性。

③增强客户体验：通过满足消费者的需求并提供及时的客户服务，信息系统有助于提高客户满意度和忠诚度。

在这个例子中，我们可以看到信息管理在优化采购过程中的重要作用。通过建立一个有效的信息系统，时尚之都成功降低了不必要的采购，提高了运营效率，并增强了客户体验。这充分说明了信息管理在现代企业中不可或缺的地位。

7. 企业战略与政策

企业的战略与政策不仅决定了其经营方向，还对其运营成本，包括采购成本，有着深远的影响。例如，当企业决定采用环保策略，选择使用可再生资源的供应商时，这往往会导致采购成本的增加。

（1）案例背景。假设一家名为"绿意科技"的电子产品制造公司，决定调整其市场定位，从传统的电子产品制造商转变为环保科技领导者。为此，公司决定采用可再生资源和环保材料来生产其产品。

（2）企业战略与政策的影响。

①市场定位的调整：绿意科技的市场定位从传统的电子产品转变为环保科技产品，这意味着公司需要寻找能够提供可再生资源和环保材料的供应商。这些供应商可能相对较少，而且他们的产品往往价格更高。

②采购策略的变化：为了符合新的市场定位，绿意科技的采购策略也发生了变化。除了考虑价格和质量外，公司还需要考虑供应商的环境影响。这意味着公司可能需要与更多的环保认证供应商合作，而这些供应商的价格可能更高。

（3）采购成本的增加。由于以上原因，绿意科技的采购成本可能会增加。具体来说：

①供应商选择：由于可再生资源和环保材料的供应商相对较少，公司可能需要支付更高的价格来获得这些材料。

②产品成本：可再生资源和环保材料的价格往往比传统材料更高，这直接导致产品成

本的增加。

③认证和合规性：为了确保供应商和产品符合环保标准，绿意科技可能需要进行更多的认证和合规性检查，这也可能增加成本。

（4）其他考虑因素。尽管采购成本可能会增加，但绿意科技认为这种增加是值得的。因为：

①品牌形象：通过采用环保策略，绿意科技可以塑造积极的品牌形象，吸引更多的环保意识强的消费者。

②长期利益：虽然短期内采购成本可能增加，但从长远来看，随着可再生资源和环保技术的普及，成本可能会逐渐降低。

③社会责任：作为一家有社会责任感的企业，绿意科技认为采用环保策略是其应尽的社会责任。

这个例子展示了企业战略与政策如何影响采购成本。虽然选择使用可再生资源的供应商可能会导致短期内的成本增加，但对于有远见的企业来说，这种投资是值得的，因为它有助于塑造积极的品牌形象，吸引环保意识强的消费者，并履行其社会责任。同时，企业也需要仔细评估其采购策略，以确保在追求环保的同时，也能够保持合理的成本控制。

8. 政治与经济环境

政治与经济环境是企业运营的重要外部因素，其中汇率波动是其中一个显著的影响采购成本的因素。本案例将详细解释这一影响。

（1）案例背景。假设一家名为"全球采购有限公司"的跨国企业，其主要业务是从世界各地采购原材料和零部件，供应给其在中国的生产基地。这家公司经常面临不同货币之间的汇率波动问题。

（2）政治与经济环境的影响。

①国际政治经济形势的变化：国际政治经济形势的紧张或稳定直接影响汇率。例如，当两个主要经济体之间的关系紧张时，可能导致其中一方货币贬值，从而影响采购成本。

②汇率波动：汇率是两国货币之间的交换比率。当汇率发生波动时，企业购买原材料或零部件的成本也会相应变化。例如，如果美元对人民币贬值，全球采购有限公司使用美元购买中国供应商的产品时，成本将增加。

（3）采购成本的变化。

①成本增加：当本国货币升值（相对于外国货币）时，企业用本国货币购买外国商品的成本会增加。因为需要更多的本国货币来换取同等数量的外国货币，从而购买同等数量的原材料或零部件。

②成本减少：相反，当本国货币贬值时，用本国货币购买外国商品的成本会减少。这意味着企业可以用较少的本国货币换取更多的外国货币，从而以更低的成本购买原材料或零部件。

（4）其他考虑因素。除了直接影响采购成本外，汇率波动还可能影响企业的其他方面：

①现金流管理：汇率波动可能导致企业现金流的不稳定，从而增加财务风险。

②供应链优化：为了减轻汇率波动的影响，企业可能需要重新评估其供应链，包括寻找新的供应商或调整采购策略。

③风险管理：企业需要采取措施来管理汇率风险，例如使用远期合约、货币掉期等金融工具来锁定汇率。

政治与经济环境,特别是汇率波动,对企业采购成本有着显著的影响。企业需要密切关注国际政治经济形势的变化,并采取适当的措施来管理汇率风险,以确保采购成本的稳定和可控。同时,企业还需要不断优化其供应链,以适应不断变化的政治与经济环境。

9. 技术进步与创新

技术进步与创新是推动企业发展的重要动力,特别是在制造业中,新技术的应用和创新的产品设计往往能够带来生产效率和成本结构的巨大变化。本案例将详细讲解自动化技术的应用如何改变采购成本的构成。

(1)案例背景。假设一家名为"智能制造公司"的制造企业,过去依赖大量人力进行生产线上的装配和检测工作。随着自动化技术的不断进步,该公司决定引入自动化设备和系统来优化生产流程。

(2)技术进步与创新的影响。

①生产效率提升:自动化技术的应用使得生产线上的装配和检测工作更加快速和准确,大大提高了生产效率。这减少了生产周期,从而降低了单位产品的生产成本。

②人力成本减少:自动化设备的引入减少了对人力的依赖,企业可以精简员工数量或重新分配人力资源。这降低了人力成本,并提高了员工的整体工作效率。

③采购成本重构:自动化技术的应用导致企业需要采购更多的自动化设备和系统。这些设备和系统的购置成本较高,但在长期运营中,由于生产效率的提升和人力成本的减少,这些投资可以逐渐得到回报。

(3)采购成本的构成变化。

①设备购置成本增加:企业需要购买自动化设备和系统,这会增加初期的采购成本。然而,这些设备通常具有较高的耐用性和可靠性,可以降低维护成本并延长使用寿命。

②运营成本降低:自动化技术的应用降低了人力成本,减少了生产线上的员工数量。此外,自动化设备和系统通常具有较低的能耗和维护成本,进一步降低了运营成本。

③长期成本优化:虽然初期设备购置成本较高,但在长期运营中,由于生产效率的提升和人力成本的减少,企业可以实现整体采购成本的降低。

(4)其他考虑因素。

①技术更新迭代:随着技术的不断进步,企业需要不断更新和升级自动化设备和系统,以保持其竞争优势。

②员工培训与转型:自动化技术的应用需要员工具备一定的技能和知识。因此,企业需要为员工提供相应的培训和支持,帮助他们适应新的工作环境和角色。

③供应链管理:企业需要与供应商建立紧密的合作关系,确保自动化设备和系统的供应稳定可靠。同时,还需要加强供应链的风险管理,以应对潜在的供应中断问题。

技术进步与创新对采购成本的影响是深远的。自动化技术的应用可以显著提高生产效率、降低人力成本并优化采购成本结构。然而,企业在引入新技术时也需要考虑技术更新迭代、员工培训与转型以及供应链管理等因素。通过综合考虑这些因素,企业可以制定更加合理的采购策略,实现长期成本优化和竞争优势的提升。

10. 法律与合规要求

在全球化的市场中,企业不仅需要关注生产效率和产品创新,还必须遵守各种法律和合规要求。这些要求可能会增加某些商品的采购成本。本案例将详细讲解电子产品在遵守法律与合规要求方面的采购成本变化。

（1）案例背景。假设一家名为"智慧电子公司"的企业，主要生产并销售智能手机、平板电脑等电子产品。这些产品在全球范围内销售，因此需要遵守多个国家和地区的法律法规。

（2）法律与合规要求的影响。

①产品认证与测试：为确保产品符合各种安全、环保和质量标准，智慧电子公司需要对其电子产品进行严格的认证和测试。这包括但不限于 CE、FCC、UL 等认证，以及 RoHS、WEEE 等环保标准的符合性测试。这些认证和测试过程不仅耗时，而且费用较高，从而增加了产品的采购成本。

②原材料与零部件合规：电子产品中包含大量的原材料和零部件，这些材料必须符合相关法律法规的要求。例如，某些材料可能受到禁用或限制，需要使用替代品。此外，供应商也需要遵守相应的法律法规，确保其提供的原材料和零部件符合规定。这些因素都可能导致采购成本上升。

③销售与市场准入：在不同国家和地区销售产品时，智慧电子公司需要遵守当地的销售和市场准入规定。例如，某些国家可能要求产品在当地注册或获得许可，这可能需要支付额外的费用。此外，还需要考虑不同国家和地区的税率、关税等因素对采购成本的影响。

（3）采购成本的具体变化。

①直接成本增加：产品认证、测试、原材料与零部件合规以及销售与市场准入等方面的要求都会直接增加产品的采购成本。这些成本可能包括认证费用、测试费用、原材料替代成本、税费等。

②供应链复杂性增加：遵守法律与合规要求可能导致供应链的复杂性增加。例如，为确保原材料和零部件的合规性，企业可能需要与多个供应商合作，这增加了供应链管理的难度和成本。

③长期合规成本：除了直接的采购成本增加外，企业还需要考虑长期的合规成本。这包括定期更新产品认证、监控供应商合规性、培训员工等方面的费用。

（4）其他考虑因素。

①法规变化：法律法规可能随时发生变化，企业需要密切关注并适应这些变化。这可能需要投入额外的资源和成本。

②国际合作与协调：在全球化的市场中，企业需要与不同国家和地区的合作伙伴、供应商和监管机构进行密切合作与协调。这有助于降低合规风险，但也可能增加一定的成本。

遵守法律与合规要求对电子产品等商品的采购成本产生了显著影响。企业需要投入额外的资源和成本来确保产品的合规性，这可能导致直接和间接的采购成本增加。然而，通过有效的供应链管理、国际合作与协调以及持续关注和适应法规变化，企业可以在确保合规的同时，降低合规成本并提升竞争力。

通过深入理解采购成本的构成以及各种影响因素，企业可以更好地制定和调整其采购策略，优化运营，提高经济效益。

第二节　采购成本控制方法与策略

采购成本控制是企业运营管理中的核心环节,它不仅关乎企业的成本开支,更是决定企业竞争力与盈利能力的关键。如何科学、合理地控制采购成本,成为现代企业必须面对和解决的课题。本节将深入探讨采购成本的控制方法与策略,帮助企业在激烈的市场竞争中立于不败之地。

一、采购成本控制的重要性

采购成本控制作为企业运营管理中的核心环节,其重要性主要体现在以下几个方面:

1.降低成本

采购成本是企业运营过程中不可忽视的一部分,它涉及到企业从供应商处购买原材料、零部件、设备等所花费的资金。采购成本的高低直接影响着企业的运营成本和盈利能力。因此,通过合理的采购成本控制,企业可以显著降低运营成本,提高盈利能力。

(1)采购成本控制的重要性。采购成本是企业运营成本的重要组成部分,通常占据相当大的比重。采购成本控制的合理性直接关系到企业的盈利水平和市场竞争力。通过有效的采购成本控制,企业可以实现以下几点:

①降低运营成本:采购成本的降低意味着企业整体运营成本的下降,这有助于企业在激烈的市场竞争中保持成本优势。

②提高盈利能力:采购成本的节约可以直接转化为企业的净利润,从而增强企业的盈利能力。

③优化供应链管理:合理的采购成本控制要求企业与供应商建立紧密的合作关系,实现供应链的优化,提高采购效率和物流效率。

(2)降低采购成本的策略。

①供应商谈判与选择:与供应商进行有效的谈判,争取更优惠的价格和付款条件。同时,选择合适的供应商,确保供应商具有良好的信誉和质量保证能力。

②集中采购:通过集中采购,企业可以提高采购规模,从而获得更好的价格折扣和更优质的服务。

③长期合作协议:与供应商建立长期合作关系,可以确保稳定的供应和价格,降低采购成本的不确定性。

④采购流程优化:通过优化采购流程,减少不必要的环节和浪费,提高采购效率,从而降低采购成本。

(3)采购成本控制的实施与监控。

①建立采购成本控制制度:企业应建立完善的采购成本控制制度,明确采购成本控制的目标、原则和方法,确保采购成本控制工作的有效开展。

②采购成本控制责任落实:将采购成本控制的责任落实到具体的部门和人员,确保每个环节都有人负责,形成全员参与、共同控制的良好氛围。

③定期评估与监控:定期对采购成本进行评估和监控,分析采购成本的变化趋势和原因,及时采取措施进行调整和优化。

(4)案例分析。以一家制造企业为例,该企业在过去几年中通过实施采购成本控制策

略,成功降低了采购成本。具体措施包括与供应商进行多轮谈判,争取更优惠的价格;优化采购流程,减少不必要的环节和浪费;与供应商建立长期合作关系,确保稳定的供应和价格;同时,企业还建立了完善的采购成本控制制度和责任落实机制,确保采购成本控制工作的有效开展。通过这些措施的实施,企业的采购成本得到了显著降低,整体运营成本也相应下降,企业的盈利能力得到了提升。

采购成本是企业运营成本的重要组成部分,通过合理的采购成本控制策略的实施和监控,企业可以显著降低运营成本,提高盈利能力。这要求企业在采购过程中加强与供应商的合作与谈判,优化采购流程和管理制度,确保采购成本控制工作的有效开展。同时,企业还应关注市场变化和技术创新,不断调整和优化采购成本控制策略,以适应不断变化的市场环境。

2. 提高竞争力

在如今全球化的商业环境中,企业面临着前所未有的市场竞争压力。在这种背景下,采购成本控制显得尤为重要。一个能够有效控制采购成本的企业,往往能够在激烈的市场竞争中占据有利地位,提高自身的竞争力。

(1)采购成本控制与市场竞争力的关系。

采购成本控制与企业的市场竞争力之间有着密切的关系。采购成本控制得当,企业可以在以下几个方面提高自身的竞争力:

①价格优势:采购成本的降低意味着企业可以提供更具竞争力的产品价格,从而吸引更多的客户。

②产品质量保证:在控制采购成本的同时,企业可以更加注重产品质量的选择,确保所采购的原材料、零部件等符合高标准,从而提高产品质量,赢得客户信任。

③快速响应市场变化:有效的采购成本控制可以使企业更加灵活地应对市场变化,快速调整生产和供应链,满足客户需求。

(2)采购成本控制策略与提高竞争力的实践。以一家电子产品制造企业为例,该企业在面对激烈的市场竞争时,采取了以下采购成本控制策略来提高自身的竞争力:

①与供应商建立长期合作关系:企业与主要供应商建立了长期稳定的合作关系,通过长期合同锁定原材料价格,降低了采购成本的不确定性。

②引入竞争机制:企业在供应商选择过程中引入竞争机制,通过多家供应商报价和比较,选择性价比最优的供应商,从而实现了采购成本的降低。

③优化采购流程:企业对其采购流程进行了全面优化,通过减少不必要的环节和浪费,提高了采购效率,降低了采购成本。

④加强供应商管理:企业加强了对供应商的管理和评估,确保供应商提供的产品质量可靠、价格合理,从而保证了企业的产品质量和市场竞争力。

(3)采购成本控制对企业长期竞争力的影响。采购成本控制不仅有助于企业在短期内提高市场竞争力,还对企业的长期竞争力产生深远影响。通过持续优化采购成本和供应链管理,企业可以逐步建立起稳定、高效的供应链体系,为企业的长期发展奠定坚实基础。

在激烈的市场竞争中,采购成本控制得当的企业能够更好地抵御价格战的影响,提高自身的竞争力。这要求企业采取有效的采购成本控制策略,与供应商建立紧密合作关系,优化采购流程和管理制度,以确保在市场竞争中保持领先地位。同时,企业还应关注市场变化和客户需求变化,不断调整和优化采购成本控制策略,以适应不断变化的市场环境。

3. 优化供应链管理

采购成本控制并不仅仅局限于企业内部,它与供应商的管理和整个供应链管理都息息相关。有效的采购成本控制能够促进与供应商之间的合作关系,进一步优化整个供应链。

(1)采购成本控制与供应商合作的关系。采购成本控制得当,企业能够更好地与供应商建立长期、稳定的合作关系。这种合作关系基于互信、共赢的基础上,有助于实现以下几个方面的优化:

①信息共享与透明度:采购成本控制要求企业与供应商之间进行更多的信息交流。这种信息共享增强了供应链的透明度,使得双方都能够更好地理解市场需求、库存情况、生产计划等重要信息。

②风险共担与应对:采购成本控制使得企业与供应商在面对市场波动、原材料价格变动等风险时能够共同应对。通过协商、调整合同条款等方式,双方可以共同分担风险,减少不确定性对企业和供应链的影响。

③协同创新与改进:采购成本控制鼓励企业与供应商进行协同创新,共同改进产品和服务。通过合作研发、技术交流等方式,双方可以共同提高产品质量、降低成本、缩短交货周期,从而增强整个供应链的竞争力。

(2)采购成本控制优化供应链管理的实践。以一家大型制造企业为例,该企业在采购成本控制方面采取了以下措施来优化供应链管理:

①供应商评估与选择:企业建立了一套完善的供应商评估体系,对潜在供应商进行全面评估,包括其产品质量、价格、交货期、服务水平等多个方面。通过评估,企业选择了一批具有竞争力的优质供应商,为供应链的优化奠定了基础。

②长期合同与战略合作:企业与优质供应商签订了长期合同,建立了战略合作伙伴关系。这种长期合作关系确保了供应商的稳定供应和价格优势,同时也促进了双方之间的信息共享和协同合作。

③共同应对市场波动:面对市场波动和原材料价格变动等风险,企业与供应商共同协商应对措施。例如,在原材料价格上涨时,双方可以通过调整合同条款、共同分担成本等方式来减轻企业的负担。

④协同创新与改进:企业与供应商共同开展技术创新和产品改进工作。通过合作研发、技术交流等方式,双方不断提高产品质量、降低成本、缩短交货周期,从而提高了整个供应链的竞争力。

(3)采购成本控制对供应链管理的长期影响。采购成本控制不仅有助于短期内优化供应链管理,还对供应链管理的长期发展产生积极影响。通过持续优化采购成本和与供应商的合作关系,企业可以逐步建立起稳定、高效、创新的供应链体系,为企业的长期发展提供有力支持。

采购成本控制不仅关乎企业自身,还涉及到供应商的管理和整个供应链的优化。通过有效的采购成本控制,企业可以促进与供应商的合作关系,实现信息共享、风险共担、协同创新等目标,从而优化整个供应链。这不仅有助于提高企业的竞争力,还对供应链管理的长期发展产生积极影响。因此,企业在实施采购成本控制时,应充分考虑与供应商的合作和整个供应链的优化。

二、采购成本控制方法

1. 目标成本法

目标成本法是一种以市场需求为导向的成本管理方法。它强调在产品设计阶段就确定产品的目标成本,并通过一系列的成本控制手段来实现这一目标。这种方法的核心在于将成本管理从产品生命周期的后期转移到前期,以实现更高效的成本管理。

(1)目标成本法的实施步骤。

①市场调研与产品分析:目标成本法的第一步是进行深入的市场调研和产品分析。这包括对目标市场的消费者需求、竞争对手的产品定价、产品功能和性能要求等方面的调研。通过这些调研,企业可以了解市场的需求状况和竞争态势,为确定目标成本提供基础数据。

②确定目标成本:在了解市场需求和竞争态势的基础上,企业可以根据预期的产品售价和期望的利润水平来确定目标成本。目标成本应该是一个既能够满足市场需求又能够保持竞争力的成本水平。

③成本控制策略:确定目标成本后,企业需要对产品设计、生产、采购等环节进行成本控制。这包括优化产品设计以降低生产成本、选择成本效益高的生产工艺和材料、与供应商协商降低采购成本等。通过这些成本控制手段,企业可以确保实际成本不超过目标成本。

④持续改进与优化:目标成本法是一个持续改进和优化的过程。在实际生产过程中,企业需要不断监控成本情况,并根据实际情况调整成本控制策略。同时,企业还可以通过技术创新、流程优化等方式来进一步降低成本,提高产品的竞争力。

(2)目标成本法的优势。

①以市场为导向:目标成本法以市场需求为导向,确保产品能够满足消费者的需求和期望。

②早期成本控制:通过在设计阶段就确定目标成本,企业可以在早期就进行成本控制,避免后期出现成本超支的情况。

③跨部门协作:目标成本法的实施需要多个部门的协作,如研发、生产、采购等。这种跨部门协作有助于增强企业的整体竞争力。

④持续改进:目标成本法强调持续改进和优化,有助于企业不断提高成本管理水平和产品竞争力。

目标成本法是一种以市场需求为导向的成本管理方法,它通过市场调研和产品分析确定产品的目标成本,并以此为基础对产品设计、生产、采购等环节进行成本控制。这种方法有助于企业实现更有效的成本管理,提高产品的竞争力。同时,它也需要企业在实践中不断探索和改进,以适应不断变化的市场环境。

2. 价值分析法

价值分析法是一种成本控制和产品设计优化工具,它强调从客户角度出发,分析产品的各项功能,区分出必要功能和不必要功能,并通过消除或减少不必要功能来降低成本。这种方法旨在确保产品只提供真正有价值的功能,从而增加客户满意度和市场竞争力。

(1)价值分析法的实施步骤。

①确定产品的功能与性能要求:首先,需要对产品进行详细的功能和性能分析,了解产品需要满足哪些要求。这包括与客户沟通,了解他们的需求和期望,以及与市场竞争对手

的产品进行比较。

②区分必要功能与不必要功能:在了解产品的功能和性能要求后,接下来需要区分哪些功能是必要的,哪些功能是不必要的。必要功能是指为了满足客户需求而必须提供的功能,而不必要功能则是指那些虽然存在但不一定需要的功能。

③对不必要功能进行改进:一旦识别出不必要功能,就需要考虑如何消除或减少它们。这可能涉及产品设计更改、材料替换、工艺流程优化等。目标是减少成本,同时保持或提高产品的整体价值。

④重新评估产品的价值:在进行改进后,需要重新评估产品的价值。这包括检查产品是否仍然满足客户的需求和期望,以及成本是否得到了有效降低。

(2)价值分析法的优势。

①客户导向:价值分析法从客户角度出发,确保产品只提供真正有价值的功能,从而增加客户满意度。

②成本降低:通过消除或减少不必要功能,可以有效降低产品的成本。

③产品优化:价值分析法有助于优化产品设计,提高产品的整体性能和质量。

④增强市场竞争力:通过提供更具竞争力的产品和服务,可以增加企业在市场上的份额和影响力。

(3)案例分析。假设一家汽车制造商正在开发一款新型轿车。在价值分析法的指导下,他们首先进行了市场调研和客户需求分析,发现许多客户对车辆的娱乐系统有很高的要求。然而,现有的娱乐系统包含了许多不必要的功能,如复杂的导航系统和昂贵的音响设备。

为了降低成本并满足客户需求,汽车制造商决定简化娱乐系统,只保留最基本的音频播放和蓝牙连接功能。他们还优化了车辆的生产工艺和材料选择,进一步降低了制造成本。

通过实施这些改进措施,汽车制造商成功降低了新型轿车的成本,同时提高了客户满意度和市场竞争力。这个例子很好地展示了价值分析法如何在成本控制和产品优化方面发挥作用。

价值分析法是一种有效的成本控制和产品设计优化工具。它通过识别和优化产品的必要功能与不必要功能来降低成本,增加产品的整体价值。企业可以运用这种方法来提高产品质量、满足客户需求并增强市场竞争力。然而,在实施过程中需要注意保持与客户的沟通和反馈机制,以确保产品的改进能够真正满足市场需求。

3.谈判法

谈判法是一种有效的采购成本控制策略,它涉及与供应商进行协商和谈判,以争取获得更有利的采购条件,如更低的价格、更好的付款条件、更长的供货期等。这种方法可以显著降低采购成本,提高采购效率,并对企业的整体运营产生积极影响。

(1)谈判法的实施步骤。

①准备阶段:在谈判开始之前,采购方需要充分了解市场情况和供应商信息。这包括收集有关供应商的价格、质量、交货期等方面的数据,分析竞争对手的采购策略和供应商的成本结构。此外,还需要评估自身的需求和采购预算,明确谈判的目标和底线。

②选择合适的谈判对象:根据采购需求和市场情况,选择合适的供应商作为谈判对象。优先选择具有良好信誉、产品质量稳定、价格合理且能够满足采购要求的供应商。

③制定谈判策略：根据收集的信息和谈判目标，制定具体的谈判策略。这包括确定谈判的议程、时间安排、人员分工等，以及准备应对供应商可能提出的各种问题和要求。

④进行谈判：在谈判过程中，采购方需要保持冷静、理智和灵活，善于运用各种谈判技巧和策略。例如，可以通过强调采购量大的优势来争取更低的价格，或者提出长期合作的前景来争取更好的付款条件和供货期。同时，也要注意与供应商保持良好的沟通和合作关系，以实现双赢。

⑤达成协议并签订合同：如果谈判成功，双方需要达成正式协议并签订采购合同。合同应明确双方的权利和义务、价格、付款条件、供货期等关键条款，以确保采购过程的顺利进行。

（2）谈判法的优势。

①降低采购成本：通过谈判争取更低的价格和更好的付款条件，可以直接降低采购成本，提高采购效益。

②优化供货期：与供应商协商更长的供货期，有助于企业更好地安排生产和销售计划，减少库存压力和资金占用。

③提高采购效率：通过谈判明确双方的责任和义务，可以减少采购过程中的纠纷和误解，提高采购效率。

④促进供应商合作：通过谈判建立良好的合作关系，有助于企业与供应商建立长期稳定的合作关系，实现共赢发展。

（3）案例分析。假设一家电子产品制造商需要采购大量的电子元器件。在过去，他们一直从一家固定的供应商处采购，但价格较高且供货期不稳定。为了降低采购成本并优化供货期，他们决定采用谈判法与其他供应商进行谈判。

经过充分的准备和选择合适的谈判对象，他们与一家新兴的电子元器件供应商进行了谈判。在谈判过程中，他们充分利用了自身的采购量和长期合作前景的优势，成功争取到了更低的价格和更长的供货期。最终，他们与这家供应商达成了长期合作协议，并签订了采购合同。

通过这次谈判，电子产品制造商不仅降低了采购成本，还优化了供货期，提高了采购效率。同时，他们也与供应商建立了良好的合作关系，为未来的合作奠定了基础。这个例子很好地展示了谈判法在降低采购成本方面的作用。

谈判法是一种有效的采购成本控制策略，通过与供应商进行谈判，企业可以争取获得更低的价格、更好的付款条件、更长的供货期等，从而降低采购成本并提高采购效率。然而，在实施过程中需要注意充分准备、选择合适的谈判对象、制定明确的谈判策略并保持良好的沟通和合作关系。只有这样，才能确保谈判的成功并为企业带来实实在在的经济效益。

4. 集中采购法

集中采购法是一种通过集中采购需求，增加采购量，从而提高与供应商谈判的议价能力，进而降低采购成本的方法。这种方法通常适用于大型企业或集团，因为它们可以通过集中采购来整合各个分支机构或部门的采购需求，形成更大的采购规模，从而获得更好的采购条件。

（1）集中采购法的实施步骤。

①需求整合：首先，企业需要对其各个分支机构或部门的采购需求进行整合。这包括

收集各个单位的需求信息,分析需求的共性和差异,确定集中采购的产品和数量。

②市场调查与分析:在整合需求后,企业需要对市场进行调查和分析。这包括了解供应商的情况、市场价格波动、产品质量和供应稳定性等因素。通过市场调查,企业可以更加准确地评估自身的采购需求和供应商的能力。

③选择合适的供应商:根据市场调查的结果,企业需要选择合适的供应商进行谈判。在选择供应商时,企业需要考虑供应商的规模、产品质量、价格、交货期、售后服务等因素,并优先选择具有良好信誉和稳定供应能力的供应商。

④进行集中谈判:与供应商进行集中谈判是集中采购法的核心步骤。在谈判中,企业可以利用整合后的采购量作为优势,争取获得更低的价格、更好的付款条件、更长的供货期等。同时,企业还需要与供应商建立良好的合作关系,以确保采购过程的顺利进行。

⑤签订合同并执行采购:如果谈判成功,企业需要与供应商签订正式的采购合同。合同中应明确双方的权利和义务、价格、付款条件、供货期等关键条款。在合同执行过程中,企业需要密切关注供应商的供货情况,确保按时按质完成采购任务。

(2)集中采购法的优势。

①降低采购成本:通过集中采购,企业可以增加采购量,提高与供应商谈判的议价能力,从而获得更低的价格和更好的采购条件。

②优化供应链管理:集中采购有助于企业更好地管理供应链,减少供应商数量,简化采购流程,提高采购效率。

③提高采购质量:通过集中采购,企业可以更加严格地控制产品质量和供应稳定性,确保采购的物品符合企业的要求。

④增强企业议价能力:集中采购使得企业在与供应商谈判时具有更大的话语权,能够更好地维护企业的利益。

(3)案例分析。假设一家大型跨国企业需要在全球范围内采购原材料。为了降低采购成本并提高采购效率,该企业决定采用集中采购法。

首先,该企业对其全球各个分支机构或部门的采购需求进行了整合,确定了需要集中采购的原材料种类和数量。然后,该企业进行了市场调查和分析,了解了全球范围内供应商的情况和市场价格波动。

基于市场调查的结果,该企业选择了几家具有良好信誉和稳定供应能力的供应商进行集中谈判。在谈判中,该企业充分利用了整合后的采购量作为优势,成功争取到了更低的价格和更好的付款条件。

最后,该企业与供应商签订了长期的采购合同,并建立了稳定的合作关系。通过集中采购法,该企业不仅降低了采购成本,还优化了供应链管理,提高了采购质量和效率。这个例子很好地展示了集中采购法在降低采购成本方面的作用。

集中采购法是一种有效的降低采购成本的方法。通过整合采购需求、市场调查与分析、选择合适的供应商、进行集中谈判以及签订合同并执行采购等步骤,企业可以增加采购量,提高与供应商谈判的议价能力,从而降低采购成本。然而,在实施过程中需要注意整合需求的准确性、市场调查的深入性、供应商选择的合理性以及谈判策略的灵活性等因素。只有这样,才能确保集中采购法的成功实施并为企业带来实实在在的经济效益。

5.长期合作法

长期合作法是一种通过与供应商建立长期稳定的合作关系,以获得更好的价格、质量

和服务,从而降低采购成本的方法。这种方法强调与供应商之间的互信、共享和共赢,有助于形成稳定的供应链,减少采购风险,并提高整体运营效率。

(1)长期合作法的实施步骤。

①选择合适的供应商:首先,企业需要对市场上的供应商进行全面的调查和评估。评估的内容包括供应商的产品质量、价格、交货期、售后服务等。通过对比和分析,选择出具有竞争优势、信誉良好且能够满足企业长期需求的供应商。

②建立互信关系:建立互信关系是长期合作的基础。企业需要与供应商进行深入的沟通,了解彼此的经营理念、企业文化和发展战略。通过共同的努力,建立起一种基于信任、尊重和理解的合作关系。

③签订长期合同:在建立互信关系的基础上,企业需要与供应商签订长期合同。合同中应明确双方的权利和义务、产品价格、交货期、质量标准、付款方式等关键条款。通过长期合同,可以确保供应商在一定时期内为企业提供稳定的产品和服务。

④共同发展和改进:长期合作不仅是买卖关系,更是共同发展和改进的过程。企业需要与供应商共同制定改进计划,提高产品质量、降低成本、优化供应链管理等。通过双方的共同努力,实现共赢。

(2)长期合作法的优势。

①降低采购成本:长期合作可以使企业获得更优惠的价格和更好的服务,从而降低采购成本。同时,稳定的供应链也有助于减少价格波动带来的风险。

②提高采购效率:长期合作可以减少频繁更换供应商带来的时间和精力成本,提高采购效率。此外,与供应商之间的默契和配合也有助于简化采购流程、减少不必要的沟通成本。

③确保产品质量:长期合作使得企业可以对供应商的产品质量进行持续监督和改进。通过与供应商的紧密合作,企业可以确保采购的产品符合质量要求,减少质量问题的发生。

④增强供应链稳定性:长期合作有助于建立稳定的供应链,减少因供应商更迭或市场波动带来的风险。稳定的供应链对于企业的生产运营和市场竞争力具有重要意义。

(3)案例分析。假设一家汽车制造企业需要与供应商合作采购关键零部件。为了降低采购成本并提高采购效率,该企业决定采用长期合作法。

首先,该企业对市场上的供应商进行了全面的调查和评估,选择了一家具有竞争优势、信誉良好的供应商作为长期合作伙伴。然后,双方进行了深入的沟通,建立了互信关系,并签订了长期合同。

在合作过程中,该企业与供应商共同制定了改进计划,提高了产品质量、降低了成本,并优化了供应链管理。通过长期的紧密合作,该企业不仅降低了采购成本,还提高了采购效率和质量保证水平。同时,稳定的供应链也为该企业的生产运营和市场竞争力提供了有力保障。这个例子很好地展示了长期合作法在降低采购成本和提高采购效率方面的作用。

长期合作法是一种有效的降低采购成本的方法。通过与供应商建立长期稳定的合作关系,企业可以获得更好的价格、质量和服务,从而降低采购成本。然而,在实施过程中需要注意选择合适的供应商、建立互信关系、签订长期合同以及共同发展和改进等因素。只有这样,才能确保长期合作法的成功实施并为企业带来实实在在的经济效益。

三、采购成本控制策略

1.优化供应商选择

在采购过程中,选择合适的供应商是降低采购成本的关键步骤。供应商的选择不仅直接影响到采购成本的高低,还关系到产品质量、交货期以及企业的整体运营效率。因此,企业需要对供应商进行全面评估,确保选择到最合适的供应商。

(1)供应商选择的重要性。选择合适的供应商对于降低采购成本至关重要。一个优秀的供应商能够提供高质量、低成本的产品,并且按时交货,从而帮助企业降低成本、提高产品质量和交货期可靠性。相反,如果选择不当,可能会导致采购成本上升、产品质量不稳定、交货期延误等问题,给企业带来损失。

(2)供应商全面评估的方法。为了确保选择到最合适的供应商,企业需要对供应商进行全面评估。评估的内容包括价格、质量、供货期等方面。

①价格评估:价格是企业选择供应商时考虑的重要因素之一。企业需要对不同供应商的价格进行比较和分析,选择价格合理、具有竞争力的供应商。同时,还需要考虑价格的稳定性,避免价格波动对企业造成损失。

②质量评估:质量是产品的核心竞争力之一,也是选择供应商时需要考虑的重要因素。企业需要对供应商的产品质量进行评估,包括产品质量水平、质量控制能力、售后服务等方面。通过质量评估,选择能够提供高质量产品的供应商,确保产品质量稳定可靠。

③供货期评估:供货期是影响企业生产运营的重要因素之一。企业需要对供应商的供货期进行评估,了解供应商的交货能力、生产能力和物流能力等方面。通过供货期评估,选择能够按时交货的供应商,确保企业的生产运营顺利进行。

(3)供应商选择的决策过程。在进行全面评估后,企业需要根据评估结果对供应商进行排序和筛选,选择最合适的供应商。决策过程可以考虑以下几个因素:

①综合得分:根据价格、质量、供货期等方面的评估结果,对供应商进行综合得分计算。综合得分高的供应商更有可能被选为合作伙伴。

②风险评估:除了综合得分外,还需要对供应商的风险进行评估。这包括供应商的稳定性、信誉度、合作意愿等方面。选择风险较低的供应商有助于降低采购风险。

③合作潜力:考虑供应商的发展潜力、创新能力以及与企业的契合度等因素。选择具有合作潜力的供应商有助于建立长期稳定的合作关系。

(4)案例分析。假设一家电子产品制造企业需要选择一家电容器供应商。为了选择合适的供应商,该企业进行了以下步骤:

①市场调查:首先,企业对市场上的电容器供应商进行了调查,了解了各供应商的基本情况、产品特点和市场口碑等信息。

②全面评估:接着,企业根据价格、质量、供货期等方面的要求,对候选供应商进行了全面评估。评估过程中,企业向供应商发出了询价单,要求供应商提供详细的产品报价、技术规格和交货期等信息。同时,企业还参观了供应商的生产现场,了解了其生产能力和质量控制水平。

③决策选择:经过全面评估后,企业根据综合得分、风险评估和合作潜力等因素,最终选择了一家价格合理、质量稳定、供货期可靠的电容器供应商作为合作伙伴。

优化供应商选择是降低采购成本的关键步骤。通过对供应商进行全面评估,包括价

格、质量、供货期等方面,企业可以选择到最合适的供应商,从而降低采购成本、提高产品质量和交货期可靠性。在选择过程中,企业还需要考虑风险评估和合作潜力等因素,以确保选择到可靠的合作伙伴并建立长期稳定的合作关系。

2. 标准化管理

标准化管理是一种有效的手段,能够帮助企业减少定制产品,降低采购成本。通过实施标准化管理,企业可以统一产品规格、生产流程和管理标准,从而提高采购效率、降低采购成本。

(1)标准化管理的定义与重要性。标准化管理是指企业按照一定的标准和规范,对产品设计、生产、采购等各个环节进行统一管理。这种管理方式能够减少定制产品的数量,从而降低采购成本。同时,标准化管理有利于实现规模采购,进一步降低采购成本。

(2)标准化管理的实施步骤。

①制定标准:企业首先需要制定统一的产品标准,包括产品规格、性能要求、生产流程等。这些标准应该基于市场需求、技术进步和成本控制等因素进行制定。

②推广标准:制定好标准后,企业需要在内部进行推广和培训,确保员工了解并遵守这些标准。同时,企业还需要与供应商沟通,让他们了解并遵循这些标准。

③实施标准化采购:在采购过程中,企业应该优先选择符合标准的产品,减少定制产品的数量。这有助于降低采购成本,提高采购效率。

④持续改进:标准化管理是一个持续改进的过程。企业应该定期评估标准化管理的效果,发现问题并及时改进。同时,企业还需要关注市场变化和技术进步,及时更新产品标准。

(3)标准化管理的优势。

①降低采购成本:通过减少定制产品,企业可以降低采购成本。此外,标准化产品有利于实现规模采购,进一步降低采购成本。

②提高采购效率:标准化管理可以简化采购流程,减少不必要的沟通和协调。这有助于提高采购效率,缩短采购周期。

③提升产品质量:标准化管理可以确保产品的一致性和稳定性,从而提高产品质量。这有助于提升企业的品牌形象和市场竞争力。

(4)案例分析。以一家汽车制造商为例,该企业实施了标准化管理,对产品设计和生产流程进行了统一规范。在实施标准化管理之前,该企业的采购部门经常面临定制产品的需求,导致采购成本较高且难以控制。实施标准化管理后,该企业减少了定制产品的数量,统一了产品规格和生产流程。这不仅降低了采购成本,还提高了采购效率。同时,标准化产品有利于实现规模采购,进一步降低了采购成本。经过一段时间的运营,该企业的采购成本得到了有效控制,产品质量也得到了提升。

通过标准化管理,企业可以减少定制产品,降低采购成本。同时,标准化产品有利于实现规模采购,进一步降低采购成本。因此,企业应该积极实施标准化管理,以提高采购效率、降低采购成本并提升产品质量。在实施过程中,企业需要制定合理的标准、加强推广和培训、持续改进并关注市场变化和技术进步。

3. 及时生产策略

及时生产策略,也称为准时制生产(Just-In-Time, JIT),是一种追求零库存、零浪费的生产管理方式。其核心思想是只在需要的时候,按需要的量生产所需的产品。通过实施及

时生产策略,企业可以显著减少库存积压和浪费,从而降低库存成本。同时,这种策略还能减少紧急采购的情况,进而降低应急成本。

（1）及时生产策略的基本原理。

①零库存目标:及时生产策略追求零库存,即只在需要时生产所需的产品数量,避免库存积压和浪费。

②拉动式生产:根据客户需求拉动生产,而不是依赖预测或推式生产。这种方式可以减少生产过剩和库存积压。

③减少生产批量:通过减少生产批量,企业可以更快地响应市场需求变化,减少浪费和库存成本。

④质量至上:强调产品质量的重要性,通过提高产品质量减少返工和退货,降低库存成本。

（2）及时生产策略的实施步骤。

①分析生产流程:首先,企业需要对其生产流程进行详细分析,找出浪费和库存积压的环节。

②建立拉动式生产系统:根据客户需求建立拉动式生产系统,确保生产与销售同步。

③优化生产布局:通过优化生产布局,减少物料搬运距离和时间,提高生产效率。

④实施小批量生产:逐步减少生产批量,提高生产灵活性,快速响应市场需求变化。

⑤持续改进:及时生产策略是一个持续改进的过程。企业需要定期评估生产效果,发现问题并及时改进。

（3）及时生产策略的优势。

①降低库存成本:通过减少库存积压和浪费,企业可以显著降低库存成本。

②减少紧急采购:及时生产策略强调预测和计划,可以减少紧急采购的情况,降低应急成本。

③提高生产效率:优化生产布局和实施小批量生产可以提高生产效率,降低生产成本。

④增强市场竞争力:通过降低成本和提高产品质量,企业可以增强市场竞争力,赢得更多客户。

（4）案例分析。以一家电子产品制造商为例,该企业实施了及时生产策略。通过优化生产流程、建立拉动式生产系统和实施小批量生产等措施,企业显著降低了库存成本和应急成本。在实施及时生产策略之前,该企业的库存积压较为严重,导致库存成本较高。同时,由于生产预测不准确,企业经常面临紧急采购的情况,应急成本也较高。实施及时生产策略后,企业不仅降低了库存成本和应急成本,还提高了生产效率和产品质量。这使得企业在市场上获得了更大的竞争优势。

及时生产策略是一种有效的生产管理方式,可以帮助企业降低库存成本和应急成本。通过减少库存积压和浪费、优化生产流程、建立拉动式生产系统和实施小批量生产等措施,企业可以提高生产效率、降低生产成本并增强市场竞争力。因此,企业应该积极考虑采用及时生产策略来优化生产管理。

4.强化员工培训

在企业的运营管理中,采购成本控制是一项至关重要的任务。为了实现这一目标,强化员工培训成为了一个不可忽视的环节。通过提高采购人员的素质和能力,以及增强他们的成本控制意识,企业可以更加有效地进行采购成本控制。

（1）员工培训的目标与重要性。

①提高采购人员的素质和能力：通过培训，采购人员可以掌握更加专业的采购知识和技能，提高他们在采购过程中的决策能力和应变能力。

②增强成本控制意识：培训使员工深刻认识到采购成本控制对企业利润和竞争力的重要性，从而在日常工作中更加注重成本控制。

（2）培训内容与方式。

①专业知识培训：包括供应链管理、市场分析、采购谈判技巧等，帮助采购人员提升专业素养。

②成本控制案例分析：通过实际案例分析，使员工了解采购成本控制的具体方法和策略。

③团队建设与沟通协作：加强团队内部的沟通协作，提高整体工作效率。

④培训方式：可以采用线上课程、线下研讨会、工作坊等多种形式进行。

（3）实施步骤与注意事项。

①制定培训计划：根据企业需求和员工实际情况，制定详细的培训计划。

②组织培训活动：按照培训计划，组织相应的培训活动，确保员工参与。

③跟踪培训效果：通过定期的考核和反馈，了解员工的培训效果，以便及时调整培训计划。

④持续跟进：培训不是一次性的活动，而是需要持续跟进和完善的过程。企业需要定期对员工进行复习和巩固，确保培训效果持久有效。

（4）员工培训的效果。

①提升采购效率：经过培训的采购人员能够更快速、准确地完成采购任务，提高工作效率。

②降低采购成本：通过掌握专业的采购技巧和成本控制方法，采购人员能够更有效地降低采购成本。

③增强团队凝聚力：培训过程中的团队建设活动有助于增强团队凝聚力，提高整体工作效率。

（5）案例分析。以一家制造企业为例，该企业针对采购人员进行了系统的强化培训。通过培训，采购人员不仅掌握了更加专业的采购知识和技能，还深刻认识到了采购成本控制对企业的重要性。在实际工作中，他们更加注重成本控制，通过优化供应商选择、谈判技巧等方式，成功降低了采购成本。这不仅提高了企业的整体利润水平，还增强了企业的市场竞争力。

强化员工培训是提高采购成本控制能力的关键举措。通过提升采购人员的素质和能力，以及增强他们的成本控制意识，企业可以更加有效地进行采购成本控制。因此，企业应该高度重视员工培训工作，不断完善培训机制，为企业的持续发展奠定坚实基础。

5. 建立信息系统

在现代企业中，采购活动不仅仅是简单的买卖行为，更是一个涉及多个部门、多个环节、多方参与的复杂过程。为了提高采购效率、减少信息不对称带来的成本浪费，建立高效的信息系统显得至关重要。

（1）信息系统的重要性。

①信息共享：信息系统能够将采购相关的数据、文档、流程等信息集中管理，实现不同

部门、不同人员之间的信息共享。这有助于打破信息孤岛,提高协同效率。

②实时更新:信息系统能够实时记录采购活动的最新进展,包括订单状态、库存情况、供应商信息等。这使得相关人员能够随时了解采购的最新动态,及时作出决策。

(2)信息系统的功能。

①采购需求管理:系统能够记录各部门的采购需求,自动汇总生成采购计划。

②供应商管理:系统能够维护供应商的基本信息、历史交易记录、信用评价等,为采购决策提供支持。

③订单管理:系统能够生成、跟踪、管理采购订单,确保订单信息的准确性和及时性。

④库存管理:系统能够实时更新库存信息,提供库存预警和补货建议。

(3)实施步骤与注意事项。

①需求分析:明确企业的采购需求和业务流程,确定信息系统的功能和特点。

②系统选型:根据需求分析结果,选择适合企业的信息系统。可以考虑自主开发或购买第三方系统。

③数据迁移:将现有的采购数据迁移至新系统,确保数据的完整性和准确性。

④培训与推广:对相关人员进行系统操作培训,确保他们能够熟练使用新系统。同时,通过内部宣传和推广,提高员工对信息系统的认识和接受度。

⑤持续维护:定期对系统进行维护和升级,确保系统的稳定性和安全性。同时,根据企业业务的发展变化,不断优化和完善系统功能。

(4)信息系统带来的效益。

①提高采购效率:通过信息系统的自动化处理,减少人工操作和数据传递的环节,提高采购流程的效率和准确性。

②减少成本浪费:信息系统能够减少信息不对称带来的成本浪费,如重复采购、库存积压等。同时,通过对采购数据的分析和挖掘,发现潜在的节约空间。

③加强风险控制:信息系统能够实时监控采购活动的异常情况,如供应商违约、价格波动等,帮助企业及时应对风险。

(5)案例分析。以一家大型零售企业为例,该企业通过建立信息系统,实现了采购信息的共享和实时更新。通过系统自动化处理采购需求、生成采购计划、跟踪订单状态等功能,大大提高了采购效率。同时,系统还能够实时更新库存信息,提供库存预警和补货建议,有效减少了库存积压和缺货现象。此外,通过对采购数据的分析和挖掘,企业发现了多个潜在的节约空间,如优化供应商选择、降低采购成本等。这些措施共同为企业带来了显著的成本节约和效益提升。

建立信息系统是实现采购信息共享和实时更新的关键举措。通过信息系统的高效运作,企业可以提高采购效率、减少成本浪费、加强风险控制。因此,企业应该高度重视信息系统的建设和应用,不断优化和完善系统功能,为企业的持续发展提供有力支撑。

6.定期审计与考核

采购成本控制是企业持续发展的重要环节,而定期审计与考核则是确保成本控制措施得到有效执行的重要手段。通过定期审计,企业可以检查成本控制措施的执行情况,发现存在的问题并及时改进。而考核则能够激励员工更好地进行成本控制工作,提高整体工作效率。

（1）定期审计的目的与步骤。

①目的：定期审计旨在评估采购成本控制措施的执行情况，发现潜在的风险和问题，提出改进建议，确保成本控制目标的实现。

②步骤：

- 确定审计范围：明确审计的对象、时间跨度、关键指标等。
- 收集数据：从相关部门收集采购数据、成本控制措施执行情况等。
- 分析数据：对比成本控制目标与实际情况，分析差异原因。
- 编写审计报告：详细记录审计结果、发现的问题及改进建议。
- 报告与反馈：将审计报告提交给管理层，并根据反馈进行后续处理。

（2）考核的设定与实施。

①设定考核指标：根据采购成本控制目标，设定具体的考核指标，如采购成本降低率、供应商合作满意度等。

②制定考核标准：明确各项指标的考核标准，确保考核的公正性和客观性。

③实施考核：定期对采购部门的员工进行考核，评估他们在成本控制工作中的表现。

④结果反馈与激励：将考核结果反馈给员工，并根据结果进行奖励或惩罚，激励员工更好地进行成本控制工作。

（3）注意事项。

①确保审计的独立性：审计应由独立的审计部门或第三方进行，以确保审计结果的客观性和公正性。

②考核结果应与员工利益挂钩：考核结果应直接影响员工的晋升、薪酬等方面，以激发员工的积极性和参与度。

③持续改进：根据审计和考核结果，及时调整和优化采购成本控制措施，确保成本控制工作的持续改进。

（4）案例分析。以一家制造企业为例，该企业为了加强采购成本控制，设立了专门的审计部门，并制定了详细的考核指标。审计部门定期对采购部门的成本控制措施进行审计，发现问题后及时与采购部门沟通并协助改进。同时，企业还根据考核结果对采购部门的员工进行奖励或惩罚。经过一段时间的实施，企业的采购成本得到了有效控制，员工对成本控制工作的重视程度也明显提高。

定期审计与考核是确保采购成本控制措施有效执行的重要手段。通过定期审计，企业可以及时发现并解决问题；而考核则可以激励员工更好地进行成本控制工作。因此，企业应高度重视定期审计与考核工作，确保其得到有效实施。

7. 灵活运用多种采购方式

在采购过程中，灵活运用不同的采购方式可以帮助企业更有效地控制成本。根据采购物品的特性、市场需求、供应商情况等因素，选择合适的采购方式是非常重要的。通过电子招标、竞价、询价等多种方式，企业可以在更广泛的范围内寻找合适的供应商，从而实现成本优化。

（1）电子招标。

①定义：电子招标是指通过互联网平台发布招标信息，邀请供应商在线提交投标文件的采购方式。

②优势：能够吸引更多潜在供应商参与，增加竞争性；流程透明，减少人为干预，降低腐

败风险;便于存档和查询,提高管理效率。

③应用:适用于大型、复杂的采购项目,如设备、工程等。

(2)竞价。

①定义:竞价是指采购方提出采购需求,多个供应商根据采购方的要求在线提交报价,采购方根据报价情况选择最合适的供应商。

②优势:能够充分激发供应商之间的竞争,推动价格下降;采购过程透明,便于监督。

③应用:适用于标准化产品、服务或原材料等。

(3)询价。

①定义:询价是指采购方直接向潜在供应商发出询价单,邀请其报价,并根据报价情况选择最合适的供应商。

②优势:操作简单,响应速度快;适用于紧急采购或小规模采购。

③应用:适用于对市场价格较为敏感、采购周期较短的物品。

(4)实施步骤。

①需求分析:明确采购物品的具体需求,包括规格、数量、质量要求等。

②市场调查:了解市场行情,收集潜在供应商信息。

③选择采购方式:根据需求分析结果和市场调查情况,选择合适的采购方式。

④发布采购信息:按照所选采购方式的要求,发布采购信息,吸引供应商参与。

⑤供应商响应:收集供应商的报价、供货期、付款条件等信息。

⑥评估与选择:根据收集到的信息进行评估,选择最合适的供应商。

⑦签订合同:与选定的供应商签订合同,明确双方的权利和义务。

(5)注意事项。

①公平竞争:确保所有供应商在同等条件下参与竞争,避免出现不公平现象。

②信息保密:对采购过程中的敏感信息进行保密,防止信息泄露。

③风险控制:在采购过程中充分考虑各种风险因素,制定应对措施。

(6)案例分析。以一家电子产品制造企业为例,该企业根据采购物品的不同特性,灵活运用了电子招标、竞价和询价等多种采购方式。对于关键原材料,企业采用电子招标方式,吸引了多家大型供应商参与,有效降低了采购成本。对于标准化零部件,企业采用竞价方式,通过供应商之间的价格竞争实现了成本优化。而对于一些紧急采购的小额物品,企业则采用询价方式,快速获取合适的供应商和价格。通过灵活运用多种采购方式,该企业在确保采购质量的同时,有效降低了采购成本。

灵活运用多种采购方式是企业降低采购成本、提高竞争力的重要手段。企业应根据实际情况选择合适的采购方式,充分利用市场竞争机制,实现采购成本的优化。同时,在采购过程中要注意公平竞争、信息保密和风险控制等方面的问题,确保采购工作的顺利进行。

8.建立严格的验收制度

在采购过程中,确保所购物品的质量是降低采购成本的关键环节。一个严格的验收制度能够确保企业采购的物品符合既定的质量标准,避免因质量问题导致的退货、维修等额外成本。下面,我们将通过一个具体的案例来详细讲解如何建立严格的验收制度。

(1)案例背景。假设某制造企业需要采购一批轴承,用于生产线上的关键设备。轴承的质量直接关系到设备的运行效率和生产安全。因此,确保轴承的质量对该企业至关重要。

（2）建立验收制度的步骤。

①明确验收标准：首先，企业需要明确轴承的验收标准，包括尺寸、材料、耐磨性、承载能力等方面的要求。这些标准应该基于国家相关标准、行业标准以及企业的实际需求来制定。

②选择合适的验收方法：根据轴承的特点和验收标准，企业可以选择合适的验收方法，如外观检查、尺寸测量、性能测试等。同时，还可以采用抽样检测的方法，以提高验收效率。

③培训验收人员：企业需要对验收人员进行专业培训，确保他们熟悉验收标准和方法，能够准确判断轴承的质量。此外，验收人员还应具备良好的职业道德和责任心，确保验收工作的公正性和准确性。

④制定验收流程：企业应制定详细的验收流程，包括验收前的准备工作、验收过程中的操作步骤、验收结果的记录和处理等。流程应该明确各个环节的责任人和时间节点，确保验收工作的有序进行。

⑤建立不合格品处理机制：对于不合格的轴承，企业应建立相应的处理机制，如退货、索赔等。同时，还需要对不合格品进行记录和分析，找出原因并采取措施防止类似问题的再次发生。

（3）验收制度的实施与监督。

①严格执行验收制度：企业应要求验收人员严格按照验收制度和流程进行操作，确保每批轴承都经过严格的验收。

②加强监督与考核：企业应定期对验收工作进行监督和考核，确保验收制度的有效执行。对于违反制度的行为，应及时进行纠正和处理。

③持续改进与优化：企业应根据实际情况和市场需求，不断完善和优化验收制度，提高验收工作的效率和准确性。

通过建立严格的验收制度并有效执行，企业可以确保采购的物品符合质量要求，避免因质量问题带来的额外成本。同时，这也有助于维护企业的声誉和客户关系，为企业的长期发展奠定坚实基础。

9. 优化产品设计

在企业的采购成本控制中，产品设计阶段的成本控制具有举足轻重的地位。优化产品设计不仅可以在源头上减少成本，还可以为后续的采购、生产、销售等环节创造更大的经济效益。下面，我们将通过一个具体的案例来详细讲解如何通过优化产品设计来降低采购成本。

（1）案例背景。假设一家电子产品制造企业正在设计一款新型智能手机。在设计初期，工程师们发现该手机需要使用一种高性能的芯片，而这种芯片的市场价格较高，占据了手机总成本的很大一部分。为了降低采购成本，企业决定对产品设计进行优化。

（2）优化产品设计的步骤。

①分析产品性能需求：首先，企业需要对产品的性能需求进行深入分析。在这个案例中，工程师们发现手机的某些功能并不需要那么高的芯片性能。例如，一些辅助功能如计算器、记事本等可以通过软件优化来降低对硬件的要求。

②寻找替代方案：在明确了产品的性能需求后，企业开始寻找替代的高性价比芯片。通过与供应商合作，企业找到了一种性能稍低但价格更为合理的芯片。这种芯片虽然在一些方面不如原方案，但完全能够满足手机的基本性能需求。

③调整设计方案：根据找到的替代芯片，企业开始对手机的设计方案进行调整。工程师们对手机的硬件和软件进行了优化，以确保在新的芯片下仍能保持手机的稳定性和性能。

④验证与测试：在调整完设计方案后，企业需要进行严格的验证和测试，确保新的设计方案既能满足性能需求，又不会引入新的问题。这包括对手机的各项功能进行测试，以及在实际生产环境中的模拟测试等。

（3）优化产品设计的效果。经过上述步骤，企业成功地降低了智能手机对高性能芯片的依赖，采用了性价比更高的芯片。这不仅直接降低了手机的采购成本，还为企业节省了后续生产、销售等环节的成本。同时，由于新的设计方案仍然能够满足消费者的需求，因此并没有对产品的市场竞争力产生负面影响。

通过优化产品设计，企业可以在源头上降低采购成本，提高产品的经济效益和市场竞争力。在实际操作中，企业需要深入分析产品性能需求，寻找替代方案，调整设计方案，并进行严格的验证和测试。只有这样，才能确保优化产品设计的效果达到预期目标。

10. 强化供应链协同管理

在采购成本控制中，强化供应链协同管理是一个非常重要的策略。通过与供应商和客户的紧密合作，企业可以实现信息共享和快速响应，从而提高供应链的效率和灵活性，降低整体采购成本。下面，我们将通过一个具体的案例来详细讲解如何强化供应链协同管理以降低采购成本。

（1）案例背景。假设一家服装制造企业面临着原材料价格波动大、交货期不稳定以及客户需求多变等问题，导致采购成本难以控制。为了应对这些挑战，企业决定强化与供应商和客户的协同管理。

（2）强化供应链协同管理的步骤。

①建立长期合作关系：首先，企业需要与供应商建立长期稳定的合作关系。通过签订长期合同、共同制定采购计划等方式，企业可以确保供应商的稳定供应和价格优惠。

②信息共享：为了实现供应链的透明化和协同管理，企业需要与供应商和客户建立信息共享平台。通过这个平台，企业可以实时了解供应商的库存、生产进度、交货期等信息，同时客户也可以提供销售数据、市场需求等信息。这有助于企业及时调整采购计划和生产计划，避免库存积压和缺货现象。

③共同应对市场变化：面对市场需求的多变性，企业需要与供应商和客户共同应对。例如，当客户提出新的产品需求时，企业可以与供应商合作开发新产品，同时调整采购计划以满足市场需求。

④建立协同响应机制：为了应对供应链中的突发事件，如供应商生产中断、客户需求激增等，企业需要与供应商和客户建立协同响应机制。通过提前制定应急预案、建立紧急联系渠道等方式，企业可以迅速响应并解决问题，确保供应链的稳定性。

（3）强化供应链协同管理的效果。通过强化供应链协同管理，企业可以实现以下效果：

①提高供应链的效率和灵活性：通过信息共享和协同合作，企业可以更加准确地预测市场需求和供应商的生产能力，从而制定合理的采购计划和生产计划。这有助于减少库存积压和缺货现象，提高供应链的效率和灵活性。

②降低整体采购成本：通过与供应商建立长期合作关系和信息共享，企业可以获得更优惠的价格和更稳定的供应。同时，通过协同应对市场变化和建立协同响应机制，企业可

以减少突发事件对采购成本的影响。

③增强市场竞争力：通过强化供应链协同管理，企业可以更快地响应市场需求，提高产品质量和服务水平。这将有助于增强企业的市场竞争力，赢得更多客户的信任和支持。

强化供应链协同管理是一个有效降低采购成本的重要策略。通过与供应商和客户的紧密合作、信息共享和协同应对市场变化，企业可以提高供应链的效率和灵活性，降低整体采购成本，增强市场竞争力。在实际操作中，企业需要建立完善的协同管理机制、加强信息共享和沟通、共同应对市场变化等，以确保供应链协同管理的效果达到预期目标。

综上所述，企业应重视并采取科学合理的采购成本控制方法与策略来降低运营成本、提高竞争力及优化供应链管理。在实际操作中应结合企业自身情况和市场环境灵活运用各种控制方法与策略。通过不断优化改进成本控制体系并持续关注行业动态和供应商市场变化，企业能够更好地应对市场竞争并实现可持续发展。

第三节　采购成本效益分析与优化

在企业的运营管理中，采购成本的控制并非一味的降低投入，而是需要找到成本与效益的最佳平衡点。这一平衡点的寻求过程涉及到了采购成本效益的深度分析。如何进行有效的成本效益分析，并在此基础上进行优化，是每一个追求卓越的企业必须面对和解决的课题。本节将深入探讨采购成本效益的评估方法，以及如何通过科学的管理和优化策略，实现采购成本的合理控制和企业整体效益的提升。

一、采购成本效益分析的意义

采购成本效益分析是企业管理中不可或缺的一部分。在市场竞争日益激烈的今天，采购活动直接关系到企业的成本结构和竞争力。通过对采购成本效益进行深入分析，企业能够更加精准地掌握采购活动的经济效果，为企业决策提供有力支持。

1. 采购成本效益分析的意义

（1）科学评估采购活动经济效果。采购成本效益分析能够全面、客观地评估采购活动的经济效果。通过对比分析采购成本与采购效益之间的关系，企业可以了解采购活动的投入产出比，为优化采购策略提供依据。

（2）指导采购决策。采购成本效益分析为企业制定采购策略提供了数据支持。通过对历史采购数据的分析，企业可以预测未来的采购成本趋势，从而制定更加合理的采购计划。此外，分析还可以帮助企业选择合适的供应商，优化供应商组合，降低采购风险。

（3）优化资源配置。采购成本效益分析有助于企业实现资源的优化配置。通过对采购成本效益的评估，企业可以调整采购活动的投入，使资源得到更加合理的利用。这不仅可以降低采购成本，还可以提高企业的整体运营效率。

（4）提高市场竞争力。通过降低采购成本，企业可以提高产品的竞争力，从而在市场中获得更大的份额。采购成本效益分析使企业能够更加精准地控制成本，为企业在激烈的市场竞争中取得优势地位提供有力保障。

2. 如何进行采购成本效益分析

（1）收集数据。首先，企业需要收集与采购成本相关的数据，包括采购价格、采购数量、运输费用、库存成本等。

（2）确定分析指标。根据企业的实际情况,选择合适的分析指标,如采购成本占销售额的比例、采购成本节约额等。

（3）分析对比。将实际采购数据与计划或行业标准进行对比,分析采购成本与采购效益之间的关系。

（4）找出问题并提出建议。根据分析结果,找出采购活动中存在的问题,提出相应的改进措施和建议。

采购成本效益分析对于企业管理具有重要意义。通过对采购活动的经济效果进行科学评估,企业可以更加精准地控制成本,优化资源配置,提高市场竞争力。因此,企业应当重视采购成本效益分析工作,不断完善分析方法和手段,为企业的可持续发展提供有力支持。

二、采购成本效益的评估方法

1. 成本-效益比较法

在采购决策中,企业往往面临多种选择。不同的采购方案可能带来不同的预期成本和预期效益。为了选择最优方案,企业可以采用成本-效益比较法。这种方法通过比较不同采购方案的预期成本和预期效益,为企业提供一个清晰、直观的决策依据。

（1）成本-效益比较法的步骤。

①明确采购目标:首先,企业需要明确采购目标,包括采购物品的种类、数量、质量要求等。这将有助于后续的成本和效益分析。

②制定采购方案:根据采购目标,企业可以制定多个采购方案。每个方案应包含详细的采购计划、预期成本、预期效益等信息。

③成本分析:对每个采购方案的成本进行详细分析。成本分析应涵盖直接成本(如采购价格、运输费用等)和间接成本(如库存成本、管理成本等)。确保所有相关成本都被充分考虑。

④效益分析:对每个采购方案的预期效益进行评估。效益分析可以包括经济效益(如成本节约、利润增加等)和社会效益(如提高企业形象、客户满意度等)。根据企业的实际情况,选择合适的效益指标进行分析。

⑤成本-效益比较:将每个采购方案的预期成本和预期效益进行比较。可以通过绘制成本-效益图或计算成本-效益比率来直观地展示不同方案之间的优劣关系。

⑥风险评估:在比较过程中,企业应充分考虑各种可能的风险因素。例如,供应商的稳定性、市场价格的波动、产品质量问题等。这些因素可能对成本和效益产生重大影响,因此在决策过程中必须予以重视。

⑦选择最优方案:综合考虑成本、效益和风险因素,选择最优的采购方案。这个方案应能在满足采购目标的同时,实现成本的最小化和效益的最大化。

（2）成本-效益比较法的应用案例。

假设某企业需要采购一批原材料。经过市场调查和分析,企业制定了两个采购方案:

方案 A:从国内供应商采购,预期成本较低,但可能存在质量不稳定的风险;

方案 B:从国际供应商采购,预期成本较高,但质量较为稳定。

采用成本-效益比较法进行分析:

①成本分析:方案 A 的预期成本较低,但可能因质量问题导致额外的处理成本;方案 B

的预期成本较高,但质量稳定,可以减少后期处理成本。

②效益分析:方案 A 可能因质量问题影响生产效率和产品质量,从而影响企业的经济效益和客户满意度;方案 B 虽然成本较高,但可以提高生产效率和产品质量,增加企业的经济效益和客户满意度。

③成本-效益比较:综合考虑成本和效益,方案 B 虽然在短期内成本较高,但从长期来看,其稳定性和高质量可以为企业带来更大的经济效益和客户满意度。因此,选择方案 B 作为最优采购方案。

成本-效益比较法是一种直观易懂的采购决策工具。通过比较不同采购方案的预期成本和预期效益,企业可以选择最优方案,实现成本的最小化和效益的最大化。然而,在应用过程中,企业应充分考虑各种可能的风险因素,以确保决策的科学性和合理性。

2. 现值法

现值法是一种常用的财务分析方法,用于评估长期项目或涉及未来现金流的决策的经济价值。通过将未来的成本和效益折现到同一时间点进行比较,现值法能够帮助决策者更加准确地衡量不同方案的经济效果,从而做出更加合理的决策。

(1)现值法的原理。现值法的核心原理是时间价值原理,即资金在不同时间点的价值是不同的。由于资金具有时间价值,未来的现金流需要在评估时折现到当前或某一特定时间点,以反映其真实的经济价值。通过折现,可以将不同时间点的现金流转换为同一时间点的现值,从而便于比较和决策。

(2)现值法的计算步骤。

①确定现金流:首先,需要确定项目或决策在未来各期的现金流,包括预期的现金流入和流出。这些现金流可以是正的(如收入、收益等)或负的(如投资、成本等)。

②确定折现率:选择合适的折现率,以反映资金的时间价值和风险。折现率的选择应基于市场利率、项目风险等因素综合考虑。

③计算现值:使用折现率将未来各期的现金流折现到同一时间点。具体计算方法是,将每期的现金流除以(1+折现率)的相应次方。这样,未来的现金流就被转换为了现值。

④比较现值:将不同方案或项目的现值进行比较,选择现值最大的方案或项目。

(3)现值法的应用案例。

假设某企业考虑投资一个新项目,该项目预计在未来 5 年内产生一定的现金流。企业需要决定是否投资该项目。

使用现值法进行分析:

①确定现金流:预测该项目在未来 5 年内的现金流入和流出情况,包括初始投资、运营成本、预期收入等。

②确定折现率:基于市场利率和项目风险,选择合适的折现率。

③计算现值:将未来 5 年内的现金流按照折现率进行折现,得到各期现金流的现值。

④比较现值:将投资项目的现值与初始投资进行比较。如果现值大于初始投资,说明该项目在经济上是可行的;如果现值小于初始投资,则说明该项目在经济上不可行。

(4)现值法的优缺点。

①优点:

- 考虑了资金的时间价值,使决策更加符合经济现实。
- 能够对不同时间点的现金流进行比较和决策,适用于长期项目或涉及未来现金流的

决策。

②缺点：

- 折现率的选择具有一定的主观性，可能影响决策的准确性。
- 对于某些项目或决策，现金流的预测可能存在一定的不确定性。

现值法是一种有效的财务分析方法，通过折现未来现金流来评估长期项目或涉及未来现金流的决策的经济价值。然而，在应用过程中，需要注意折现率的选择和现金流的预测，以确保决策的合理性和准确性。

3. 内含报酬率法

内含报酬率法（internal rate of return，IRR）是一种评估投资方案经济效益的方法。与现值法不同，内含报酬率法主要关注投资方案本身的内部收益率，即在不考虑外部市场利率的情况下，投资方案内部资金流动的收益率。通过计算内含报酬率，投资者可以了解投资方案的实际收益率，从而判断其经济效益的好坏。

（1）内含报酬率的原理。内含报酬率是基于投资方案未来现金流的收益率，它反映了投资方案本身的盈利能力。当投资者将资金投入到某个项目中时，项目的未来现金流将按照一定的模式流入和流出。内含报酬率就是使得这些现金流在投资期内达到平衡（即净现值为零）的折现率。

（2）内含报酬率的计算步骤。

①预测现金流：首先，预测投资方案在未来各期的现金流，包括初始投资、未来收益、运营成本等。

②设定初始折现率：选择一个初始折现率，通常可以选取市场利率或预期收益率作为起点。

③计算净现值：使用初始折现率将未来现金流折现到投资期初，计算投资方案的净现值（NPV）。

④调整折现率：如果净现值不等于零，则调整折现率，重新计算净现值。这个过程需要反复进行，直到找到使净现值等于零的折现率，即内含报酬率。

⑤确定内含报酬率：当找到使净现值等于零的折现率时，这个折现率就是投资方案的内含报酬率。

（3）内含报酬率的应用案例。假设某企业计划投资一个生产项目，初始投资为 100 万元，预计在未来 5 年内产生一定的现金流。企业需要评估该项目的经济效益。

使用内含报酬率法进行分析：

①预测现金流：预测该项目在未来 5 年内的现金流入和流出情况，包括初始投资、运营成本、预期收入等。

②设定初始折现率：假设市场利率为 5%，选取 5% 作为初始折现率。

③计算净现值：使用 5% 的折现率将未来 5 年内的现金流折现到投资期初，计算净现值。

④调整折现率并重新计算：如果净现值不等于零，则调整折现率，比如调整到 6%，然后重新计算净现值。这个过程需要反复进行，直到找到使净现值等于零的折现率。

⑤确定内含报酬率：经过多次调整计算，最终找到使净现值等于零的折现率，假设为 7%。那么，该项目的内含报酬率就是 7%。

（4）内含报酬率的优点与局限性。

①优点：

- 内含报酬率考虑了投资方案本身的盈利能力，能够更直接地反映投资效果。
- 与市场利率无关，使得不同投资方案之间的比较更加公平。

②局限性：

- 在多方案比较时，可能存在多个方案的内含报酬率相同的情况，此时需要进一步分析其他因素。
- 对于现金流模式复杂或非常规的投资方案，内含报酬率的计算可能较为困难。

内含报酬率法是一种重要的投资决策工具，通过计算投资方案的内含报酬率来评估其经济效益。在实际应用中，投资者需要结合其他财务指标和市场环境，综合判断投资方案的优劣。同时，也需要注意内含报酬率法的局限性，避免盲目追求高内含报酬率而忽视其他风险因素。

三、采购成本优化的策略

1. 供应商管理

在当今竞争激烈的市场环境中，企业的成功往往与其供应链管理紧密相连。供应商管理作为供应链管理的核心环节，不仅关乎企业采购成本的稳定，更是企业实现成本控制、质量保障和竞争优势的重要手段。通过建立与供应商的长期合作关系，企业可以在保证商品质量的同时，实现采购成本的优化和稳定。

（1）供应商管理的重要性。供应商管理涉及到与供应商建立、维护和优化合作关系的一系列活动。这些活动包括但不限于供应商选择、供应商评估、供应商合作和供应商发展。通过有效的供应商管理，企业可以实现以下目标：

①降低成本：通过长期合作和规模采购，企业可以获得更优惠的价格和更稳定的供应，从而降低采购成本。

②提高质量：与优质的供应商合作，可以确保企业采购的商品质量可靠，减少因质量问题带来的损失。

③优化供应链：稳定的供应商关系有助于企业优化供应链流程，提高供应链的响应速度和灵活性。

（2）建立长期合作关系的策略。

①供应商选择：企业应通过市场调研和评估，选择那些具有良好信誉、稳定供应能力和优质产品的供应商作为合作伙伴。

②合同签订：与选定的供应商签订长期合作协议，明确双方的权利和义务，确保合作的稳定性和可持续性。

③信息共享：建立有效的信息沟通机制，实现与供应商之间的信息共享，提高供应链的透明度和协同效率。

④共赢发展：鼓励供应商参与企业的产品研发和生产过程，实现双方的共赢发展。

（3）供应商评估与持续优化。为确保供应商始终能够提供质优价廉的商品，企业需要对供应商进行定期评估。评估内容包括但不限于商品价格、质量、交货期、服务等方面。通过评估，企业可以了解供应商的实际表现，及时发现问题并采取相应措施进行改进。

此外，企业还应建立供应商优化机制，对表现不佳的供应商进行辅导和整改，对表现优

秀的供应商给予更多合作机会和优惠政策。这样不仅可以激励供应商不断提高自身水平，还可以为企业带来更多的合作价值。

（4）案例分析。以某电子产品制造企业为例，该企业通过建立与供应商的长期合作关系和定期评估机制，实现了采购成本的稳定和优化。在与供应商的合作过程中，企业不仅获得了更优惠的价格和更稳定的供应，还通过信息共享和共赢发展策略提高了供应链的协同效率。同时，企业定期对供应商进行评估和辅导，确保供应商始终能够提供质优价廉的商品。这些措施为企业带来了显著的采购成本节约和质量提升效果，增强了企业的市场竞争力和盈利能力。

供应商管理是企业实现采购成本稳定与优化的关键。通过建立与供应商的长期合作关系和定期评估机制，企业可以与优质供应商建立稳定、可靠的合作关系，实现采购成本的优化和稳定。同时，企业还应不断完善供应商管理机制和策略，以适应市场变化和企业发展的需要。

2. 集中采购

在企业的采购项目管理中，集中采购是一种常用的策略。通过集中采购，企业可以将多个部门或项目的采购需求汇总，以更大的采购量来与供应商进行谈判，从而增加议价能力，降低单位采购成本。这种策略不仅可以减少交易成本，还能确保稳定的供应，对企业的成本控制和供应链管理具有重要意义。

（1）集中采购的优势。

①增强议价能力：通过集中采购，企业可以将原本分散的采购需求整合起来，形成更大的采购量。这使得企业在与供应商谈判时具有更强的议价能力，能够争取到更优惠的价格和更优质的服务。

②降低采购成本：集中采购可以降低单位商品的采购成本，因为大规模采购通常能够获得更低的单价。此外，集中采购还可以减少交易次数和交易成本，如谈判成本、运输成本等，从而降低总体采购成本。

③确保稳定供应：通过集中采购，企业可以与供应商建立长期稳定的合作关系。这种合作关系有助于确保供应的稳定性，减少因供应商问题导致的生产中断或延迟交货等风险。

（2）集中采购的实施步骤。

①需求汇总：企业需要对各个部门或项目的采购需求进行汇总和分析，确定集中采购的商品种类和数量。

②供应商选择：在汇总需求后，企业需要对市场上的供应商进行调研和评估，选择那些具有良好信誉、优质产品和合理价格的供应商作为合作伙伴。

③谈判与签订合同：与选定的供应商进行谈判，明确采购商品的规格、数量、价格等条款，并签订采购合同。

④采购执行与跟踪：按照合同约定进行采购执行，并对采购过程进行跟踪和监控，确保采购的商品按时、按质、按量到达。

⑤评估与反馈：对集中采购的效果进行评估和反馈，总结经验教训，不断完善集中采购策略和管理机制。

（3）案例分析。以一家大型制造企业为例，该企业通过实施集中采购策略，将原本分散在各个部门和生产线的采购需求进行整合，形成大规模的采购量。在与供应商的谈判中，

企业凭借其强大的采购量和良好的信誉,成功获得了更低的价格和更优质的服务。这不仅降低了企业的采购成本,还提高了供应链的稳定性。此外,集中采购还有助于企业与供应商建立长期稳定的合作关系,为企业的持续发展和创新提供了有力保障。

集中采购是一种有效的成本控制策略,通过增加企业的议价能力,降低单位采购成本。这种策略不仅可以减少交易成本,还能确保稳定的供应。在实施集中采购时,企业需要对采购需求进行汇总和分析,选择合适的供应商进行合作,并建立健全的采购项目管理机制和评估体系。只有这样,才能充分发挥集中采购的优势,实现企业的成本控制和供应链管理目标。

3. 价值分析与价值工程

价值分析与价值工程是企业为降低成本、提高产品或服务价值而采用的一种重要方法。通过深入分析产品或服务的价值分布,企业能够找出那些对产品或服务性能影响不大但成本较高的部分,从而有针对性地进行改进,降低总成本。

(1)价值分析与价值工程的核心概念。

①价值分析:是对产品或服务的价值进行系统的分析,旨在发现哪些功能是客户真正需要的,而哪些功能可能是多余的或不必要的。通过分析,企业可以了解客户对产品的需求和期望,从而调整产品功能,降低成本。

②价值工程:是在价值分析的基础上,通过改进产品或服务的设计、材料、工艺等方面,以提高其价值。价值工程的核心在于平衡产品的功能与成本,实现最佳的成本效益比。

(2)实施步骤。

①功能分析:对产品或服务的各项功能进行详细分析,了解哪些功能是必要的,哪些功能是多余的。

②成本分析:对每个功能进行成本分析,找出成本较高的部分。

③价值评估:将每个功能的成本与其对产品或服务整体性能的贡献进行比较,评估其价值。

④改进方案制定:针对成本较高且对性能贡献不大的部分,制定改进方案,如替换材料、优化工艺、简化设计等。

⑤实施与跟踪:将改进方案付诸实施,并对实施效果进行跟踪和评估,确保改进措施取得预期效果。

(3)案例分析。以一家汽车制造商为例,该企业在推出一款新车型时,通过价值分析与价值工程的方法,对其进行了深入的成本控制。首先,企业对车型的各项功能进行了详细分析,发现某些豪华配置虽然成本较高,但对车辆性能的提升并不明显。于是,企业决定简化这些配置,降低制造成本。同时,企业还对材料进行了优化,采用了更轻、更耐用的材料,以降低车辆重量和维修成本。这些改进措施不仅降低了制造成本,还提高了车辆的燃油经济性和性能。最终,这款新车型在市场上取得了巨大的成功。

价值分析与价值工程是企业降低成本、提高产品或服务价值的重要工具。通过深入分析产品或服务的价值分布,企业能够找出并改进那些对产品或服务性能影响不大但成本较高的部分,从而实现降低成本的目标。在实施过程中,企业需要注重客户需求和市场动态,不断优化和改进产品或服务的设计和生产过程,以提高企业的竞争力和市场地位。

4. 电子化采购

随着信息技术的快速发展,电子化采购已成为企业采购项目管理的重要趋势。通过利

用电子商务平台和现代信息技术,企业可以简化采购流程,降低采购成本,提高采购效率。电子化采购不仅有助于优化供应链管理,还可以加强企业与其他供应商之间的合作与沟通。

(1)电子化采购的核心概念。电子化采购,即利用互联网技术和电子商务平台进行采购活动。这种采购方式可以实现采购信息的电子化、采购流程的自动化和采购项目管理的智能化。通过电子化采购,企业可以更方便地获取供应商信息、比较产品价格、管理采购订单和跟踪货物配送等。

(2)电子化采购的实施步骤。

①平台选择:首先,企业需要选择一个稳定、可靠的电子商务平台。这个平台应该具备丰富的供应商资源、完善的产品信息和便捷的采购功能。

②供应商管理:在平台上注册并管理供应商信息,确保供应商的质量和信誉。同时,与供应商建立长期稳定的合作关系,以获得更好的价格和服务。

③产品比选:在平台上搜索并比较不同供应商的产品,包括价格、质量、交货期等。根据实际需求,选择最合适的产品。

④订单管理:在线生成和管理采购订单,确保订单信息的准确和完整。同时,与供应商协商和确认订单细节,确保订单顺利执行。

⑤物流配送:跟踪货物的配送进度,确保货物按时到达。与物流公司合作,实现货物的快速、安全运输。

⑥结算与支付:在线完成采购结算和支付,确保资金的安全和便捷。与支付机构合作,实现快速、准确的资金流转。

(3)电子化采购的优势。

①简化采购流程:电子化采购可以实现采购流程的自动化和智能化,减少人工操作和纸质文件的使用,从而简化采购流程。

②降低采购成本:通过电子商务平台,企业可以更方便地比较产品价格和供应商服务,选择性价比更高的产品。同时,减少了中间环节和交易成本,降低了采购成本。

③提高采购效率:电子化采购可以实现采购信息的实时更新和共享,提高采购决策的效率和准确性。同时,减少了人工操作和等待时间,提高了采购效率。

(4)案例分析。以一家大型制造企业为例,该企业实施了电子化采购后,通过电子商务平台与供应商建立了长期稳定的合作关系。通过在线比选产品、管理订单和跟踪货物配送等操作,简化了采购流程,降低了采购成本,并提高了采购效率。同时,企业还利用电子商务平台的数据分析功能,对采购数据进行了深入挖掘和分析,为企业的采购决策提供了有力支持。

电子化采购是现代企业采购项目管理的重要趋势。通过利用电子商务平台和现代信息技术,企业可以简化采购流程、降低采购成本、提高采购效率,并加强与其他供应商之间的合作与沟通。在实施电子化采购时,企业需要选择合适的电子商务平台、管理供应商信息、比选产品、管理订单和跟踪货物配送等操作,并充分利用电子商务平台的数据分析功能来优化采购决策。

5.持续改进与流程优化

在竞争激烈的商业环境中,持续改进与流程优化是企业保持竞争力的关键。特别是对于采购流程,通过不断寻求改进的机会并持续优化,企业可以实现成本的持续降低,从而提

高整体盈利能力。以下,我们将以一家电子产品制造企业为例,详细讲解持续改进与流程优化的实践。

高整体盈利能力。以下,我们将以一家电子产品制造企业为例,详细讲解持续改进与流程优化的实践。

(1)背景介绍。这家电子产品制造企业面临着原材料价格波动、供应商管理复杂、采购流程繁琐等多重挑战。为了应对这些挑战,企业决定实施持续改进与流程优化策略,以降低成本并提高采购效率。

(2)实施步骤。

①诊断现有流程:首先,企业对现有的采购流程进行了全面诊断,识别出了流程中的瓶颈和低效环节。例如,发现纸质文档处理环节繁琐、审批流程冗长等。

②制定改进计划:针对诊断结果,企业制定了一份详细的改进计划。计划包括引进电子采购系统、优化供应商管理流程、简化审批流程等。

③引进新技术和工具:为了支持改进计划的实施,企业引进了先进的电子采购系统和供应链管理软件。这些技术和工具可以实现采购信息的实时更新、供应商信息的快速查询、订单的快速生成等功能,从而大大提高了采购效率。

④培训员工:为了让员工更好地适应新的采购流程和工具,企业组织了一系列的培训课程。培训课程涵盖了新系统的操作、供应链管理的最新理念和方法等内容。

⑤持续监控与评估:改进计划实施后,企业需要持续监控和评估改进效果。通过定期收集和分析采购数据,企业可以了解成本降低的情况、采购效率的提升情况等,从而及时调整改进策略。

(3)成果展示。

经过一段时间的持续改进与流程优化,这家电子产品制造企业取得了显著的成果。具体表现在以下几个方面:

①成本降低:通过优化采购流程和引进先进的采购系统,企业实现了采购成本的持续降低。例如,通过集中采购和长期合作,企业成功降低了原材料成本;通过减少不必要的审批环节和简化文档处理流程,企业降低了管理成本。

②效率提升:新的采购系统和供应链管理软件大大提高了采购效率。员工可以更快地查询供应商信息、生成订单和跟踪货物配送情况。此外,自动化的审批流程也减少了等待时间,提高了整体工作效率。

③供应商管理优化:通过引进先进的供应链管理软件,企业实现了供应商信息的集中管理和实时更新。这使得企业可以更加便捷地评估供应商绩效、优化供应商组合并加强与供应商之间的合作与沟通。

(4)结论与启示。

这家电子产品制造企业通过持续改进与流程优化策略成功实现了采购成本的持续降低和采购效率的提高。这充分证明了持续改进与流程优化在企业发展中的重要性。其他企业也可以借鉴这家企业的成功经验,不断学习新的管理理念和方法,引进先进的生产技术和设备,以实现自身的持续发展和竞争优势。

采购成本效益分析与优化是企业管理中的重要环节。通过科学的方法评估采购成本效益,并采取有效的策略进行优化,可以帮助企业在激烈的市场竞争中取得优势。同时,这也有助于企业提高管理水平和经营效率,实现可持续发展。

第七章　采购质量管理

在企业的经营管理中,采购质量管理是不可或缺的一环。它不仅关乎企业的生产效率和产品质量,更直接影响到企业的声誉和客户满意度。随着市场竞争的加剧,采购质量管理的重要性愈发凸显。本章将深入探讨采购质量管理的理念和方法,帮助企业建立科学的质量管理体系,确保采购物资的质量稳定可靠,提高企业的核心竞争力。

第一节　采购质量管理的概念与原则

在企业的运营过程中,采购质量管理占据着至关重要的地位。它不仅关系到企业的生产成本和产品质量,更直接影响到企业的市场竞争力。为了确保企业采购活动的顺利进行,并实现长期的可持续发展,对采购质量的管理和优化成为每一个企业的必修课。本节将深入探讨采购质量管理的概念、原则及其重要性,帮助读者更好地理解这一核心管理领域。

一、采购质量管理的概念

采购质量管理是企业为了保障所采购的原材料、零部件或设备等符合生产或服务要求,而实施的一系列系统性的管理活动。其核心目的是确保采购物品的质量稳定、可靠,从而满足企业生产的需要,减少质量问题的发生,降低生产成本,提高企业的整体竞争力。

1. 重要性

采购质量管理的重要性不言而喻。首先,高质量的原材料和零部件是确保产品质量的基础。如果采购的物品存在质量问题,那么生产出的产品也很难达到高质量标准。其次,采购质量管理有助于降低生产成本。通过严格的供应商筛选和采购过程控制,可以避免不必要的浪费和损失,提高采购效率。最后,采购质量管理还能够提高企业的声誉和品牌形象。稳定的产品质量和良好的服务是企业赢得客户信任和市场认可的关键。

2. 主要环节

(1)供应商选择。这是采购质量管理的第一步。企业需要评估供应商的信誉、技术水平、生产能力、质量管理体系等因素,从而选择出能够提供高质量产品的供应商。

(2)采购过程控制。在采购过程中,企业需要制定明确的采购规范和质量标准,确保采购的物品符合生产要求。同时,还需要对采购过程进行监督和检查,确保采购活动的顺利进行。

(3)产品验收。产品验收是采购质量管理的最后一道关卡。企业需要对采购的物品进行全面的质量检查,确保其符合质量标准。如果发现问题,需要及时与供应商沟通并处理。

3. 实施策略

为了有效实施采购质量管理,企业需要采取以下策略:

(1)建立完善的采购质量管理制度和流程,明确各个环节的职责和要求。

(2)加强供应商管理,与供应商建立长期稳定的合作关系,共同提高产品质量。

（3）引入先进的质量检测设备和手段,提高产品验收的准确性和效率。

（4）加强员工培训和教育,提高员工的质量意识和采购技能。

采购质量管理是企业确保采购物品质量、降低生产成本、提高竞争力的关键手段。通过加强供应商选择、采购过程控制和产品验收等环节的管理,企业可以有效提高采购物品的质量稳定性,为企业的可持续发展奠定坚实基础。

二、采购质量管理的基本原则

1. 供应商选择与评估:选择具有良好信誉和稳定性能的供应商是采购质量管理的首要原则。对供应商进行定期评估,确保其能够持续提供高质量的产品和服务。

2. 质量保证:企业应确保采购物品的质量符合预设的标准和要求。这要求在采购过程中对供应商提出明确的质量要求,并在验收阶段进行严格的质量检验。

3. 过程控制:对采购过程进行严格的管理和控制,确保每一个环节都按照规定的流程进行,防止出现质量失控的情况。

4. 持续改进:采购质量管理不仅仅是一个静态的过程,而应该是一个持续改进的过程。企业应不断收集反馈,分析问题,并采取措施进行改进,以实现采购质量的持续提升。

5. 风险管理:对采购过程中可能出现的各种风险进行识别、评估和控制,防止因质量问题导致的生产中断或重大损失。

6. 合作与沟通:与供应商建立良好的合作关系,加强沟通,共同解决可能出现的质量问题,实现双赢。

7. 培训与教育:对采购人员和质检人员进行定期的培训和教育,提高他们的专业素质和技能水平,确保采购质量管理的有效实施。

8. 制度化与规范化:将采购质量管理的方法和流程制度化、规范化,形成一套完整的管理体系,确保各项措施的长期稳定执行。

9. 透明与公正:在供应商选择、质量评估等过程中,应保持透明和公正,避免任何形式的偏见和不公。同时,也应向供应商明确传达企业的质量标准和要求,确保双方的理解一致。

10. 数据驱动决策:运用数据和信息来指导采购质量管理决策,通过数据分析找出问题根源,制定针对性的改进措施。

三、采购质量管理的重要性

1. 成本控制:通过有效的采购质量管理,可以降低因质量问题导致的退货、换货等额外成本,从而节约生产成本。

2. 产品品质保证:优质的原材料和零部件是生产高品质产品的前提条件。有效的采购质量管理可以确保企业获得稳定、高质量的原材料和零部件,从而提高产品的整体品质。

3. 生产效率提升:采购物品的质量问题可能导致生产过程中的停工、维修等额外工作,影响生产效率。通过有效的采购质量管理,可以降低这类问题发生的概率,从而提高生产效率。

4. 市场竞争力增强:高品质的产品是企业在市场竞争中获胜的关键因素之一。有效的采购质量管理可以为企业提供稳定的、高品质的产品,从而提高企业的市场竞争力。

5. 供应商关系优化:通过与供应商建立良好的合作关系,共同解决质量问题,可以提高

供应商的忠诚度,优化企业与供应商之间的关系。

6. 风险管理:有效的采购质量管理可以帮助企业提前识别和预防潜在的质量问题,降低因质量问题引发的风险。

第二节 采购产品质量控制方法与工具

在企业的运营过程中,采购产品质量控制是确保企业稳定、高效生产的关键环节。为了实现这一目标,企业需要采用科学、有效的质量控制方法与工具。本节将深入探讨这些质量控制方法与工具,帮助企业更好地进行采购产品质量管理,确保生产的顺利进行。

一、采购产品质量控制的重要性

在当今竞争激烈的市场环境中,采购产品质量直接影响到企业的竞争力。一个稳定、高质量的供应商能够为企业提供所需的原材料和零部件,确保生产的顺利进行。反之,如果采购的原材料或零部件存在质量问题,可能会导致生产中断、产品退货或客户投诉等一系列问题,给企业带来巨大的经济损失和声誉损失。因此,采购产品质量控制是确保企业稳定、高效生产的关键环节。

二、质量控制方法

1. 供应商评估与选择

供应商评估是质量控制的第一步。企业应对潜在供应商进行全面的评估,包括供应商的资质、生产能力、质量管理体系等方面。选择具有良好信誉和稳定性能的供应商,能够从源头上保证采购产品的质量。

2. 合同管理

与供应商签订采购合同是确保产品质量的重要手段。在合同中应明确规定产品的质量标准、验收标准、退货及索赔条款等内容,为后续的质量控制提供依据。

3. 验收检验

验收检验是采购产品质量控制的另一个关键环节。企业应制定详细的验收标准和方法,对采购产品进行严格的检验,确保产品符合合同规定的质量要求。对于不合格的产品,应及时退货或索赔。

三、质量控制工具

1. 质量检验表

质量检验表是验收检验中常用的工具。通过填写检验表,可以详细记录产品的各项指标和检验结果,方便后续的质量分析和改进。

2. 统计过程控制(SPC)

统计过程控制是一种通过收集和分析数据来控制产品质量的方法。企业可以利用SPC工具,对生产过程中的关键工序进行监控,及时发现异常并采取相应的措施,确保产品质量稳定。

第三节　供应商质量保证体系与审核

在采购产品质量控制中,供应商的质量保证体系与审核是不可或缺的一部分。本节将深入探讨如何评估供应商的质量保证体系,以及如何进行有效的供应商质量审核,以确保采购产品的持续稳定与高质量。

一、供应商质量保证体系

供应商质量保证体系是确保供应商能稳定提供高质量产品的关键。这个体系应该包括以下几个主要部分:

1. 质量策划:供应商应明确规定产品质量标准和质量目标,并制定相应的实现计划。

2. 质量控制:通过各种检测和测试方法,确保产品在生产过程中满足预设的质量标准。

3. 质量保证:供应商应有一套质量保证程序,包括对产品的定期抽检、对不合格品的处理以及防止问题再次发生等措施。

4. 持续改进:供应商应有一个反馈机制,通过收集客户反馈和内部检测数据,对产品质量进行持续改进。

二、供应商质量审核

对供应商的质量审核是确保供应商能持续提供高质量产品的关键手段,主要包括以下几个步骤:

1. 初步评估:对供应商的基本情况、质量保证体系进行初步了解和评估。

2. 现场审核:对供应商的生产现场、设备、工艺等进行实地考察,了解其实际操作与质量保证体系的一致性。

3. 产品审核:对供应商提供的产品进行抽检,检查其是否符合预设的质量标准。

4. 后续跟进:对审核过程中发现的问题进行跟踪,确保问题得到解决,并对供应商的改进情况进行评估。

三、结论

供应商的质量保证体系与审核是采购产品质量控制的重要环节。通过深入了解供应商的质量保证体系,以及定期对供应商进行质量审核,可以确保采购产品的持续稳定与高质量,从而为企业的长期发展奠定坚实基础。

第八章　采购风险管理

在企业的采购过程中,风险无处不在。从供应商的不稳定到市场价格的波动,从物流运输的延误到质量的不合格,每一个环节都可能带来潜在的风险。如何识别、评估和管理这些风险,成为了企业采购项目管理的关键。第八章将详细解析采购风险管理的各个方面,帮助企业建立有效的风险应对机制,确保采购活动的顺利进行,保障企业的稳健发展。通过深入了解采购风险管理,企业将能够更好地预见潜在问题,及时采取措施,降低风险对企业运营的影响。

第一节　采购风险识别与评估

在企业的运营过程中,采购环节至关重要,它不仅影响企业的生产成本,还关乎产品质量和企业的竞争力。然而,采购过程中存在的风险却常常被忽视。本节我们将深入探讨如何识别和评估采购风险,为企业提供有效的风险防范和管理策略。

一、采购风险概述

采购是企业运营的基础环节,它涉及企业生产所需的原材料、设备和服务的获取。采购风险是指在采购过程中可能出现的不确定性因素,这些因素可能导致采购成本的增加、供应中断或产品质量问题,从而影响企业的正常生产和经营。

二、采购风险的种类

1. 价格风险:市场价格的波动可能导致企业在采购过程中面临成本上升的风险。

2. 质量风险:供应商提供的产品或服务可能不符合预定的质量标准,导致企业生产的产品质量下降。

3. 供应风险:供应商可能由于各种原因(如生产问题、财务困境等)无法按时、按量提供所需产品,导致企业生产中断。

4. 合同风险:合同条款可能存在漏洞或不确定性,导致企业在执行过程中遭受损失。

5. 运输风险:物流运输过程中的延误、损坏等可能导致企业生产计划受到影响。

三、采购风险识别方法

1. 历史数据分析:通过分析历史采购数据,发现可能存在的风险点。

2. 供应商评估:定期对供应商进行评估,了解其经营状况、产品质量和交货能力。

3. 市场调研:关注市场动态,了解行业趋势和竞争状况,以便预测潜在风险。

4. 合同审查:仔细审查合同条款,确保其完整性和合法性。

四、采购风险评估标准

1. 风险发生的可能性:评估风险发生的概率,即风险发生的可能性。

2. 风险影响程度：评估风险对企业造成的潜在损失或影响程度。

3. 风险值：综合考虑风险发生的可能性和影响程度，得出风险的综合评估值。

五、采购风险管理策略

1. 多元化供应：避免单一供应商依赖，与多个供应商建立合作关系，降低供应中断的风险。

2. 合理库存管理：保持适量的库存，既满足生产需求，又避免过度库存带来的成本压力。

3. 严格质量控制：制定详细的质量标准和检测流程，确保供应商提供的产品和服务符合要求。

4. 合同条款明确：在合同中明确双方的权利和义务，减少执行过程中的纠纷。

5. 持续监控与改进：定期对采购过程进行评估和优化，不断提高风险管理水平。

第二节　采购风险应对措施与监控机制

在企业的运营过程中，采购环节的风险管理不仅关乎企业的成本和利润，更直接影响到企业的市场竞争力。因此，建立一套有效的应对措施与监控机制，对于防范和化解采购风险至关重要。本节将深入探讨如何制定针对性的风险应对措施，并建立一套完善的监控机制，以确保企业采购活动的顺利进行。

一、采购风险应对措施

1. 价格风险应对

(1)定期进行市场调研，了解原材料价格波动情况。

(2)制定合理的采购计划，避免在价格高峰期大量采购。

(3)与供应商建立长期合作关系，争取更优惠的价格。

2. 质量风险应对

(1)制定严格的质量标准和验收流程。

(2)定期对供应商进行质量体系审核。

(3)加强与供应商的技术交流与合作，确保产品质量的稳定。

3. 供应风险应对

(1)建立多供应商合作体系，降低单一供应商依赖。

(2)制定应急采购计划，确保在供应中断时能够及时补充库存。

(3)与供应商建立紧密的沟通机制，及时了解供应商的运营状况。

4. 合同风险应对

(1)聘请专业律师对合同条款进行审查。

(2)在合同中明确双方的权利和义务，避免模糊条款。

(3)设立违约赔偿机制，降低合同执行过程中的损失。

5. 运输风险应对

(1)选择可靠的物流运输合作伙伴。

(2)对货物进行保险，降低运输过程中的损失风险。

（3）实时跟踪货物运输状态,确保按时到达目的地。

二、采购风险监控机制

1. 风险预警系统

采购风险监控机制中的风险预警系统:

（1）定义与目标

采购风险预警系统是企业为了及时识别、评估并应对潜在的采购风险而建立的一套机制。该系统通过对供应链中的关键指标进行持续监测,当这些指标达到或超过预设的阈值时,会触发预警,以便企业能够迅速采取措施,减少或避免风险带来的损失。

（2）核心组件

①监测指标。这是预警系统的基石。企业需要根据自身的供应链情况和采购策略,确定一系列关键监测指标。这些指标可能包括供应商的稳定性、交货准时率、产品质量合格率、价格波动等。

②阈值设定。对于每一个监测指标,企业都需要设定一个或多个阈值。当实际数据达到或超过这些阈值时,预警系统就会触发。阈值的设定需要基于历史数据、行业标准和企业自身的风险承受能力。

③数据收集与处理。预警系统需要持续收集与监测指标相关的数据,并进行处理和分析。这可能需要借助自动化工具和人工操作,以确保数据的准确性和及时性。

（3）工作流程

①数据收集。系统从各个数据源(如供应商、仓库、质检部门等)收集数据。

②数据分析。系统对收集到的数据进行处理和分析,与预设的阈值进行比较。

③风险识别。当某个或多个指标的数据达到或超过阈值时,系统识别出潜在的采购风险。

④预警触发。系统通过警报、邮件或其他方式,将风险信息及时传递给相关责任人。

⑤应对措施。相关责任人根据预警信息,采取相应的风险应对措施,如与供应商沟通、调整采购策略等。

（4）实施策略

①明确职责。企业需要明确预警系统的管理职责和操作职责,确保每个责任人都能清楚自己的任务和责任。

②定期评估与调整。企业需要定期对预警系统进行评估和调整,确保其能够适应供应链和采购策略的变化。

③培训与教育。企业需要为相关责任人提供培训和教育,提高他们的风险意识和预警系统的操作能力。

采购风险预警系统是企业采购风险监控机制的重要组成部分。通过建立有效的预警系统,企业可以及时发现和应对潜在的采购风险,降低风险对企业的影响,提高企业的供应链稳定性和竞争力。

2. 定期审计与检查

采购风险监控机制中的定期审计与检查:

（1）定义与目标。

定期审计与检查是采购风险监控机制中不可或缺的一环。它通过对采购活动进行周

期性的审查和评估,确保采购过程合规、透明,并识别潜在的风险和问题。定期审计与检查的目标在于提高采购活动的效率和效果,保障企业的正常运营和持续发展。

（2）核心内容与步骤。

①审计计划制定:首先,企业需要制定一份详细的审计计划,明确审计的目标、范围、时间和资源。审计计划应该根据企业的实际情况和采购活动的特点来制定,确保审计的全面性和针对性。

②审计准备:在审计开始之前,审计团队需要收集相关的采购文件、合同、记录等,了解采购活动的具体情况。同时,审计团队还需要对审计标准和流程进行熟悉和掌握,确保审计的准确性和有效性。

③现场审计:审计团队需要对采购活动进行现场的审计和检查。这包括对采购流程、供应商管理、价格控制、质量控制等方面的审查。审计团队需要详细记录审计过程和发现的问题,并与被审计部门进行沟通和确认。

④审计报告编制:审计完成后,审计团队需要编制一份详细的审计报告。报告应该包括审计的结果、发现的问题、改进建议等内容。审计报告需要清晰、准确地反映采购活动的实际情况和风险点。

⑤整改与跟踪:被审计部门需要根据审计报告中的改进建议进行整改,并采取相应的措施来防范风险。同时,审计团队还需要对整改情况进行跟踪和评估,确保整改措施的有效性和持续性。

（3）实施策略。

①确保独立性:审计团队应该保持独立性,避免与被审计部门存在利益关系,确保审计结果的客观性和公正性。

②强化沟通与协作:审计团队需要与被审计部门保持良好的沟通和协作关系,共同推动采购活动的改进和优化。

③持续改进与优化:企业需要定期对审计流程和标准进行回顾和更新,以适应采购活动的变化和风险的发展。

定期审计与检查是采购风险监控机制中至关重要的环节。通过周期性的审计和检查,企业可以及时发现和纠正采购活动中的问题和风险,提高采购活动的合规性和透明度,为企业的正常运营和持续发展提供有力保障。

第三节　采购风险案例分析与启示录

在企业的采购实践中,风险是不可避免的。无论是在选择供应商、谈判合同,还是在执行采购、物流配送等环节,都可能遭遇各种风险。这些风险可能源于市场变化、供应商的不稳定、合同条款的不明确或是物流过程中的延误。为了帮助企业更好地理解和应对这些风险,本节将通过具体的案例分析,深入探讨采购风险的成因、影响及应对策略。

一、采购风险的成因与影响

1. 市场变化风险:以某企业面对市场需求波动导致的成本上升为例

市场变化风险是企业在采购过程中常常面临的一种风险。这种风险主要来源于市场价格波动、需求变化等因素,可能导致企业采购成本增加或供应链中断。下面,我们将通过一个具体的例子来详细讲解市场变化风险。

(1)案例描述。

假设有一家制造企业 A,其主要生产某种热门电子产品。在某一年度,由于该电子产品市场需求旺盛,销售量持续上升。然而,企业 A 在市场需求初期并没有准确预测到这种增长趋势,因此未能及时调整采购策略,扩大采购规模。

随着市场需求的不断增长,该电子产品的原材料供应变得紧张,供应商纷纷提高价格。企业 A 由于之前未能及时采购足够的原材料,现在不得不以更高的价格购买,导致采购成本大幅上升。

此外,由于供应链中断,企业 A 的生产进度受到影响,无法按时交付订单。这不仅影响了企业的声誉,还可能导致客户流失和合同违约等风险。

(2)风险分析。

在这个例子中,企业 A 面临的市场变化风险主要体现在以下几个方面:

①价格波动风险:由于市场需求增长,原材料供应商提高了价格,导致企业 A 的采购成本上升。

②供应链中断风险:由于原材料供应紧张,企业 A 的供应链受到冲击,生产进度受到影响。

③市场需求预测风险:企业 A 未能准确预测市场需求的变化,导致采购策略调整滞后。

(3)应对措施。

为了应对市场变化风险,企业 A 可以采取以下措施:

①加强市场调研和预测:通过收集和分析市场数据,准确预测市场需求的变化趋势,为采购决策提供有力支持。

②建立稳定的供应链合作关系:与供应商建立长期稳定的合作关系,确保原材料的稳定供应和价格稳定。

③优化采购策略:根据市场需求的变化,灵活调整采购策略,包括采购规模、采购周期等。

④建立风险应对机制:制定应对市场变化风险的预案,包括备选供应商、库存管理等措施,确保供应链的韧性和稳定性。

市场变化风险是企业在采购过程中需要高度重视的风险之一。通过加强市场调研和预测、建立稳定的供应链合作关系、优化采购策略以及建立风险应对机制等措施,企业可以有效降低市场变化风险对企业运营的影响,确保企业的持续稳定发展。

2. 供应商风险:以某企业因供应商突然破产导致订单无法按时交付为例

供应商风险是企业采购过程中常见的风险之一。这种风险主要源于供应商的产能不足、质量问题或破产等不稳定因素。这些因素可能导致企业生产受阻或采购成本增加。下面,我们将通过一个具体的例子来详细讲解供应商风险。

（1）案例描述。

假设有一家服装制造企业 B，其主要从一家名为 C 的供应商处采购面料。C 供应商在市场上享有一定的声誉，且过去一直为 B 企业提供稳定的面料供应。

然而，在某一年度，由于 C 供应商的经营不善和资金链断裂，突然宣布破产。这一突发事件对 B 企业造成了巨大的影响。由于失去了主要的面料供应商，B 企业的生产线被迫停工，大量订单无法按时交付。

为了弥补这一损失，B 企业不得不寻找其他供应商。但由于时间紧迫，B 企业不得不接受更高的价格和可能存在的质量问题。这不仅增加了 B 企业的采购成本，还可能影响其产品质量和客户满意度。

（2）风险分析。

在这个例子中，B 企业面临的供应商风险主要体现在以下几个方面：

①供应中断风险：由于 C 供应商的破产，B 企业失去了主要的面料来源，导致生产受阻。

②采购成本增加风险：为了寻找新的供应商并弥补生产损失，B 企业不得不接受更高的价格，增加了采购成本。

③产品质量风险：新供应商可能存在质量问题，这可能对 B 企业的产品质量和客户满意度产生负面影响。

（3）应对措施。

为了降低供应商风险，B 企业可以采取以下措施：

①多元化供应商：不依赖单一供应商，与多个供应商建立合作关系，确保供应链的稳定性。

②定期评估供应商：对供应商的经营状况、产能和质量进行定期评估，及时发现潜在风险。

③建立长期合作关系：与供应商建立长期稳定的合作关系，增强双方的信任和依赖。

④制定应急计划：针对供应商可能出现的突发事件，制定应急计划，确保生产不受影响。

供应商风险是企业采购过程中不可忽视的风险之一。通过建立多元化的供应商网络、定期评估供应商、建立长期合作关系以及制定应急计划等措施，企业可以有效降低供应商风险对企业生产和采购成本的影响。这样，企业可以更加稳健地应对市场变化和供应商的不稳定因素，确保企业的持续稳定发展。

3. 合同风险：以某企业因合同条款疏忽导致无法有效维权为例

合同风险是企业经营活动中常见的风险之一，涉及到合同的签订、执行和纠纷解决等方面。合同条款不明确、违约责任不明确或法律纠纷等可能导致企业面临重大经济损失。下面，我们将通过一个具体的例子来详细讲解合同风险。

（1）案例描述。

假设有一家电子产品制造企业 A，与一家名为 D 的供应商签订了一份采购合同。合同中约定了产品的规格、数量、价格、交货时间等条款。然而，在签订合同时，A 企业疏忽了对于违约责任的明确约定，仅仅简单提及了"如一方违约，需承担相应责任"。

在实际合作过程中，D 供应商由于生产问题未能按时交货，导致 A 企业的生产计划被打乱，造成了不小的经济损失。A 企业希望依据合同条款追究 D 供应商的违约责任，但由

于合同中对违约责任的具体内容约定不明确,A企业在维权过程中遇到了很大的困难。

(2)风险分析。

在这个例子中,A企业面临的合同风险主要体现在以下几个方面:

①条款不明确风险:合同中对于违约责任的约定过于简单和模糊,导致在实际操作中难以界定违约的具体内容和责任范围。

②维权困难风险:由于合同条款不明确,A企业在面对D供应商违约时,难以提供充分的证据来证明D供应商的违约行为,从而增加了维权难度。

③经济损失风险:由于D供应商的违约行为,A企业的生产计划被打乱,造成了不小的经济损失。而由于合同条款的不明确,A企业难以从D供应商处获得充分的赔偿。

(3)应对措施。

为了避免类似的合同风险,A企业可以采取以下措施:

①明确合同条款:在签订合同时,务必明确约定各方的权利和义务,特别是对于违约责任的约定要具体明确,包括违约金、赔偿范围等内容。

②选择可靠的合作伙伴:在选择供应商或合作伙伴时,要进行充分的调查和评估,确保其具有良好的信誉和履约能力。

③建立法律风险防范机制:建立健全的法律风险防范机制,包括设立专门的法务团队或聘请专业律师参与合同的起草和审查工作。

④加强合同履行过程中的监控:在合同履行过程中,要加强对供应商或合作伙伴的监控和管理,及时发现并处理可能存在的违约行为。

合同风险是企业经营活动中不可忽视的风险之一。通过明确合同条款、选择可靠的合作伙伴、建立法律风险防范机制以及加强合同履行过程中的监控等措施,企业可以有效降低合同风险对企业的影响。这样,企业可以更加稳健地应对市场变化和合作伙伴的不稳定因素,确保企业的持续稳定发展。

4. 物流风险:以某企业因物流延误错过重要客户交货期为例

物流风险是企业运营中常见的一类风险,涉及运输、仓储、配送等环节。物流过程中的不确定因素,如运输延误、货物损坏或丢失等,都可能对企业的生产和销售造成重大影响。下面,我们将通过一个具体的例子来详细讲解物流风险。

(1)案例描述。

假设有一家服装制造企业B,与一家大型零售商C签订了独家供货合同。合同中约定了具体的交货时间和数量。B企业为了按时完成订单,选择了一家声誉良好的物流公司D进行货物运输。

然而,在货物运输过程中,由于突发的天气原因,导致运输路线受阻,物流公司D无法按时完成货物的配送。尽管D公司尽力调整运输计划,但仍无法避免交货期的延误。最终,B企业未能按时向C企业交付货物,错过了重要的销售时机。

(2)风险分析。

在这个例子中,B企业面临的物流风险主要表现在以下几个方面:

①运输延误风险:由于突发的天气原因,运输路线受阻,导致物流公司无法按时完成货物的配送。这种运输延误风险是企业难以完全控制的外部因素。

②销售受阻风险:由于运输延误,B企业未能按时向C企业交付货物,错过了重要的销售时机。这可能导致B企业失去市场份额,甚至可能面临违约赔偿的风险。

③品牌形象受损风险:未能按时交货可能导致 C 企业对 B 企业的信任度降低,进而影响双方未来的合作关系。此外,市场上的消费者也可能对 B 企业的品牌形象产生负面印象。

(3)应对措施。

为了降低物流风险对企业的影响,B 企业可以采取以下措施:

①选择可靠的物流合作伙伴:在选择物流公司时,应对其运输能力、服务质量、风险管理能力等进行全面评估,选择具有良好声誉和专业能力的物流合作伙伴。

②制定灵活的物流计划:在制定物流计划时,应充分考虑各种可能的风险因素,制定灵活的运输方案和应急预案,以应对突发情况。

③加强物流监控和信息共享:通过加强物流过程中的监控和信息共享,及时发现并处理运输延误、货物损坏等风险事件,确保货物能够按时、安全地到达目的地。

④建立风险分担机制:与物流合作伙伴共同建立风险分担机制,明确双方的责任和义务,降低单一方承担的风险压力。

物流风险是企业运营中不可忽视的风险之一。通过选择可靠的物流合作伙伴、制定灵活的物流计划、加强物流监控和信息共享以及建立风险分担机制等措施,企业可以有效降低物流风险对企业的影响。这样,企业可以更加稳健地应对市场变化和物流过程中的不确定性因素,确保企业的生产和销售顺利进行。

二、采购风险的应对策略

1. 建立风险管理机制:以某制造企业为例

在当今充满不确定性的商业环境中,风险管理成为企业稳健运营的关键。特别是对于采购活动,由于涉及供应商选择、价格波动、交货期等多个环节,风险更为突出。因此,企业应建立完善的风险管理机制,以应对这些挑战。

(1)案例描述。

假设有一家制造企业 A,其主要业务是生产电子产品。为了确保生产线的稳定运行,A企业需要从多个供应商处采购原材料和零部件。然而,随着市场竞争的加剧和全球经济形势的变化,A 企业面临着越来越多的采购风险。

为了有效应对这些风险,A 企业决定建立一套完善的风险管理机制。该机制包括以下几个关键步骤:

①风险识别:A 企业首先对采购活动中可能面临的风险进行全面识别。这些风险包括供应商违约、价格波动、交货期延误等。

②风险评估:接下来,A 企业对这些风险进行量化和定性评估。通过收集历史数据、分析市场趋势和与供应商沟通,企业确定了各种风险的发生概率和影响程度。

③制定应对措施:根据风险评估结果,A 企业制定了相应的应对措施。例如,对于供应商违约风险,企业建立了备选供应商名单,并与现有供应商签订了严格的违约赔偿条款。对于价格波动风险,企业采用了长期合同锁定价格策略,并与供应商共同开展成本优化项目。

④定期监控与更新:风险管理机制不是一次性的工作,而是需要持续监控和更新。A 企业设立了专门的风险管理团队,负责定期收集和分析采购风险数据,及时调整应对措施,确保风险管理机制的有效性。

（2）机制优势。

通过建立完善的风险管理机制,A企业实现了以下优势:

①提高采购活动的稳健性:通过定期的风险评估和应对措施制定,企业能够及时发现并应对潜在的采购风险,确保采购活动的顺利进行。

②降低采购成本:通过有效的风险管理,企业可以减少不必要的损失和浪费,降低采购成本,提高整体盈利能力。

③增强供应商合作稳定性:通过与供应商共同应对风险,企业可以建立更加紧密的合作关系,提高供应链的稳定性。

建立完善的风险管理机制是企业应对采购风险的重要手段。通过风险识别、评估、应对措施制定以及定期监控与更新,企业可以更加稳健地应对采购过程中的不确定性因素,确保企业的稳健运营和持续发展。

2. 多元化供应商策略:以一家大型零售商为例

在供应链管理中,供应商的稳定性、可靠性和质量直接关系到企业的运营效率和客户满意度。为了避免单一供应商可能带来的风险,许多企业采取了多元化供应商策略。这种策略旨在通过与多家供应商合作,分散风险,确保供应链的持续稳定运行。

（1）案例描述。

假设有一家大型零售商B,其主要销售电子产品、家居用品和食品等多个品类的商品。为了确保商品供应的稳定性和多样性,B企业采取了多元化供应商策略。

①供应商选择:B企业在选择供应商时,不仅考虑价格和质量,还注重供应商的信誉、历史表现和持续发展能力。企业会进行深入的供应商调研,与潜在供应商进行多轮谈判,最终确定合作伙伴。

②分散采购:B企业不将所有采购订单都集中在一家或少数几家供应商身上,而是将采购量分散到多家供应商。这样,即使某一家供应商出现问题,也不会对整个供应链造成严重影响。

③建立供应商评价体系:B企业建立了一套完善的供应商评价体系,定期对供应商的表现进行评估。评估指标包括交货准时率、产品质量、售后服务等多个方面。根据评估结果,企业会对供应商进行排名,并据此调整采购策略。

④培养长期合作关系:虽然B企业采取了多元化供应商策略,但并不意味着与供应商之间的关系是短期的。相反,企业注重与供应商建立长期稳定的合作关系,通过共享信息、共同研发等方式,提高供应链的整体竞争力。

（2）策略优势。

通过实施多元化供应商策略,B企业实现了以下优势:

①降低风险:多元化供应商策略将采购风险分散到多家供应商,避免了单一供应商可能带来的供应中断、价格波动等风险。

②提高采购灵活性:与多家供应商合作,使得B企业在采购过程中具有更大的灵活性。例如,当某一家供应商的产品出现质量问题时,企业可以迅速调整采购计划,从其他供应商处采购。

③促进供应商竞争:多家供应商之间的竞争有助于推动供应商提高产品质量、降低价格和改善服务。这对于B企业来说是一个双赢的局面。

④增强供应链稳定性:通过与多家供应商建立长期合作关系,B企业可以确保供应链的

稳定性。即使某一家供应商出现问题,其他供应商也可以及时补充,确保商品供应不断。

多元化供应商策略是一种有效的供应链管理方法,可以帮助企业降低风险、提高采购灵活性和促进供应商竞争。通过建立供应商评价体系和培养长期合作关系,企业可以确保供应链的稳定性,为企业的持续发展提供有力保障。然而,实施多元化供应商策略也需要投入大量的精力和资源,包括供应商调研、谈判、评估等。因此,企业在制定策略时需要充分考虑自身实际情况和资源能力。

3.加强合同管理:以一家建筑公司为例

在建筑行业中,合同管理是确保项目顺利进行和保障企业权益的重要环节。合同管理不仅涉及到项目的时间、成本和质量,还直接关系到企业的声誉和长期发展。因此,加强合同管理对于建筑公司来说至关重要。

(1)案例描述。

假设有一家大型建筑公司A,承接了一个大型商业综合体项目。为了确保项目的成功执行和自身权益的保障,A公司采取了加强合同管理的策略。

①合同签订前的审查:在正式签订合同前,A公司组建了一个由法务、财务和项目管理专家组成的团队,对合同条款进行了仔细审查。他们重点关注了合同中的工程范围、时间表、成本、付款方式、违约责任等关键条款,确保这些条款符合公司的利益。同时,他们还对合同中的风险进行了评估,并制定了相应的风险应对措施。

②明确双方权利和义务:在审查合同条款的过程中,A公司特别注重明确双方的权利和义务。他们与对方进行了多轮谈判,确保合同中的每一项条款都清晰明确,不存在模糊或歧义。这样做有助于减少合同履行过程中的纠纷和误解。

③合同履行过程中的监控:在合同执行过程中,A公司密切关注合同的履行情况。他们定期与对方进行沟通,了解工程进度、质量问题和付款情况等。一旦发现对方存在违约行为或潜在风险,他们会立即采取行动,与对方协商解决或采取法律手段维护自身权益。

④合同纠纷的解决:尽管A公司在合同签订前进行了充分的审查和谈判,但在合同履行过程中仍然难免出现一些纠纷。在这种情况下,A公司会首先尝试与对方进行友好协商,寻求双方都能接受的解决方案。如果协商无果,他们会寻求专业的法律支持,通过法律途径解决纠纷。

(2)策略优势。

通过加强合同管理,A公司实现了以下优势:

①降低风险:通过对合同条款的仔细审查和明确双方权利和义务,A公司降低了合同履行过程中可能出现的风险。这有助于减少纠纷和损失,保障项目的顺利进行。

②提高效率:明确的合同条款和高效的沟通机制使得A公司能够更快地解决合同履行过程中出现的问题。这有助于提高项目执行效率,缩短项目周期。

③维护企业声誉:通过及时解决合同纠纷和保障项目质量,A公司维护了自身的声誉和形象。这有助于吸引更多的客户和合作伙伴,推动企业的长期发展。

加强合同管理是确保项目顺利执行和企业权益保障的关键环节。通过仔细审查合同条款、明确双方权利和义务、密切关注合同履行情况以及及时解决合同纠纷,建筑公司可以降低风险、提高效率并维护企业声誉。这对于企业的长期发展具有重要意义。

4.优化物流配送网络:以一家电商平台为例

随着电子商务的快速发展,物流配送成为了电商平台的核心竞争力之一。高效的物流

配送不仅能够提升客户满意度,还能够降低库存成本、减少货物损坏和延误的风险。因此,优化物流配送网络对于电商平台来说至关重要。

(1)案例描述。

假设有一家电商平台B,为了提升物流配送效率,采取了以下优化措施:

①智能路线规划:B公司引入了先进的物流管理系统,通过大数据分析和人工智能算法,实现了智能路线规划。系统能够根据订单信息、货物种类、运输距离、交通状况等因素,自动规划出最优的配送路线。这不仅减少了运输时间和成本,还降低了货物延误和损坏的风险。

②建立合作伙伴网络:B公司与多家物流公司建立了紧密的合作关系,形成了一个广泛的物流配送网络。通过合作伙伴网络,B公司能够根据不同地区的订单量和配送需求,灵活调整配送资源,确保订单能够及时送达。

③库存管理优化:为了降低库存成本和减少断货风险,B公司采用了先进的库存管理系统。系统能够实时监控库存情况,根据销售数据和预测需求,自动调整库存水平。同时,B公司还与供应商建立了紧密的合作关系,确保在库存不足时能够及时补货。

④配送员培训与激励:B公司重视配送员的培训和激励工作。通过定期的培训,提升配送员的专业素质和服务意识;通过激励机制,鼓励配送员提高工作效率和服务质量。这有助于减少配送过程中的失误和纠纷,提升客户满意度。

(2)策略优势。

通过优化物流配送网络,B公司实现了以下优势:

①降低物流风险:智能路线规划和合作伙伴网络使得B公司能够更好地应对各种物流风险,减少货物延误和损坏的发生。

②提升客户满意度:优化的物流配送网络使得订单能够更快速、准确地送达客户手中,提升了客户满意度和忠诚度。

③降低库存成本:通过库存管理优化,B公司能够更合理地安排库存,降低库存成本和断货风险。

④增强竞争力:高效的物流配送网络使得B公司在激烈的市场竞争中脱颖而出,吸引了更多用户和合作伙伴。

优化物流配送网络是电商平台提升竞争力、降低风险的关键举措。通过智能路线规划、建立合作伙伴网络、库存管理优化以及配送员培训与激励等措施,电商平台能够降低物流风险、提升客户满意度、降低库存成本并增强竞争力。这对于电商平台的长远发展具有重要意义。

5. 建立快速响应机制:以一家制造企业为例

制造企业在生产过程中常常面临各种风险事件,如设备故障、供应链中断、质量问题等。这些风险事件不仅会影响企业的正常运营,还可能导致巨大的经济损失。因此,建立快速响应机制对于制造企业来说至关重要。

(1)案例描述。

假设有一家制造企业A,为了应对风险事件,建立了以下快速响应机制:

①应急响应小组:A公司成立了专门的应急响应小组,负责在风险事件发生时迅速启动应急响应机制。该小组由多个部门的专业人员组成,包括生产、技术、质量、采购等。他们具备丰富的经验和专业知识,能够在短时间内做出正确的决策和采取有效的措施。

②风险评估与预警：A公司定期对生产过程中可能出现的风险进行评估，并建立了一套风险预警系统。该系统通过实时监测生产数据、供应链情况、设备运行状态等信息，及时发现潜在的风险并发出预警。一旦发现风险事件，系统会立即通知应急响应小组，以便迅速启动应急响应机制。

③快速响应措施：一旦风险事件发生，应急响应小组会立即召开会议，对事件进行分析和评估，并制定相应的快速响应措施。例如，如果设备出现故障，小组会立即组织技术人员进行维修；如果供应链中断，小组会迅速调整采购策略，寻找替代供应商。这些措施旨在最大程度地降低风险事件对企业运营的影响。

④总结分析与改进：在风险事件得到控制后，A公司会组织相关部门对事件进行总结分析，找出事件的原因和教训。同时，公司会根据分析结果对风险管理机制进行改进和完善，以提高未来应对风险事件的能力。

（2）机制优势。

通过建立快速响应机制，A公司实现了以下优势：

①快速响应：通过应急响应小组和风险评估与预警系统，A公司能够在风险事件发生时迅速做出反应，采取有效措施降低风险影响。

②降低损失：快速响应机制有助于企业在风险事件发生时及时控制事态，降低损失和成本。

③提高韧性：通过总结分析和改进风险管理机制，A公司能够不断提高自身的韧性和适应能力，更好地应对未来可能出现的风险事件。

建立快速响应机制是企业在面对风险事件时保障正常运营和降低损失的重要手段。通过成立应急响应小组、进行风险评估与预警、采取快速响应措施以及进行总结分析和改进风险管理机制等步骤，企业能够迅速应对风险事件并降低其对企业运营的影响。这对于企业的稳定发展和长期竞争力具有重要意义。

三、案例分析与实践

1. 案例一：某服装企业的采购风险应对

该企业在面临原材料价格大幅波动时，采取了多元化原材料采购策略，与多个供应商建立合作关系，有效降低了市场价格波动带来的风险。同时，该企业还通过期货市场进行套期保值，进一步稳定了采购成本。

2. 案例二：某电子企业的供应商风险管理

该企业通过建立供应商评价体系和严格的供应商筛选机制，确保供应商的稳定性和质量可靠性。在供应商出现不稳定因素时，该企业能够迅速调整采购策略，降低对生产的影响。

3. 案例三：某机械企业的合同风险管理

该企业在签订合同时，会邀请律师进行审查，确保合同条款的完整性和合法性。在合同履行过程中，该企业还会定期与供应商进行沟通，及时解决合同纠纷，避免了可能的法律风险。

4. 案例四：某食品企业的物流风险管理

该企业通过与多家物流公司合作，确保货物运输的可靠性和效率。同时，该企业还采用了先进的仓储管理系统，减少了货物损坏和丢失的风险。在遇到物流延误时，该企业能

够迅速调整配送计划,确保客户订单按时交付。

四、结论与启示

通过以上案例分析与实践,我们可以得出以下结论与启示:

1. 企业应建立健全的风险管理机制,提高对采购风险的防范意识;

2. 在采购过程中要注重多元化策略的应用,降低单一因素带来的风险;

3. 加强合同管理和法律意识的培养,确保合同的完整性和合法性;

4. 优化物流配送网络和加强库存管理,降低物流风险对企业的影响;

5. 建立快速响应机制和加强应急预案的制定与演练,提高企业对风险的应对能力。

第九章　采购绩效评估与持续改进

采购绩效评估与持续改进是实现企业采购项目管理优化、提升采购效益的重要环节。第九章将详细解析采购绩效评估的标准、方法和流程,引导企业建立科学的评估体系,对采购活动进行全面、客观的评估。同时,本章还将探讨如何运用绩效评估结果,发现采购过程中的不足与问题,提出改进措施,实现采购绩效的持续提高。通过本章的学习,企业将能够更好地掌握采购绩效评估与持续改进的方法和技巧,提升采购项目管理水平,为企业创造更大的价值。

第一节　采购绩效评估指标体系建立

在企业的运营过程中,采购活动作为供应链的起始环节,对于企业的整体运营效率和经济效益具有举足轻重的影响。为了全面提升采购项目管理水平,建立一套科学、合理的采购绩效评估指标体系显得尤为重要。通过本节内容的学习,我们将深入了解如何构建这一指标体系,以便更好地评估采购活动的绩效,为企业优化供应链管理提供有力支持。

一、采购绩效评估指标体系的构成

1. 质量指标:质量是采购活动的核心要素之一,质量指标主要关注所采购物品的质量合格率、退货率等,以确保采购物品的质量符合企业生产和市场需求。

2. 成本指标:成本指标包括采购价格、运输费用、关税等与采购相关的成本,通过控制成本提高企业的经济效益。

3. 交付指标:交付指标主要衡量供应商的交货准时率、交货周期等,以确保采购物品按时交付,满足生产和销售的需求。

4. 供应商绩效指标:供应商绩效指标评估供应商的整体表现,包括供应商的供货能力、服务水平、创新能力等,以便对供应商进行综合评价和选择。

5. 风险管理指标:风险管理指标关注采购过程中可能出现的风险,如供应商破产、价格上涨等,通过预警和应对措施降低风险对企业的影响。

二、采购绩效评估指标体系的建立步骤

1. 明确采购目标和战略:在建立采购绩效评估指标体系之前,需要明确企业的采购目标和战略,以便制定符合企业需求的指标体系。

2. 确定关键绩效指标:根据企业的实际情况和行业特点,确定关键的绩效评估指标,如质量、成本、交付等。

3. 设计评估标准和方法:为每个关键绩效指标设计具体的评估标准和方法,确保评估的客观性和准确性。

4. 制定行动计划:针对评估结果,制定相应的改进措施和行动计划,以提升采购绩效。

5. 持续改进:定期对采购绩效评估指标体系进行审查和更新,以适应企业发展和市场

变化。

三、实践应用与案例分析

通过案例分析,了解如何将采购绩效评估指标体系应用于实际工作中,掌握其应用技巧和方法。同时,结合案例分析结果,总结实践经验,为企业制定适合自己的采购绩效评估指标体系提供参考。

四、总结与展望

总结本节内容的学习重点和要点,强调采购绩效评估指标体系在提升企业采购项目管理水平中的重要性。同时,展望未来发展趋势,探讨如何不断完善和优化采购绩效评估指标体系,以适应日益激烈的市场竞争和企业发展的需求。

第二节　采购绩效评估的实施与反馈

在构建出科学、合理的采购绩效评估指标体系之后,如何实施评估并从中获得有效的反馈成为关键。本节将详细探讨采购绩效评估的实施过程,以及如何从评估结果中获取有价值的信息,进一步优化采购活动。通过本节的学习,我们将掌握一套系统的方法,确保采购绩效评估真正为企业提升采购项目管理水平提供支持。

一、采购绩效评估的实施过程

1. 明确评估目标:在开始评估之前,首先需明确评估的目的。是为了提升采购效率、控制成本、优化供应商关系,还是其他目标。确保目标明确,后续的评估工作才能有针对性。

2. 制定评估计划:依据评估目标,制定详细的评估计划。这包括确定评估的指标、评估周期、所需数据来源等。确保计划的周密性是保证评估工作顺利进行的前提。

3. 收集数据:根据评估计划,系统地收集相关数据。这包括采购活动的各个环节,如供应商选择、合同签订、订单执行、付款等。确保数据的完整性和准确性至关重要。

4. 实施评估:依据收集的数据,对照预设的绩效指标进行评估。可以采用定性和定量相结合的方法,全面分析采购活动的实际效果。

5. 反馈与改进:在评估过程中,及时与相关部门沟通,确保反馈信息的准确传达。针对评估结果,深入分析原因,提出改进措施,并持续优化采购流程。

二、从评估结果中获取有价值的信息

1. 识别优势与不足:通过对比历史数据和行业标准,识别采购过程中的优势和不足之处。这有助于明确进一步优化的方向。

2. 分析成本结构:深入剖析采购成本的结构,找出成本控制的关键点。通过优化采购策略,降低成本,提高企业的竞争力。

3. 供应商管理优化:分析供应商的绩效表现,找出合作中的问题,进一步优化供应商选择、谈判和合作关系管理等方面。

4. 流程优化:基于评估结果,对采购流程进行全面梳理,发现并改进流程中的瓶颈和低效环节。通过流程优化,提高采购效率。

5. 预防与纠正措施:针对评估中发现的问题,制定相应的预防和纠正措施。通过持续改进,降低采购过程中的风险,提高采购活动的稳健性。

三、通过绩效评估提升采购项目管理水平

1. 培训与知识分享:针对评估结果,组织相关的培训和知识分享活动。提高采购团队的技能和素质,确保团队能力与绩效目标相匹配。

2. 激励机制:将绩效评估结果与员工的激励挂钩,建立有效的激励机制。通过正向激励,激发团队成员的积极性和创新力。

3. 持续改进文化:在企业内部倡导持续改进的文化,鼓励员工不断追求卓越。通过不断优化采购活动,提升企业的整体竞争力。

4. 跨部门合作与沟通:加强与其他部门的沟通与合作,确保采购绩效的提升能够支持企业整体战略目标的实现。通过跨部门协作,形成合力,共同推动企业健康发展。

5. 监测与跟进:定期监测采购绩效的改进情况,确保各项措施得到有效执行。及时跟进并调整策略,确保持续改进工作的顺利进行。

综上所述,实施有效的采购绩效评估并从中获取有价值的信息是提升企业采购项目管理水平的关键环节。通过本节的学习,我们掌握了从明确评估目标到持续跟进的全过程管理方法。在实际操作中,企业应结合自身情况灵活运用这些方法,不断提升采购绩效,为企业创造更多价值。

第三节 持续改进与创新:优化采购流程与方法

在当今这个高度竞争和快速变化的市场环境中,企业面临着前所未有的挑战和机遇。采购作为企业运营的重要环节,其效率和效果直接影响到企业的整体竞争力。因此,持续改进与创新成为了确保企业采购活动始终保持竞争力的关键。本节将详细探讨如何优化采购流程与方法,通过创新和持续改进,不断提升采购绩效,为企业创造更大的价值。

一、采购流程的持续改进

1. 流程分析:首先,我们需要对当前的采购流程进行全面的分析和评估。找出流程中的瓶颈、冗余环节以及存在的问题,为改进提供依据。

2. 标准化操作:通过制定标准化的操作流程和规范,确保采购活动的各个环节都有明确的指导,减少操作中的随意性和误差。

3. 信息化升级:利用信息技术手段,如 ERP、SCM 等,实现采购流程的自动化、电子化和智能化,提高工作效率。

4. 监控与反馈机制:建立有效的监控和反馈机制,实时掌握采购活动的状态,及时发现问题并进行调整。

5. 定期审计:定期对采购流程进行审计,确保流程的合规性和有效性,并对审计结果进行反馈和改进。

二、采购方法的创新

1. 供应商管理:强化与供应商的战略合作,通过建立长期、互信的关系,降低采购成本,

提高供应的稳定性。

2.集中采购:通过集中采购,提高采购规模,增强企业的议价能力,降低采购成本。

3.多元化采购策略:根据不同的物资属性和市场环境,采用多元化的采购策略,如竞价采购、固定价格合同等。

4.价值分析与价值工程:对物资的功能和成本进行深入分析,寻求性价比最优的解决方案,降低总体采购成本。

5.电子化采购:利用电子商务平台和大数据技术,实现更快速、更透明的采购过程,提高采购效率。

三、结论

在快速变化的市场环境中,持续改进与创新是确保企业采购活动始终保持竞争力的关键。通过优化采购流程和方法,企业不仅可以降低采购成本、提高采购效率,还可以增强与供应商的战略合作、提升物资的性价比。这些改进和创新将为企业创造更大的价值,帮助企业在激烈的市场竞争中立于不败之地。

参 考 文 献

[1] 刘尔列,刘戈. 采购项目与合同管理[M]. 天津:天津大学出版社,2010.

[2] 吴芳,胡季英. 工程采购项目管理[M]. 北京:中国建筑工业出版社,2008.

[3] 吴守荣,王扬. 采购项目管理[M]. 2版. 北京:机械工业出版社,2018.

[4] 宿恺,袁峰. 企业管理学[M]. 北京:机械工业出版社,2019.

[5] 王永东,孙宗虎. 企业运营管理流程设计与工作标准[M]. 北京:人民邮电出版社,2021.